新时代青年学者管理文库

Management Library for Young Scholars in the New Era

连锁股东与
企业多元化经营研究

Research on Cross-Ownership and Enterprise Diversification

张记元　张燕　鲁春洋　著

东北财经大学出版社

Dongbei University of Finance & Economics Press

大连

MANAGEMENT LIBRARY

图书在版编目（CIP）数据

连锁股东与企业多元化经营研究 / 张记元，张燕，鲁春洋著. 一大连： 东北财经
大学出版社，2024.10.—（新时代青年学者管理文库）. —ISBN 978-7-5654-
5423-3

Ⅰ.F272

中国国家版本馆 CIP 数据核字第 2024HZ0522 号

东北财经大学出版社出版发行

　　大连市黑石礁尖山街217号　邮政编码　116025

　　网　　　址：http://www.dufep.cn

　　读者信箱：dufep@dufe.edu.cn

大连图腾彩色印刷有限公司印刷

幅面尺寸：170mm×240mm　字数：218千字　印张：18.25　插页：1
2024年10月第1版　　　　2024年10月第1次印刷
责任编辑：石真珍　刘晓彤　　责任校对：赵　楠
封面设计：张智波　　　　　　版式设计：原　皓
定价：92.00元

教学支持　售后服务　　联系电话：（0411）84710309
版权所有　侵权必究　　举报电话：（0411）84710523
如有印装质量问题，请联系营销部：（0411）84710711

前言

　　受西方经营模式的影响，20世纪90年代，我国掀起了多元化经营热潮，并逐渐成为企业扩张的主要模式。随着企业多元化经营的不断发展，范围经济带来的多元化收益逐年缩水，其负面影响亦日益显现。近年来，随着资本市场的不断发展和完善，拥有资金优势的投资者会参股同行业的其他企业，以谋求更大的经济利益，从而出现股东联结（连锁股东）的现象。基于以上现实背景，从股东层面探析如何优化我国企业多元化行为，成为学术界与业界亟待解决的重大课题。本书采用规范性分析与实证性分析进行理论演绎和数据检验，探究连锁股东对企业多元化经营的影响。进一步地，通过资源效应、治理效应、信息效应进行纵深机制梳理与检验，结果表明三类机制均为企业聚焦主业发展的具体路径，为优化多元化经营提供了具体的机制借鉴。更进一步地，基于连锁股东异质性、企业特征及制度环境进行分析，以期从微观到宏观横向剖析企业内外部环境对研究结论的差异化影响。最后，从资产剥离、全要素生产率等方面分析连锁股东更深层次的经济后果。鉴于以上思路，本书以2007—2019年沪深两市A股上市公司为研究样本，通过理论推演与实证检验考察连锁股东对多元化经营程度及类型的影响，提炼出如下结论：

第一，从"归核"和"扩张"的竞争性视角来探究连锁股东对多元化经营的影响。一方面，连锁股东可以通过资源共享与协同治理促使联结企业回归主业经营；另一方面，连锁股东亦可因范围经济利益和市场垄断进行扩张经营。经检验，连锁股东可以有效降低企业多元化经营程度，主要表现为"归核效应"。

第二，为厘清连锁股东"归核效应"的影响机理，从资源效应、治理效应及信息效应进行纵深机制考察。根据多元化经营动因的理论分析，一方面，企业通过多元化经营构建内部资本市场，以缓解融资约束；另一方面，主业创新匮乏导致企业主业发展缺乏驱动力，从而引致企业跨行业经营。连锁股东的资源效应可以为企业补充新的融资渠道，亦可以通过技术创新互补增强联结企业创新活力。除此之外，管理层具有代理动机，企业通过多元化扩张以满足"帝国构建"私欲。除管理层之外，大股东亦有通过扩张经营来侵占小股东利益的"掏空"动机。因此，代理问题亦是多元化扩张的重要动因。实证分析表明，连锁股东主要通过发挥资源效应（缓解融资约束和提高主业创新水平）、提高公司治理水平（抑制两类代理问题）以及提高企业信息透明度（抑制股价同步性）三条作用途径，对企业多元化经营产生影响。由高层梯队理论和资源组合理论形成机制可知，股东监督治理以及资源引入能力必然受到股东自身认知风格和价值理念的影响。连锁股东异质性研究发现，当连锁股东具有金融背景、民企性质以及存在委派董事时，其对企业多元化经营的影响更大，"归核效应"更显著。

第三，本书基于企业特征研究发现，当沉淀性冗余资源较多、非沉淀性冗余资源较少时，连锁股东对企业多元化经营的影响更大，

"归核效应"更显著;资产专用程度对连锁股东的"归核"行为亦产生影响,在资产专用程度较低的企业中,连锁股东对多元化的抑制功能更显著;连锁股东在管理层权力较大的情况下对企业多元化经营的影响更大,"归核效应"更显著;与国有企业相比,连锁股东对企业多元化的"归核效应"在民营企业中更显著。

第四,本书基于制度环境差异研究发现,连锁股东对多元化经营的作用受外部经济制度环境的影响。具体而言,与产业政策支持性行业相比,连锁股东对企业多元化的影响在非产业政策支持性行业中更显著;与市场化进程快的地区相比,在市场化进程慢的地区,连锁股东对企业多元化的影响更显著;同时,在外部经济政策不确定性较弱的环境下,连锁股东可以实现与经济政策的协同治理,以抑制多元化扩张。

第五,多年来有关多元化经营经济后果的研究并未取得一致结论,既然连锁股东具有资源效应、治理效应及信息效应,可以有效抑制企业多元化经营程度,促进企业向专业化转型,那么,连锁股东"归核效应"具体表现在哪些方面?连锁股东进行资源重配是否影响企业全要素生产率,又对经营价值产生何种影响?本书对连锁股东之于多元化经营经济后果的研究发现,连锁股东可以有效促进资产剥离、抑制非相关多元化、促进相关多元化,并最终促进全要素生产率及多元化经营价值的提高。

本书的研究结果,不仅丰富了多元化经营的动机理论,还为多元化实践带来了一定的启示和借鉴作用。我国当前正处于经济转轨的关键阶段,"聚焦特色,深耕主业"是当下企业高质量发展的内在需求。首先,企业在引入战略投资者时,不能盲目追求投资者的资源多元化,更应关注投资企业的行业背景,注重引入同行业优势资源并将其集中到主业,实现资源效率最大化。其次,面对疫情带来的严峻的社会经济挑战，企业的经营战略规划应当明晰主业方向，剥离非相关的业务，收缩战线，瘦身精简，在细分市场中实现战略聚焦。再次，扫清体制机制障碍，增加连锁股东在国有企业中的"话语权"，利用股东联结带来的资源及治理优势，助力国有企业"破局蜕变"。最后，进一步优化企业市场环境以及完善内部治理机制，发挥连锁股东委派董事的监管作用，集中优势发展主业，确保企业发展行稳致远。

著　者

2024 年 8 月

目录

第 1 章

绪论

1.1　研究背景与研究意义

1.1.1　研究背景

自20世纪50年代安索夫（Ansoff）提出"多元化经营"概念以来，国外企业广为实践。"多元化经营"概念属于"舶来品"，受西方经营模式的影响，20世纪90年代，我国掀起了多元化经营浪潮，多元化经营逐渐成为企业扩张的主要模式。随着多元化经营的深入发展，其负面影响日益显现。国外多数企业已经开始剥离不相关业务，缩小经营范围，走向经营"归核化"和"专业化"道路，集中优势资源发展主业并保持适度的相关多元化。反观国内，截至2019年底，我国多元化企业占比高达60%，在国外多元化热情日渐消退回归理性的情境下，我国企业依然存在过度多元化的现象。

面对国际经济发展新形势以及国内经济面临的矛盾与挑战，国家围绕企业发展强调"瘦身健体、提质增效"，以支撑国民经济平稳健康发展。国家高层会议多次强调要深入推进供给侧结构性改革，释放实体经济活力。国家"三去一降一补"的政策导向，进一步要求企业淘汰冗余、落后产能，加速推进产能出清，以实现企业高质量发展。尤其是在疫情暴发期间，面临严峻态势，实业发展受阻，多元化经营带来的负面效应尤为凸显，诸如恒大地产等知名企业亦遭遇发展困境，重提多元化经营战略恰逢其时。因此，如何剥离低效资源、助推企业高质量发展在疫情常态化时局下尤为关键。2018年上交所发文表示，对于长期不专注主业经营、无经营能力的企业要严格监管，维护资本市场良性生态。《2020年国务院政府工作报告》中明确提出"完善治理、强化激励、突出主业、提高效率"的企业发展思路，明晰企业发展战略和主业方向，鼓励以创新驱动实体企业发展，并且要积极实现生产要素的主业集中化，提升生产经营效率，对于常年边缘主营业务的企业，证监会明令做出惩罚举措。《2022年国务院政府工作报告》中提出要培育专精特新型企业，这也是"十四五"规划中企业要着力发展的方向，其中的"专"强调了企业发展要以专业化发展为核心。基于以上现实背景，企业要谋求高质量发展，还需紧跟结构性步伐，化危机为契机，进一步优化产业布局，并根据自身资源积极推进经营战略调整，而企业的转型与升级离不开企业多元化或归核化的战略调整。

近年来，有关多元化经营动机方面的研究颇为丰富，但尚未形成统一结论。西方学者围绕市场势力（Williamson，1981）、资源基础（Phillips and Maksimovic，2010；Chatterjee and Wernerfelt，1991）以及代理理论（Jensen，1976；Amihud and Lev，1981；Aggarwal and Samwick，2003）等方面进行研究探讨。上述动机理论主要从管理层和企业资源分布情况进行探讨。一方面，管理层通过多元化经营将企业剩余资源整合形成内部资本市场，以实现财务协同和缓解企业融资约束难题；另一方面，随着两权分离的实现，管理层衍生代理动机，多元化经营便成为其满足私欲、构建帝国的渠道。作为企业风险承受者与既得利益者，缘于行业瓶颈及利益驱使，跨行业经营股东趋之若鹜。

自20世纪70年代以来，企业产品细分市场竞争愈演愈烈，管理理念亦发生巨大转变，企业之间合作交流愈发频繁。近年来，我国经济发展速度放缓，进入中低速、高质量发展的转型时期，拥有资金优势的投资者会参股其他企业，以谋求更大的经济利益，大股东直接参股同行业竞争对手渐成常态，从而产生股东联结（连锁股东）的现象。Jarillo（1988）认为企业之间的联结关系在企业发展中担任重要角色。而企业联结的纽带就是股东之间的交叉持股，因此，股东的联结形态与经济后果已经成为关注热点（陈运森、谢德仁，2011；陈仕华等，2013；陆贤伟等，2013；Renneboog and Zhao，2014）。截至 2019 年底，我国同行业存在股东经济关联的企业比例达到 16%，并有逐年增长之势。行业内实现联结的股东具备高度的信息资源互补，可以及时、准确地获取市场信息，从而提升投资效率（He et al.，2019；杨德明、毕建琴，2019）。除信息资源共享之外，连锁股东积累了较多的公司治理经验，亦能发挥更好的股东监督效能，有效缓解企业信息不对称及代理问题，实现了连锁企业的治理协同（Kang et al.，2018；Brooks et al.，2018；Chen et al.，2018）。此外，还有许多学者认为连锁股东通过行业合谋提升了连锁企业在行业内的议价能力，降低了行业竞争度从而实现行业垄断；对市场的资源配置及社会职能产生了负面影响，即具有"竞争合谋"动机。

综上所述，本书在现有研究基础上，以企业之间股东联结现象为切入点，深入探究以下几个问题：第一，连锁股东作为企业之间沟通合作的重要枢纽，是否会对企业多元化行为产生影响？如果有影响，具体通过何种路径作用于企业多元化经营？第二，股东肩负着激励管理层、监督和评价管理者以及为企业经营发展引入资源的重任，而股东监督治理以及资源引入能力必然受到股东自身认知风格和价值理念的影响，那么不同的连锁股东特性又将对企业多元化经营产生何种差异性影响？第三，企业特性的不同、外部制度环境的差异是否亦对连锁股东与企业多元化经营的关系产生异质性影响？第四，企业多元化经营是企业重要的战略决策，对企业发展和价值具有重要影响，倘若连锁股东对企业多元化经营决策产生影响，那么最终是否会对企业经营价值及成长性产生影响？针对上述问题的探究，有助于深入了解连锁股东所产生的经济影响，为完善企业治理机制、健全制度体系提供参考依据。

1.1.2 研究意义

本书以连锁股东为切入点，研究连锁股东如何影响企业多元化经营，以及进一步检验连锁股东影响多元化的机理路径，并深入探究股东特质、企业特征、制度环境的调节作用。此外，从企业全要素生产率、多元化经营价值等方面分析连锁股东影响企业多元化经营更深层次的经济后果。

1.1.2.1 理论意义

首先，本书丰富了多元化经营影响因素的研究。以往文献主要围绕市场势力、内部资本市场、资源基础、资产组合、代理成本等动机理论进行研究。市场势力理论主要认为企业进行多元化往往牺牲了专业化，通过横向补贴、获取更多的信息资源等手段形成集团经营，维持及扩大企业产品市场竞争优势（Berry，1971；Hill，1988；Larsson，1990）。内部资本市场理论认为企业多元化导致业务部门增加，提高了集团公司统一调配资金，从而降低甚至避免了企业从外部资本市场获取资金的融资成本以及信息不对称程度（Hadlock，2001；Lewellen，1971）。资源基础理论认为企业主要以不可替代的内部资源为基础提升竞争优势，当企业拥有剩余异质性资源时，则会考虑多元化经营，或为获取异质性资源进行多元化并购（Penrose，1959；李善民、周小春，2007）。资产组合理论认为企业通过构建现金流量不完全正相关的资产组合，以分散企业非系统风险，从而缓解企业财务困境（Markowitz，1959；Amit and Livnat，1989；吴国鼎、张会丽，2015）。代理成本理论认为企业管理层具有为自身谋取在职消费等私利行为或规避解约风险的动机，往往通过多元化经营以预防企业破产及退出风险（Jensen，1986）。现有的多元化动机理论相关文献较少涉及股东层面对企业多元化的影响，忽视了股东与同行业其他公司股东之间的经济关联、信息渠道以及信息沟通，而本书针对此方面研究做出了理论补充。

其次，本书补充和丰富了连锁股东的经济后果研究。围绕连锁股东展开的实证研究刚刚起步，并且在研究结论方面尚未形成一致观点。现有文献主要围绕资源配置及企业绩效进行研究。一方面，连锁股东的同行业集体联动行为提升了企业在行业内的话语权及议价能力，降低了行业内的竞争程度和投资机会敏感程度，导致行业产量及价格失衡，从而降低企业资源配置效率及社会贡献度（Hansen and Lott，1996；He and Huang，2017；Azar et al.，2018）；另一方面，连锁股东在企业决策中体现了更有效的监督职能，并依托丰富的行业经验及信息优势降低了企业信息不对称程度及代理成本，从而提升了企业投资效率及绩效（Kang et al.，2018；He et al.，2019）。本书在已有经济后果的研究基础上考察了连锁股东对企业多元化经营的影响，主要考察重点为连锁股东是通过治理协同与资源共享促进"归核化"经营，还是基于范围经济导向扩大多元化经营范围。进一步地，通过纵深检验考察了连锁股东对企业多元化经营的影响机制，主要考虑资源效应、治理效应与信息效应，并运用融资约束、主业创新、两类代理成本及股价同步性作为三种效应的代理变量，以期检验连锁股东的作用机制。

再次，本书基于股东特质、企业特征、制度环境等异质性特征来检验连锁股东对多元化经营的影响。股东作为公司的重要利益相关者和决策者，监督治理以及资源引入能力必然受到股东自身认知风格和价值理念的影响。本书正是从这个角度出发，考察连锁股东的金融背景、股权性质以及委派董事意愿等异质性特征对企业多元化经营的影响，以便在遴选连锁股东时获得一定的证据支持。企业特征主要有冗余资源、资产专用性、管理层权力、产权属性等。管理层权力在我国具有较为独特的发展历程，管理层寻租行为亦可能使企业价值偏离最有效契约路径。与此同时，管理层权力过高所引发的代理问题亦可能成为企业多元化扩张经营的快车道。连锁股东发挥治理作用促进企业聚焦主业是否会受到管理层权力这一组织内部特征的影响？另外，资源基础观认为企业冗余资源是实施多元化的基础，不同冗余资源的类型对多元化经营的影响亦不相同。基于此，考虑冗余资源对连锁股东之于多元化经营的影响，有助于进一步剖析多元化动机以及连锁股东整合配置资源的能力。因此，探讨企业内部特征对连锁股东之于多元化经营的影响，在厘清连锁股东治理机制、优化企业组织环境等方面发挥重要作用。常见的影响因素为产业政策、市场化进程以及经济政策变动。制度环境作为外生变量，其评价亦关乎市场主体的经营决策，基于我国特殊的制度环境来考察企业内部特征，十分必要。

最后，本书围绕多元化经营拓展了连锁股东更深层次的经济后果。连锁股东具有资源效应可以缓解企业融资约束水平，也具有治理效应可以有效抑制管理层私利行为，进而降低企业多元化经营程度，促进企业向专业化转型。那么，连锁股东的"归核效应"具体表现在哪些方面？连锁股东又是如何影响多元化经营价值的？企业资源利用效率决定了企业多元化经营方向，那么，通过"归核化"是否会提升企业的全要素生产率？对这些问题的回答，有助于厘清连锁股东影响多元化经营的具体形式，并且有利于全面分析连锁股东的经济效应。

1.1.2.2　现实意义

随着资本市场的演进与完善，关联股东已经成为资本市场的重要角色，尤其是同行业持股而联结形成的连锁股东甚为普遍。"聚焦主业发展，彰显特色"是当下企业高质量发展的内在需求，厘清连锁股东的经济后果有助于解释企业主业发展的原动力。

第一，关于多元化经营的相关理论与实证研究大多起步于西方资本主义国家，这些结论固然可靠，但并不具备普适性。我国目前经济体量稳居世界前列，经过多年的发展与积淀，2020年在世界500强席位中占比超过20%。因此，因地制宜地考察我国多元化发展动机更具现实意义。根植于我国特殊的制度背景，国家多次提及国有企业要做强做精主业和实业，提出央企要聚焦主业发展，不断提升企业核心竞争力。民营企业作为我国国民经济的重要组成部分，是应根据国家政策导向积极做出战略调整，以推动要素合理流动，还是应"逆流而上"乘势扩大市场份额，以实现规模化扩张。根据当前政策导向，非常有必要针对产权属性进行多元化经营的深入探讨，以厘清其背后机理，给予证据支持。

第二，连锁股东不仅是形式上的联结，更要实质性地参与企业管理，而不是沦为"纸面红利"。相较于形式上的控股，连锁股东通过委派董事深度参与企业经营，积极发挥监督职能，以发挥更好的治理作用。另外，金融背景加持的连锁股东在缓解企业融资约束方面具有先天的资源优势，更有利于企业聚焦主业发展。在影响机制方面，本书从融资约束、公司治理、主业创新、股价同步性等方面深入剖析企业"归核化"的影响路径，为企业主业经营提供经验支持。

第三，疫情对企业的远期负面效应可能持续，企业转型与高质量发展迫在眉睫。外在环境的不确定性，对经济的影响是短期的，不会改变我国经济长期向好的基本面，亦不会改变我国经济内在发展向上的势头。因此，面对机遇和挑战，企业应该考虑如何去除无效产能，收缩战线，提升全要素生产率，蓄力长效发展。探究企业突破现有融资困境、发展瓶颈的有效方式，更有利于企业可持续、高质量发展。

1.2　研究问题与研究内容

1.2.1　研究问题

1.2.1.1　研究目标
在全面充分了解和熟悉我国多元化经营问题的基础上，结合我国特有的制度背景，通过回顾相关文献并展开相应述评，总结及发现已有研究的争议焦点及不足之处，从而提炼出本书的主要研究目标和探讨内容：

（1）连锁股东对企业多元化经营程度及类型是否会产生影响？连锁股东是基于企业市场势力、资源禀赋、规避风险而更趋于多元化，还是随着连锁股东数目及持股比例增加带来的良好公司治理效果而降低企业代理成本、缓解企业融资约束，进而逐渐趋于归核化经营？

（2）受产业政策、市场化进程及经济政策不确定性的影响，连锁股东可能受制于政策约束及区位等因素而对多元化趋势产生何种影响？是否意味着这些差异会对连锁股东与多元化经营之间的关系产生调节作用？

（3）连锁股东主要通过何种路径影响企业多元化经营？这对于厘清多元化动机至关重要，也有利于企业聚焦主业目标的实现。

（4）连锁股东影响多元化经营是否表现为对非相关资产进行剥离，以及实行的多元化或者归核化的企业行为是否会影响全要素生产率和企业的价值？

对这些问题的解答，不仅有利于合理评估多元化经营的实施效果，更为重要的是有利于为企业组织部门关于连锁股东的相关政策制定提供一定的政策参考与启示。

1.2.1.2 拟解决的关键问题

本书拟解决以下关键问题：首先，寻找连锁股东影响企业多元化程度的具体路径及其经济后果的理论基础；其次，相关变量的衡量和数据的选择，尤其是连锁股东指标的选取和衡量；再次，寻找相关研究适用的回归模型和稳健性检验，以期克服研究问题中存在的内生性问题；最后，对相关假设进行实证检验，分析结果，并对实证结果提出合理的解释，进而提出现实意义以及政策启示。

1.2.2　研究内容

本书共分为9章：

第1章，绪论。首先，对连锁股东与企业多元化研究的重要性和必要性做出了简单陈述；其次，对提炼的研究内容、使用的研究方法、研究意义和创新之处进行了论述。

第2章，文献回顾与研究述评。本章共分为两个部分。第一部分首先梳理了多元化经营的动机理论；其次从折价观、溢价观、中性观三个方面概括了多元化经营的经济后果；最后对多元化经营进行文献述评。第二部分主要对连锁股东经济后果的相关文献进行梳理和分析，并结合产权性质、行业集中度等因素进行总结与探讨。

第3章，概念界定与理论基础。多元化经营的动机理论主要围绕市场势力、内部资本市场、资源基础、资产组合、代理成本理论进行研究。目前关于多元化经营动机的理论并未取得一致观点，且相关文献中较少谈及股东层面与同行业其他公司股东之间的经济关联、信息渠道及信息沟通等相关影响，在我国上市公司连锁股东日趋普遍以及全球主业回归的大背景下，融入连锁股东经济影响来分析多元化动机更具解释力。本章首先对连锁股东以及企业多元化等概念进行界定，其次阐述连锁股东影响企业多元化经营程度的理论基础，以明晰连锁股东如何影响企业多元化经营，最后基于我国特殊的制度环境分析企业多元化经营的基本现状以及连锁股东可能影响企业多元化经营的主要路径。

第4章，连锁股东与企业多元化经营：机理分析与实证检验。首先，从"归核效应"与"扩张效应"的竞争性维度探讨连锁股东对企业多元化经营的影响。一方面，连锁股东作为企业之间特殊的缔约形式，在为企业带来资源优势、融资优势、治理优势的同时，可以有效限制企业多元化经营行为，促使其向主业发展，表现出明显的"归核效应"。另一方面，连锁股东具有很强的动机对投资组合内的同行业企业施加干预，促使企业扩大多元化经营规模，增强市场势力，提高企业的市场份额和议价能力，从而形成行业垄断以谋取利益最大化，呈现"扩张效应"。其次，连锁股东通过联结资源提升了企业获取信贷资源的可能性，同时降低了借贷双方信息的不对称程度，进而降低了企业融资成本。动态经营环境使企业面临着较大的外部环境不确定性的威胁，而股东之间的联结协调了内外部信息、资本等资源的交换，并且降低了企业风险。连锁股东还借助自身的人力资本优势向企业委派董事及管理人员，提升了股东的监督能力及效率。本书认为连锁股东可以有效缓解融资约束、降低企业风险、提高公司治理效率及信息披露质量，进而对企业多元化经营产生影响。第一，通过理论分析更深层次地挖掘连锁股东影响企业多元化的渠道，主要通过企业风险承担、融资约束、公司治理等因素进行梳理分析。第二，借鉴温忠麟和叶宝娟（2014）的方法，建立连锁股东影响多元化经营的中介模型，同时对回归结果予以适当解释，以期对其影响机理进行验证和分析，完善多元化经营的动机理论。

第5章，连锁股东与企业多元化经营：连锁股东异质性检验。古典经济学理论假设市场中的参与者均是理性的，个体层面差异对于公司决策没有显著影响（Weintraub，2002）。代理理论则认为个人对于努力的态度不尽相同（Bamber and Jiang，2010），在理性的范围内，个人选择会受其经历和价值观念影响。心理学研究表明，人们在日常生活、工作中形成长期、独特而相对稳定的个人沟通模式（Pennebaker and King，1999），这种"个性"亦会影响其日常生活、工作中的各项决策。股东作为公司重要利益相关者和决策者，亦是委托代理关系中的委托人，肩负激励管理者、监督指导和评价管理者的重任。依据高层梯队理论和资源组合理论的形成原理可知，股东监督治理以及资源引入能力必然受到股东自身认知风格和价值理念的影响。本章从异质性视角出发，考察连锁股东金融背景、股权性质以及委派董事意愿等个人特征对企业多元化经营的影响。

第6章，企业特征、连锁股东与企业多元化经营。企业多元化影响因素除了第5章中提及的个体微观因素以外，中观企业特征亦是需要考虑的重要因素。随着所有权与经营权的分离，无论是民营企业还是国有企业，其管理层权力都得到了快速的强化与发展。代理成本理论认为，管理层寻租行为可能使企业价值偏离最有效契约路径。与此同时，管理层权力过高所带来的代理问题亦可能成为企业多元化扩张经营的快车道。连锁股东发挥治理效应促进企业聚焦主业是否会受管理层权力这一组织内部特征的影响？另外，资源基础观认为企业冗余资源是实施多元化的基础，不同冗余资源的类型对多元化经营的影响亦不相同。基于此，考虑冗余资源对连锁股东之于多元化经营的影响有助于进一步剖析多元化动机以及连锁股东整合配置资源的能力。基于我国特殊的国有体制现实情境，国有企业受政府政策干预过多，外加国有企业被赋予稳定经济、促进就业等附加职能，从而可能弱化连锁股东所带来的公司治理效应。

第7章，制度环境、连锁股东与企业多元化经营。连锁股东的资源、信息及公司治理效应通过降低企业信息不对称程度、增加监管力度，从而缓解融资约束及强化公司治理，进而降低企业多元化程度。鉴于我国地域发展的不均衡，不同经济水平的地区环境亦有所不同，引致连锁股东的治理效应可能因外部环境产生不同影响。转型经济下的制度背景是公司多元化战略的重要影响因素，其中一系列产业政策的出台使我国不同产业之间在资源获取方面存在较大差异，政府通过直接或间接的方式为支持性行业提供发展资源，改善发展环境的同时，也对产业政策非支持性行业造成了信贷融资、行政审批等方面的限制，这便加剧了通过多元化经营获取政策补贴的动机，因此，考虑产业政策对连锁股东与企业多元化经营之间关系的影响，具有较强的现实意义。此外，随着我国市场化进程的推进，企业融资约束逐渐得到缓解，公司治理水平亦有所提升，这就有可能导致内部市场替代变得没有意义。但在市场化程度较低的地区存在融资难、融资贵的问题，以及监督薄弱而导致的代理问题，此时，考虑市场化进程影响有助于企业及投资者深度了解连锁股东如何弥补正式制度所产生的缺陷性。此外，经济政策不确定性带来的委托代理问题是企业多元化扩张的重要动因，连锁股东能否与外部经济政策协同治理抑或替代是考察制度环境的重要关注点。

第8章，连锁股东与企业多元化经营：经营后果分析。在资源硬约束的情况下，对非相关资产进行剥离是实现资源有效再配置的有效途径，企业将获得的增量资金配置到更有价值的项目中，为企业进行相关多元化经营提供了条件。相关多元化相比非相关多元化具有内在优势，缘于相关多元化企业能够将配套的资源与技术运用到相关的纵向开发领域。相关多元化不仅可以发挥企业的规模优势，而且可以显著降低内部的交易成本。连锁股东通过与企业共享行业之间的资源及信息，提升了企业在行业内的竞争力，同时通过剥离非相关资产，使企业"轻装上阵"，通过发展业内相关业务影响多元化价值。连锁股东还承担了桥梁作用，给企业创新活动带来异质性资源，在挤出非相关业务之后亦会增加企业主业研发投入，在一定程度上增强企业积极创新的意愿与创新绩效。同行业股东联结破除了"同业相仇"的竞争模式，使不同竞品之间实现了战略开发联盟，降低了研发失败风险。连锁股东的资源优势在一定程度上促进了要素市场的充分流动，增强了企业产品活力，进而提高了企业全要素生产效率。多元化经营引起的资源分散化、组织管理复杂化，在降低投资效率、加剧信息不对称的同时产生寻租补贴行为，进而破坏企业价值。连锁股东通过信息、资源及治理效应优化了企业多元化行为，那么，这一优化作用是否会提升多元化经营价值？

第9章，研究结论与未来展望。归纳本书主要的研究结论与可能的政策启示，总结潜在的研究局限并提出后续可供努力的方向。

1.3 研究框架与研究方法

1.3.1 研究框架

本书通过搜集与阅读国内外相关经典文献，通过对多元化经营动机理论及连锁股东的理论分析，推演出连锁股东与多元化经营的理论逻辑，并在此基础上进一步考察企业特征、制度背景等因素的影响，最后对连锁股东之于多元化经营的经济后果进行理论和实证探讨。

绪论是本书的先驱之章，主要是在分析课题研究背景的基础上，进一步提出研究问题及内容，并说明其研究意义，针对内容搭建研究框架和研究方法，并体现一定的创新之处。文献回顾部分从两方面入手：一方面是多元化经营动机理论及经济后果的经典文献回顾；另一方面阐述了连锁股东的联结动因及治理协同论、竞争合谋论假说，在回顾文献的基础上总结出现有研究的不足之处。理论基础部分围绕资源基础理论、内部资本市场理论、资源组合理论、市场势力理论、代理成本理论、社会网络理论等基础理论进行论述，为后续提出的假设奠定了理论基础。逻辑推演部分主要依据前述理论基础及相关逻辑提出本书的研究猜想，并进行实证检验。机制分析部分主要从多元化经营的动机理论出发，明晰连锁股东的具体影响路径。调节检验部分主要从连锁股东异质性、企业特征、制度环境等方面检验企业内外部环境带来的差异性影响。研究结论与未来展望部分依据本书的研究脉络及具体结论提出相关的多元化实践证据及启示。本书的研究脉络及技术路线，如图1-1所示。

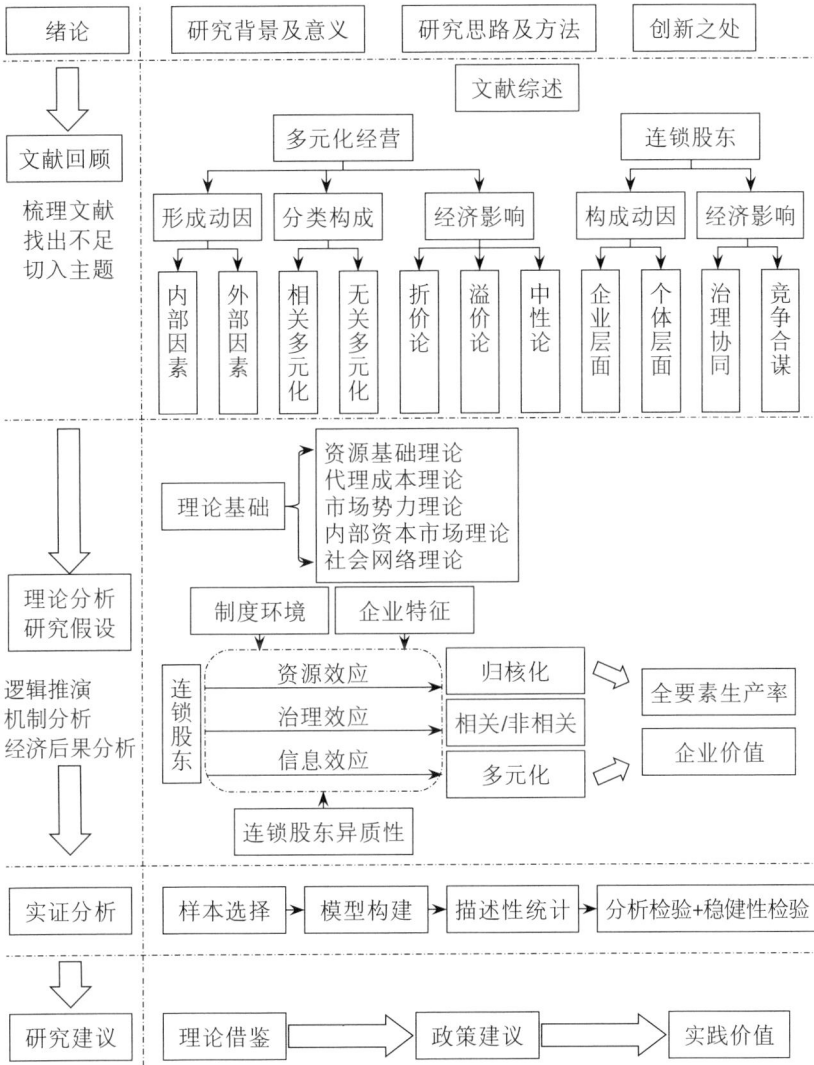

图1-1 研究脉络及技术路线图

1.3.2 研究方法

本书采用理论分析与实证研究相结合的研究方法。一是规范分析法。本书在详细研读国内外现有文献的基础上，对国内外有关企业连锁股东、多元化经营的研究成果进行归纳总结，借鉴国内外有关研究的主要观点，采用逻辑推理法分析连锁股东对企业多元化影响的机理和路径，并提出可待检验的竞争性假设。随后，基于我国典型的制度背景，结合产权性质及宏观环境差异等不同视角，探究上述因素对连锁股东之于企业多元化经营产生的调节作用。二是实证研究法。基于前面的理论分析，结合统计学和计量经济学的基本原理及方法进行实证检验分析，根据研究内容以及具体研究进程选用不同的实证研究方法，以"文献述评—假设建立—变量定义—模型设计—样本选取—统计检验—结果分析—政策启示"的研究思路，采用描述性分析、多元线性回归等方法对相关议题进行深入挖掘。

1.4 本书特色与创新之处

本书的特色与创新之处体现在以下四个方面：

第一，多元化与专业化经营一直是理论界与实务界关注的焦点，动机探讨亦方兴未艾，本书期望通过梳理其机理来优化企业多元化经营行为。现有研究中多元化经营的相关文献，大多集中于探究多元化经营产生的经济后果，比如多元化经营对企业价值、企业风险、企业成长性以及股价崩盘风险等方面的影响，部分学者亦从产业政策、政府干预、政治关联等宏观视角考察企业多元化经营的动机，但鲜有进一步挖掘企业多元化经营股东层面的影响因素，以及对企业多元化经营的经济后果产生何种作用，而研究股东层面对企业而言更具操作性和政策导向性。本书在已有研究基础上，从多个角度讨论了连锁股东对企业多元化经营的可能影响，拓展了多元化/归核化的实施效果的研究视角，补充和丰富了该领域的研究。

第二，股东作为公司的重要利益相关者和战略制定者，肩负着激励、监督、评价管理层以及为企业经营发展引入资源的责任。由高层梯队理论和资源组合理论的形成机制可知，股东监督治理以及资源引入能力必然受到股东自身认知风格和价值理念的影响。已有关乎企业多元化经营的相关研究，大多默认了不存在企业之间的共同股东，忽略了企业之间股东连锁效应的现实情境。因此，本书放宽了隐含的股东层面的同质性假定，探究其对企业多元化经营的影响，在拓宽公司战略选择与投资决策相关研究的同时，也更加深入地揭示了连锁股东如何影响企业多元化经营及其具体的作用机制。

第三，本书选择连锁股东来阐释近年来广为盛行的企业多元化的部分动因，不仅拓展了企业多元化影响因素的研究视角，更为企业决策者如何推进企业多元化行为、系统防范大股东与小股东的代理动机和推动企业产品结构转型升级提供了政策启示与理论参考。管理层权力在我国具有较为独特的发展历程，随着放权让利政策的持续推进，管理层权力逐渐得到累积。资源基础观认为企业冗余资源是实施多元化的基础，不同冗余资源的类型对多元化经营的影响亦不相同，考虑冗余资源对连锁股东之于多元化经营的影响有助于进一步剖析多元化动机以及连锁股东整合配置资源的能力。在我国特殊的制度背景下，公司所有制差异会对企业行为产生重大影响，不同产权属性的企业，其多元化倾向亦不相同。我国当前正处于新兴加转轨经济的特殊时期，各地区的市场化水平、法治化发展水平和政府干预水平等制度环境的差异，也使其对企业多元化经营的影响有所不同。特别地，本书从连锁股东异质性、企业特征、制度环境等视角分析了连锁股东对企业多元化的异质性影响，警醒企业在制定和实施相关政策时应当因地制宜，切勿采取一刀切的方法。

第四，多元化经营的经济后果研究目前存在较大争议，本书尝试通过连锁股东视角来探讨多元化经营的经济效应。首先，从全要素生产率和企业价值视角来检验企业多元化的经济后果；其次，研究连锁股东之于企业多元化的价值效应，不仅打开了企业多元化经营影响企业发展的"黑箱"，还在一定程度上验证并丰富了已有文献有关连锁股东及多元化经营经济后果的若干观点。"聚焦主业，促进企业高质量发展"是当下我国企业发展的现实需求，本书研究为驱动企业专业化发展提供经验借鉴，明确了相关机理，提出了操作启示，并且探讨了连锁股东较为全面的经济后果，尤其是在疫情等危机时期，对优化产业布局、资源配置及治理结构都具有一定的现实意义。

第 2 章

文献回顾与研究述评

2.1　多元化经营的文献回顾

股东、债权人及管理层代表着不同的利益主体，对于多元化经营的意见并不一致。对股东而言，个人多元化投资组合的成本远远低于企业多元化经营，可能不偏爱多元化，但管理层及债权人为预防企业破产风险、如期收回债权等，更倾向于多元化经营。因此，作为不同的相关利益主体，他们具有不同的多元化动机。从现有研究来看，国内外学者主要围绕多元化经营的动因和经济后果两方面展开讨论和研究，并且结论亦未统一。自20世纪90年代以来，随着公司内部治理体系的完善以及外部资本市场环境的持续优化，国内学者对多元化经营问题从理论研究转向了实证研究。本书通过回顾多元化经营的动机理论及经济后果两方面的经典文献，了解多元化经营的理论与实证的发展现状，并进一步提炼出尚待研究的内容。

2.1.1　多元化经营的动因

2.1.1.1　充分利用现有资源，获取范围经济

资源利用论认为若企业存在尚未被充分利用的资源，那么，企业将这部分资源用于其他行业进行有效利用，以期提高资产的利用率，获取规模收益，这也是多元化形成的前提条件。从整体来看，企业共享的资源主要可以分为有形和无形两类（Guillen，2000）。

Penrose（1959）最早基于内生增长理论提出企业有动机将剩余资源效用最大化。Penrose认为企业经营过程中的资产不可能全部满负荷运行，即存在闲置或未被充分利用的资源，这也是企业生命周期内存在的正常现象，因规模经济需求而产生的跨行业经营行为，即多元化经营。只有充分发掘企业内部稀缺且互补的资源及能力，企业才

能保持和扩大其竞争优势。公司采用多元化经营模式试图更加充分地利用现有生产资料，并进一步取得范围经济。学者们认为企业的核心竞争力是其特殊资源与能力的稀缺性及不可替代性，伴随对可持续竞争资源认知的进一步深化，随之衍生出能力基础理论、核心能力理论、动态能力理论等理论体系。事实上，能力理论与资源基础理论一脉相承，均强调企业相关多元化的核心地位。Teece（1980）进一步将企业剩余资源向外部转移难度作为资源基础理论的限定条件，如果该资源可以轻易地在市场中以低交易成本转让，那么，统一该资源的多元化范围经济将不复存在。多元化经营与企业的资源禀赋息息相关，资产专用性是资源禀赋的典型表现，企业资产专用性的高低会影响其边际收益，从而改变多元化经营决策。此外，企业资源类型亦决定了多元化经营方式，如果企业资源在特定领域及范围内占据优势地位，其转移及有效利用资产的难度加大，亦限制了企业将该资源转移至其他领域的能力，因而企业即便采取多元化经营模式也很难发挥剩余资源的价值（Cynthia et al.，1989；Chatterjee and Wernerfelt，1991）。

国内有关多元化经营研究也取得了较为丰硕的成果。王大树（2004）认为企业多元化经营会产生范围经济，而范围经济不仅取决于企业的有形资源，还取决于管理层能力（譬如管理经验、经营技能等），同时认为单一品牌与多品牌进行捆绑更突出了范围经济的重要性。企业多元化经营范围经济的主要策略是通过多元化经营与价值链战略相匹配，自身业务单元与竞争对手相匹配，产生技术协同、市场协同、管理协同，从而获取范围经济利益（张辑，2008）。然而，多元化经营的利好优势并非一直存在，而是具有一定的周期阶段性。刘傲琼和刘新宇（2018）通过构建收益模型发现，多元化与企业的业绩之间呈倒U形关系，当多元化进程发展到一定阶段时，范围经济带来的收益逐渐缩水，并最终有损企业价值。曾伏娥等（2018）从产品相关度视角考察了范围经济的收益水平，认为产品多元化程度的提高及过宽的产品生产线会使产品协调成本增加，从而引致范围不经济。另外，李军林和朱沛华（2018）以我国的商业银行为研究样本发现，范围经济提高了商业银行的收益水平，但同时也加剧了银行的信用风险，且其作用受银行规模、资金流动性的影响。总之，资源基础论认为通过多元化经营可以将企业的剩余资源发挥最大化效用，尤其是对于专用性资产较低的企业，这种资源在多元化过程中承担较小的交易成本，通过内部扩张来形成资源协同利用可能成为优选。多元化经营带来的范围经济由于受企业内部公司治理水平及规模的影响，因此，并非多元化程度越高越好。

2.1.1.2 构造内部资本市场，降低交易成本

在传统的新古典经济学中，将企业视为一个最简单的"黑箱"，以完全契约及放松交易费用为假设，企业各类生产要素决定了其产品价格及生产数量。由于假设条件极为苛刻且并不涉及制度建设，企业内部人员的利益分享与协调机制易被隐藏。新制度经济学派通过对企业的深入调研，考察了企业的存续、并购、跨行业经营等多种组织特点。Coase（1937）围绕交易费用理论提出了企业的起源动因。Williamson（1971）进一步提出了更深层次的问题，研究认为企业合并或者交易时会涉及资产专用性问题，交易方会随着资产专用性的降低而获得更多选择交易合作伙伴的机会。由此发现，资产专用性与组织之间交易成本呈正相关关系，即资产的专用性越强，企业之间越会建立更为紧密的契约体系，并通过资产联结合作双方股东的利益。此外，资产专用性的提高导致在市场交易过程中产生过高的交易耗费，并且被"要挟"（敲竹杠）的可能性增大，招致机会主义潜在威胁。由于资产专用性的广泛性，为避免敲竹杠的机会主义现象，投资方需要生产自己所需的材料及相关产品，从而实现纵向一体化的战略布

局，避免产生过高的交易费用。为了进一步地降低交易成本，企业会创造机会来实现资源内部化以替代外部市场交易，并且当内部化成本显著低于外部交易成本时，企业实行内部化操作是有利可图的。因此，企业多元化经营的动机之一是通过构造内部流通市场，缓解企业外在融资、资源配置等方面的压力，进一步地降低企业的财务风险。基于以上分析，很多学者运用内部资本市场构造来缓解外部融资劣势，从而完善了多元化经营的动机理论。

（1）内部资本市场构造的融资优势。企业外部融资受限对企业现金流具有一定的影响。虽然并非所有正向净现金流都能满足企业融资需求，但企业外部融资约束问题在此情境下可以得到一定的缓解。其一，内部资本市场构造可以提升企业信息透明度，从而缓解资本市场中的逆向选择问题。一方面，通过内部现金流调整可以减少企业公开发行股票的手续费；另一方面，由于信息公开透明，也避免了内外部信息的不对称问题。与此同时，公司管理层通过多元化建立的内部资本市场，统一了各部门之间的信息流、现金流，从而有助于协同企业内源性融资。其二，构建内部现金流可以扩大企业规模，从而产生"资本"势能，即由于扩大了企业的行业、业务等分部，在同一控制前提下能够获得巨大的外部资金（Ghemawat and Khanna，1998）。通过多元化经营内部资本市场的构建，可以实现对各分部异质现金流进行充分整合和调配，亦可平滑企业现金流波动，提升企业整体融资协同性，从而提高企业融资总量（Lewellen，1971）。亦有学者指出，多元化经营加大了企业管理层权力，基于私人收益动机进行过度投资导致企业收益减少，因此，外部资本市场亦有可能会对企业融资规模进行限制（Stein，1997）。Peyers（2001）研究发现，多元化经营内部资本市场可以有效抑制企业外部交易成本，为企业提供了更为丰富的资金。Inderst 和 Müller（2003）提出了不同的观点，他们认为内部资本市场使企业与银行之间的借款合同偏离最优，从而影响了企业的资金使用量。

（2）优化资源配置。Alchain（1969）通过实地调研发现，美国通用电气的价值创造取决于企业内部资本市场构建和资源重新配置，同时补充了企业融资和信息不对称短板。具体而言，在内部架构分布上，公司股东、经理层及基层之间更易获得较为精准且廉价的内部信息。因此，总部亦容易获得企业各类资源运转的准确信息，并以此来判断是否进行资源再分配，以求做到对投资项目的效率优化。从信息论视角来看，Williamson（1986）认为内部资本市场的主要优势源自两个层次：一是，内部资本市场构建可以有效降低投融资成本。资金成本较高主要是由于企业内部信息无法有效与外部市场进行传送，从而使企业在资本市场中承担了较高的资本成本。而内部资本市场降低了企业外部融资量，因而不仅降低了资金使用成本，而且可以有效抑制企业风险。二是，资本配置效率得到提高。企业股东的信息是经理层收集而来的，由于经理层的个人特性及私利动机，往往报送资料时无法客观评价项目情况，从而引致股东获取信息的质量受限。通过加大内部业务部门的构建，信息量逐渐丰富，但其不一定会使信息的质和量快速提升，仍需要依靠科学的激励措施以保证信息质量。内部与外部市场最主要的区别是内部市场相对可控，多元化企业股东层面对各分部资产拥有较大剩余配置权，因此，股东获得更高收益的同时应当对管理层进行更为严格的监管和激励（Gertner et al.，1994）。除了股东层面以外，内部资本市场还有助于优化企业的内部控制与治理行为（Hill，1988）。外部资本市场作为企业外部约束的非正式制度，无法深度参与企业治理，如果叠加内部审计缺失等问题，容易引致企业发生严重的代理冲突。集团总部依据条例可以对分部账务进行详细审计和核查，或是通过与管理层签订契约来激励经理层工作积极性，从而实现对项目的全方位监控，以保持健康运转。值得一提的是，内部现金流分配并不是没有次序的自由流动，而是基于项目收益大小以及与公司战略契合度来进行分配的。现有研究通过"圈内"融资与外部市场融资进行比较，发现企业层面的决策者拥有剩余权益的绝对控制权，而这种控制权需要建立在信息优势之上。因此，企业会通过比较项目收益大小或者项目竞争来选择最佳投资项目，这本身与股东财富最大化的管理目标是契合的。"优胜劣汰"的项目选择机制，使内部融资获得了更大的信息优势、更高的投资效率与更低的使用成本。

除国外文献外，我国学者亦对多元化与资本成本的关系展开了大量研究。对于二者的直接关系，姜付秀等（2006）以我国的上市公司为研究样本，从资本效率理论出发，研究发现随着多元化经营程度的提高，企业融资成本会大幅度下降。亦有学者提出了不一样的论点，认为多元化会提升企业的股权资本，对企业的总成本影响很小。此外，对于二者的间接关系，也有学者提出了多重研究结论，如杨照江和蔡正毅（2011）将上市公司样本分为多元化、专业化企业，以盈余管理视角分析多元化经营对资本成本的影响，研究发现实施多元化的企业致力于提升应计盈余质量，从而降低企业的资本成本。万亮等（2017）认为存在融资困难的企业进行多元化行为，可以有效降低企业外部融资费用。因此，面对融资难题，多元化形成的内部资本市场已然成为企业的可选融资路径。另外，还有学者从环境不确定性角度分析多元化经营与资本成本的关系。

2.1.1.3 提升市场势力，赢取竞争优势

市场势力理论认为企业通过多元化经营以实现行业间利润调整，从而达到垄断目的。通常而言，多元化的实施有助于企业获取更多的资源优势，这种优势可以在其他项目或行业间进行低成本调配，逼迫竞争对手退出市场以免引发恶性竞争事件。因此，多元化经营的目的

往往是从自身利益角度与对手进行合谋磋商以扩大市场份额，从而使双方或多方获益。从宏观产业组织角度来讲，企业是多方竞争的参与者，各企业博弈竞争过程和结果是企业的具体行为，并不是单单的企业个别活动或者业绩。在SCPP的研究范式下，大多学者的研究主要集中于市场集中度以及定价策略等方面，因此认为市场势力是多元化经营行为的主要动因。Edwards（1955）是市场势力概念的最早提出者，他认为企业多元化行为的主要作用是集聚企业发展动力，其主要优势不仅是某个单一市场的竞争地位，还涉及其他市场。多元化行为并不会刻意追求所有市场都处于领先地位，而是通过其他市场对其战略竞争板块进行交叉补贴。Hill（1988）提出了类似的观点，他认为企业多元化行为或许不会拥有更高的投资效率，但会形成某一市场的垄断行为。市场垄断是各类市场参与者通过对细分产品的定价、供应量、产品品质等属性进行统一谋划，通过这种合谋给参与者带来较大收益。

一般而言，多元化企业相比专业化企业具有更高的产品市场竞争力，这是与企业内部各部门之间的灵活配置紧密相联的。从产品市场进攻和防御两方面来分析多元化企业的具体优势。在进攻方面，企业为获得行业垄断或竞争领先地位，在战略制定上要求其他部门给予相应资源支持，这样就可以快速提升垄断行业的资源能力，也增强了其暂时性的抗风险能力。在防御方面，当某部门受到外部企业的竞争时，多元化企业亦会抽调其他部门的资源进行交叉补助，从而使其有能力进行防御，而外部企业面临此情境，可能会"知难而退"，避免蒙受不正当竞争所带来的巨大损失。

2.1.1.4 扩大企业规模，谋取私人收益

企业是以营利为目的的契约型组织，股东财富最大化是企业存续的核心动因。多元化战略必然是依照企业利益来制定的，通过多元化

行为可以迅速扩大企业规模，而随着规模的扩大而产生的影响亦是多重的。虽然组织体量的快速增大可以使企业声誉及形象得到资本市场的认可，也可以使管理层获得一定的物质和声誉收益，但其缺陷亦很明显。西方学者依据委托代理理论发现企业管理层具有私人动机，这种动机会随着企业规模的扩张而日益增大，这为解释管理层多元化动机提供了理论参考。国内外关于代理问题的研究，主要是从股东与管理层、大股东与中小股东两方面展开的。

（1）股东与管理层之间的代理问题。随着两权分离的推行以及其他股东的介入，公司决策权逐渐得到稀释，个别股东对企业剩余权益和决策的权力逐渐萎缩。不仅如此，鉴于管理层对企业业务研究的深入程度，解雇管理层亦会发生较大的经济损失。伴随着管理层权力的日渐走高，股东财富及业务决策能力也受到较大影响。代理问题实质上是一种契约关系，是企业考虑发展需求而赋予管理层执行具体业务的负面表现，同时亦成为所有权和经营权分离框架下的核心问题（Jensen，1976）。委托方与受托方的利益并不完全契合，甚至存在严重冲突，这主要是由代理人逐利属性所引致的。由于代理人的股权相对股东而言微乎其微，这就造成了管理层付出与回报难以实现预期诉求，但风险却未能降低。因此，代理人拥有的企业股份越低，代理人越有动机获取额外收益，从而减损了企业价值。委托代理理论认为股权分散导致股东对管理层行为的约束能力下降甚至形同虚设，多元化扩张行为便成为一条快速通道，为代理人实现了私有收益。代理问题主要从以下两方面得以体现：

第一，"沽名钓誉"。在完全有效的资本市场中，投资者往往通过科学的投资组合来分散投资风险，并不需要通过多元化并购来分散风险（Amihud and Lev，1981）。但由于资本市场并不完善，企业无法获得行业内最优投资组合，且单一行业亦会受到行业外部市场环境的制约。行业不确定因素可能导致某业务单元亏损甚至退出市场，以至于招致管理层职业声誉受损，从而影响经理人在市场中的口碑。因此，企业在无法通过资本市场的最佳投资组合来分散风险时，管理层代理动机表现为多元化经营，并且这种策略对于管理层来说是可控的（Montgomery，1994）。但是，管理层的动机与股东截然不同（管理层往往出于职位保障及职业声誉的动机），他们更愿意降低专业领域的继续涉入程度，继而转向投资其他领域，以此来降低企业破产清算风险。Montgomery 深入调研了 20 世纪 60 年代的企业多元化并购样本，并将其分为管理者控制、弱股东控制、强股东控制三类。研究表明，无论是股东控制还是管理层控制，其垂直并购频率几乎是一致的，但管理层控制的企业跨行业并购数量显著高于股东控制企业，管理层引发的多元化并购并未显著增加企业经济效益，反而降低了职业经理人退出风险，但提升了经理人在市场中的竞争地位。有关管理层持股对多元化并购的影响研究，亦有不同的看法。May（1995）对过往 10 年间收购的 226 个样本进行检验，结果表明，管理层持股数量与企业多元化并购呈正相关关系，他们认为之所以有这样的横截面差异，是因为管理层持股数量的提高会提升管理层决策的意愿与能力。与其相对应的是 Denis 等（1997）的研究，他们认为管理层持股数量与企业多元化程度负相关，并通过分析得出相关结论：管理层持股数量增加，意味着他们与公司的利益趋于一致，这种集体收益可能超过多元化并购获取的私人收益，因此，管理层持股比例高的经理人对自身特质风险的考虑相对较少。

第二，私利驱使。管理层多元化的"帝国构建"行为主要有以下原因：首先是管理层具有权力寻租动机。相比于专业化公司较少的资源控制，管理层更倾向经营多元化企业。通过多元化的摄取"隧道"，管理层可以获得较高的回报，或者是通过多元化经营项目，以满足私利需求（Bertrand and Mullainathan，2003）。涉足行业复杂度决定了组织的业务边界，随着业务复杂度的提高，企业的利用资源随之增多，亦给企业提供了谋取私利的"温床"，因而表明多元化行为是实现私有收益的途径之一。Reid（1968）通过对20世纪60年代以前的企业并购进行考察，研究发现财务因素并不是企业多元化并购的主要原因，而是由管理层推动合并的，并且在非相关并购以后，未能有效提升企业获利能力以及引导股价上扬，仅仅满足了企业规模扩张的主观需求。Muller（1969）研究发现契约中管理层薪酬如果与企业扩张相关联，则会引发过度投资现象，而这些投资无益于企业价值的提升。其次是自由现金流诅咒假说。虽然充足的自由现金流给企业带来了许多福祉，但相较代理问题而言，这却是一种资源诅咒。Jensen（1986）提出的自由现金流假说认为管理层将控制的冗余资金用于投资新项目，在缺乏外部监管的情况下将会提升代理成本，但是如果将这部分资金用于分红等资金退出活动，则会降低管理层的资源控制能力。因此，基于管理层私利动机，管理者倾向于将自有现金进行多元化投资，尽管这些投资并不会带来正现金收益。再次是管理层堑壕效应。管理者以其所特有的技能或认知等作为筹码与董事会进行契约博弈，企图摆脱企业制度约束的行为，称为"管理堑壕"。多元化投资对管理层而言是收益颇丰的。多元化经营提高了其自身的人力价值，亦提升了企业的辞退替换成本，企业对其依赖性增强，因此，多元化经营为管理层博得了较好的就业保障。操作更为复杂的多元化部门可以快速提升管理层在职业经理市场中的声望，多行业的工作背景也为其带来了更广阔的就业之路（Gibbons and Murphy，1992）。有关管理层的多元化动机，Aggarwal和Samwick（2003）进行了实证检验，主要目的是检验企业多元化行为动机是管理层的风险抑制抑或谋得个人收益，为进一步厘清它们之间的关系，又引入了管理层激励这一契约模型。研究发现，管理层的"帝国构建"行为是多元化的主要动因，而与个人风险并无紧密关联，并且这种关系随着激励措施的提升而变得更加紧密，同时表明，激励措施与多元化之间可以相互替代。杨兴全和刘颖（2021）从代理理论视角检验了纵向高管对多元化经营的影响。研究发现，高管纵向兼任通过发挥治理作用抑制代理问题降低了企业多元化行为。以上研究充分表明了第一类代理问题是企业实施多元化经营的重要动因。

（2）大股东与中小股东之间的代理问题。除了股东与管理层存在代理问题以外，大小股东之间亦会存在代理冲突。在股权分散或大股东缺失的情况下，管理层的私人动机成为企业的焦点，当企业的股权结构失衡时，由于大股东是整个企业的代理人，因此，中小股东的利益可能被大股东所侵占，那么，大股东的业务扩张行为便成为掠夺小股东利益的重要手段。

第一，大股东的优势。大股东具有一定的治理效应。企业存在大股东可能会导致企业专业化经营，即抑制多元化程度。股权结构的松散化会导致找不到适宜的代理人，而且意见不易集中，无法有效激励股东，因此给予管理层大量的自由裁量权。随着股权的逐渐集中，大股东利益与企业关联更为紧密，股东更看重企业的发展和盈利能力，因此，大股东有动机且有权力改变管理层的短视行为，亦可以更有效地激励管理层，从而降低企业多元化经营程度。Denis 等（1997）对多元化的动机做出了更为详细的研究，通过实证检验发现大股东及管理层的持股数量可以有效抑制企业多元化经营，这同时说明了第一类和第二类代理问题均是多元化经营的动因。除此之外，大股东的核心地位对管理层具有一定的震慑与约束作用（Hill et al.，1988）。

第二，大股东的劣势。随着资本市场的完善与公司治理研究的持续推进，尤其是欧美国家分散化股权结构的优势逐渐显现，越来越多的研究将目光转向大股东的劣势。虽然大股东可以给予管理层一定的震慑作用,但大股东与中小股东的利益冲突又成为新一轮的研究焦点。大股东是企业风险与收益的最大承担者,有的大股东还是企业的原始股东或者创始人,股东财富最大化是其持股的最终目的,因此,大股东为获取私有收益很可能通过多元化的"隧道"来掠夺中小股东利益(Johnson et al.,2000)。有别于西方发达国家,新兴市场中由于外部制约体系相对匮乏,第二类代理问题更为凸显,亦有部分学者研究了大股东代理问题是多元化经营扩张的重要途径。Claessens 等(1999)通过对东南亚部分国家的深度调研发现,分散化股权布局结构导致了较大的两权分离度,因此,股东承担的风险与获得的收益均较小,没有动机涉入其他行业。另外,较低的现金分红权也使股东与企业的关联度下降。大股东股权与企业多元化经营呈正相关关系,这在一定程度上支持了大股东通过多元化获取私有收益假说。除对多元化经营产生影响外,亦有学者研究了更深层次的经济后果。Lins 和 Servaes(2002)从新兴市场企业入手,认为多元化存在折价现象,并主要存在于大股东控制的企业中,这又使第二类代理问题站在了风口浪尖。但这种折价或许是有条件的,Chu(2008)研究发现,在企业股东资产较低、信息不对称程度较高以及行业集中度较高的情境下,多元化的折价现象比较明显。另外,有些学者从股东特质角度来分析,Tsai 等(2010)认为控股股东在董事席中有超额控制权时,这种控制权易转化为对中小股东利益的剥夺,并且这种控制权在提升多元化经营程度的同时降低了企业的市场绩效。

2.1.1.5 融入制度环境,降低不确定性

制度环境是一个宏观概念,是对企业所依赖的外部环境(政治、经济、文化)做出的一系列规制,而制度又可分为正式制度与非正式制度。正式制度是企业必须遵守的,比如部门规章和法律条款、政策

推行等。非正式制度主要是指约定成俗的，比如个人习惯、行为规范、道德指南、伦理概念等。因此，经济活动的正式开展离不开两类制度规范的运行。为进一步降低交易费用，企业往往需要一定的内外部制度来约定业务流程和约束管理层机会主义行为，帮助企业顺利实现预期目标，当外部的正式制度缺失或者失效时，非正式制度便会取而代之（诺斯，1990）。对新兴市场国家而言，外部制度尚不完善，因此，上述研究为新兴市场国家的制度建设和企业行为研究提供了新思路。另外，企业行为研究必须考虑政府干预以及非正式制度对公司治理的影响。20世纪末，我国在信息披露方面存在不足，金融发展滞后，公司治理等亦未得到充分的发展与完善，尤其针对当前制度不健全叠加经济转轨的特殊时期，企业更易借转轨东风进行多元化扩张。基于新兴市场国家的特殊制度背景，学者们提出了多元化经营的制度背景动因理论。一方面认为内部非正式制度的发展与完善对外部制度缺失具有一定的弥补作用，另一方面在非正式规定中有了更细致的分类，诸如企业家社会资本、政治资源等对多元化的影响。

申丹琳等（2022）研究发现社会信任作为一种非正式制度可以显著促进企业多元化经营，并且缓解了多元化与企业价值的负向关系。在新兴市场国家的特有制度背景下，外部环境不确定性引致企业徒增交易费用，多元化构建的内部市场在一定程度上对外部市场进行补充，亦有很多学者认为此情形提升了企业市场价值。在多元化浪潮初期（20世纪60年代），多元化经营通过缓解外部市场冲击以及提升内部信息透明度，从而降低了企业的交易费用（Bhide，1990）。外部资本市场的不发达叠加金融服务滞后，亦为多元化经营发展提供了可能性，借助内部市场的融资造血功能缓解了企业融资约束（Ghemawa and Khanna，1988）。20世纪70年代以后，西方国家多元化浪潮逐渐消退，起因于多元化经营的缺点日益凸显，而此时的外部制度基本上可以替代内部市场功能。转型国家、落后地区依然在多元化道路上高歌猛进，这就表明制度环境差异可能是新兴经济体多元化发展的根本原因（Khanna and Palepu，1997）。

细说不同经济主体的外部制度差异。一是发达国家在信贷市场、商业运行中都具有完备的正式制度约束，而新兴市场国家在薪酬契约、产品供应链、知识产权保护等方面缺乏完善的法律机制，甚至制度是空白的，这种差异影响了多元化的战略选择。二是多元化的市场替代互补功能不仅体现在融资方面，还体现在资源共享、品牌共享的规模经济上，这使企业获得了更广阔的市场布局和多变的战略方向。Khanna 和 Palepu（2000）以典型的印度市场为样本研究发现，多元化经营与企业业绩之间是一种 U 形关系，即达到一定规模后的多元化企业可以极大地提升市场价值。但是，随着 20 世纪 80 年代以后新兴市场制度体系的不断发展完善，多元化经营所构建的非正式制度替代优势日渐萎缩，这也从另一视角反映了内部资本市场是多元化行为的主要动因（Kali，2003）。正式制度的确立与演进十分缓慢，Khanna 同时对智利 1988—1996 年间的多元化企业的实证研究发现，制度演进确实在侵蚀多元化带来的价值创造体量，尽管这一过程并不迅速。而对韩国转型时期的多元化研究，则有更进一步的理论推进。1994 年以后，韩国多元化经营由"溢价论"演化为"折价论"，并且这一过程的演变十分迅速。在相对落后的新兴市场除受外部正式制度制约外，非正式制度建设对企业发展也至关重要。关于非正式制度的讨论亦方兴未艾，Peng 和 Heath（1996）认为正式制度匮乏时，考虑非正式制度建设对企业多元化战略的影响可能更贴合实际，也更具操作性。在非正式制度中，政治关联或许是企业联结内外部最有效的途径。Peng 等（2005）研究发现，企业的政治关联可以促使企业获取其他行业信息，亦可以通过上层关系快速跨入其他行业，主要缘于政治资本在土地、资金、优惠等方面具有天然优越性。另外，亦有研究表明在国家法律、资本市场完善程度较低的国家和地区，非正式制度中的政治关联更能反映企业利益诉求，同时可以及时索取所需要的资源支持，这就使多元化正面作用的实现成为可能（Guillen and Mauro, 2000）。叶德珠等（2020）研究认为外部制度环境的经济不确定性会显著影响企业多元化经营行为，随着外部经济政策不确定性的提高，经营风险增加，从而迫使企业主业经营以抵抗风险，抑制企业多元化扩张。但亦有学者持不同观点，林钟高（2015）研究发现外部环境不确定性导致企业融资成本过高，因此更有意愿进行多元化行为，以构建资本市场并缓解融资难题，最终形成倒 U 形关系。

2.1.2　多元化经营的分类

安索夫（1959）提出多元化概念之后，1965 年又进一步根据其概念对多元化经营进行分类：同心型、水平型、垂直型、混合型。1970 年，Wrigley 对多元化经营提出了另外一种分类方法，这也是多元化程度的雏形，即按照在一个完整的会计年度中最大产品类别收入占年度销售总额比值的大小程度分为以下四类：单一、低度、中度、高度。1974 年，Rumelt 在 Wrigley 的研究基础上进行了拓展性分类，并提出了专业化率（SR）、垂直一体化率（VR）和相关比率（RR）。依据其划分标准，当 $SR \geqslant 95\%$ 时，属于单一化经营；当 $70\% \leqslant SR < 95\%$ 时，属于低度多元化经营行为，即企业属于主导型企业；当 $SR < 70\%$ 且其他产品属于相关产品时，属于相关多元化经营，否则为无关多元化经营。迈克尔·波特（1985）在其著作《竞争优势》中基于各类业务之间的紧密关联程度分为有形关联、无形关联、竞争对手关联三种类型。有形关联主要是企业的各业务板块之间在供应链条上的关联，而无形关联则是基于企业的战略选择和业务之间的转化形式，竞争对

手关联是迫于竞争对手压力而选择的被迫关联。在以上三个关联中，波特认为有形关联最为关键。基于以上分类可以发现，多元化经营并不是非此即彼的关系，各层次的关系仍然有着紧密关联，但基本分类均可以分为专业化与多元化、相关多元化与非相关多元化，其他的分类方法都是在此基础上衍生出来的。鲁梅尔特（1974）根据调研发现企业的相关多元化经营比非相关多元化经营有着更好的外部市场表现，究其原因主要是专业化经营可以将技术资源发挥到最大化。鲁梅尔特根据1951—1970年世界排名前500的企业数据研究了企业多元化的相关性，经过检验发现，相关多元化与企业的绩效呈正相关关系，而非相关多元化与企业的绩效呈负相关关系。不仅如此，他们还发现相关多元化企业无论是财务数据还是非财务数据都优于非相关多元化企业，并认为财务绩效优异的主要原因是企业专业化经营所提供的核心竞争力，这也为多元化经营折价论提供了先验标准。

2.1.3 多元化经营的经济影响

关于多元化经营的经济后果一直被受热议，并且没有形成统一的意见。其主要集中在以下几个方面：

2.1.3.1 多元化经营与企业绩效

以企业绩效为归宿点，国内外学者对多元化经营与公司绩效关系的研究经历了几个阶段，逐步形成了以多元化折价论、多元化溢价论和多元化中性论为代表的三种截然不同的学术观点。

（1）折价观。Amihud和Lev（1981）早期研究认为企业多元化经营会加剧管理层代理冲突，最终减损企业绩效。Lang和Stulz（1994）利用企业所设立的专营店数量进行研究，以美国的上市公司为样本，并控制企业相关特征，发现美国1978—1990年间的企业绩效损失为23%～48%，这就表明依靠多元化经营的利润收割时代已经成为过去，继续多元化只会带来无限损失。另外还发现，多元化经营与企业绩效之间的关系可能存在内生性，往往是那些绩效表现不太好的企业被迫选择了跨行业经营，即便如此，仍然可以得出多元化经营无助于提升企业价值的论断。Servaes（1996）研究了 19 世纪 70 年代以前的企业相关数据，发现随着多元化程度的提高，企业价值在下降，并且经过对比发现专业化经营使企业拥有更好的绩效表现。经过 30 余年的发展，19 世纪 80 年代后期，以美国通用公司为代表的企业逐渐认识到多元化的弊端并开始剥离非相关业务，从而引起了归核经营浪潮。美国通用电气通过大刀阔斧的改革，剥离了 40 多个非相关业务，仅留下 13 个核心业务，并且经过短暂经营获得了良好收益，从而导致其他大型企业（诸如可口可乐、IBM 等）争相效仿。多元化经营对企业绩效的影响还取决于持续时间和收购方式。Bradley（1988）通过考察企业合并收购案例发现，短期（1～3 年）收购方亏损约 3%，同时，Agrawal（1992）认为收购时间越长，其平均亏损越大。Loughran 和 Vijh（1997）认为企业收购的付款方式亦是影响绩效的因素，并发现股票收购比现金收购的绩效表现要差得多，因为股票收购后，被收购方的现金流不充分，达不到内部资本市场构建目标。Megginsion（2000）专门研究了多元化经营的远期绩效表现，认为从并购的第 3 年开始，多元化程度每提高 10%，股东财富便损失 9%，虽然可能在短期内表现为正绩效，但远期表现较差。徐高彦等（2020）从资源基础观出发研究发现，企业多元化经营程度显著抑制了盈余持续性，关联机构投资可以有效缓解其负向作用，但沉淀性冗余资源对其负向作用具有强化功能。

细究多元化折价论原因，许多学者认为主要是多元化经营不利于企业集中资源进行主业，并且可能因代理成本产生寻租问题而产生折价现象（Berger and Ofek，1995；Campa and Kedia，2002；Yoshitaka and Tatsuo，2007；魏锋、陈丽蓉，2011；秦彬、肖坤，2013；苏昕、刘昊龙，2017）。林晓辉和吴世农（2008）认为多元化经营会减损企业价值，管理层与股东的代理问题是折价的根本动因，除此之外，还认为非相关多元化对企业价值损害更为严重。亦有学者得出类似结论，张纯和高吟（2010）认为公司绩效低迷是由多元化企业不完善的公司治理机制和严重的代理冲突导致的。众所周知，财务杠杆在一定程度上会提升企业价值，即具有一定的财务放大功能，但多元化经营一方面会降低企业杠杆，另一方面也会抑制财务杠杆对公司绩效的正面影响（曾春华，2012）。

游家兴等（2014）认为代理问题引发企业多元化行为，而多元化经营又进一步加剧信息不对称，进而降低了企业价值。因此，可以发现管理层代理冲突是引发扩张行为的关键，那么，管理层特质可能为分析和解决代理冲突提供一定的证据支持。管理者自信程度是管理层特质的重要体现，岑维等（2015）从非理性"经济人"假设角度出发，研究发现管理者过度自信与企业多元化经营程度呈正相关关系。同时，管理者过度自信亦强化了企业多元化与公司绩效的负面效应。任天龙和陈志军（2017）认为当国有企业高管面临政治升迁压力或升迁机遇时，更倾向采用多元化的扩张策略，以降低企业经营风险，并为自己赢得更多的晋升谈判筹码。但做大不等于做强，做强不等于做优，出于政治晋升压力所采取的多元化策略从远期来看，并不能有效提高企业业绩。房地产企业对多元化经营颇为青睐，景辛辛和杨福明（2018）通过对上市房地产公司进行调研，发现多元化战略在短期内存在一定的经营风险，扩张型多元化战略会降低投资者的收益率，并削弱投资者对企业的信心。战略调整对企业未来绩效的影响存在适应性和破坏性，变革强度越大，适应性特征越弱，而相应的破坏作用就越来越明显，过多强调组织架构调整、战略性变革便会阻碍企业长期发展，尤其是在企业初创阶段更要保持组织结构的完整性，揠苗助长式的扩张反而会给企业带来较大的负面影响。但多元化经营带来的经营绩效下降并非无法化解，阮珂（2015）认为企业通过改善公司治理结构可以有效缓解多元化经营的负向经济后果。在新兴市场条件下，资本市场制度性缺失导致信贷市场配给不规范，而政府制度性措施对经济资源分配又做不到严格监管，在民营企业中存在政治关联的管理层往往对所面临的资金问题提供很大帮助，从而弥补外部制度缺陷（Chung and Chang，2006；Hong，2002）。另外，在经济转型进程中，法律不健全导致所有者权益无法得到有效保证，因此，企业管理层通常有意向政府靠拢，以寻得政府资源支持（邓新明，2011；王倩，2020）。

（2）溢价观。多元化溢价论主要是通过多元化潜在收益和成本进行解释。收益不仅是指金钱收益，更多的是指潜在盈利能力的提升。收益的主要表现包括经营风险降低、融资能力增强、形成规模经济、市场势力增强等（Campa，2002）。虽然折价观占据主流，但早期也有学者认为多元化经营是有益的。Arter（1997）以市场势力理论为先导，在控制企业相关特征后发现，企业多元化经营有助于提升企业绩效。Stulz（1990）认为企业多元化经营最大的作用是构建内部资本市场，使资金在要素之间的分配更为合理，从而提升企业资金利用效率，并且最终提升企业价值。Hadlock（2001）通过对新设立上市公司进行研究，利用超额收益作为企业价值代理变量，发现新设立企业进行多元化经营后，可以提升企业的超额收益。除了超额收益以外，Maksimovic 和 Phillips（2001）利用企业全要素生产率作为企业价值代理变量，以企业并购作为研究时点，发现并购前全要素生产率较低的企业在多元化并购后都得到了迅速提升，这在一定程度上也支持了多元化经营的溢价论。多元化经营通过内部经营建立沟通渠道，可以形成内外部信息差，同时在内部经营单元中，资金往往可以从优势单元转向弱势单元，以此来帮助其他单元建立市场均势，提升资金配置效率（Weston，1970；Williamson，1975；Gemter et al.，1994；Stein，1997）。孙戈兵和连玉君（2011）认为企业成长是非线性的，采用门槛模型对企业多元化经营与绩效进行检验发现，多元化对绩效的作用受企业成长机会的影响。当企业成长机会较低时，多元化经营不能迅速扩张规模从而无益于绩效的提升，当面临较高成长机会时，多元化经营表现为明显的溢价效应，这也为多元化价值悖论提供了新的研究思路。此外，柳卸林（2021）研究了制造企业中多元化价值，发现多元化经营溢价作用主要体现为短期绩效，而无益于长期绩效。从上述研究可以发现，虽然部分学者支持了溢价论，但大多数学者认为多元化溢价论需要一定的条件支撑。

（3）中性观。多元化经营作为企业常规的战略选择方式，其本身并没有绝对优势与劣势之分，在实践中既有成功的经验，亦有失败的教训，关键是企业能否结合自身资源布局及外部市场条件进行甄别，这种思路便是多元化经营的"中性论"。Gort（1962）通过研究美国大型企业的财务报表数据，发现多元化发展程度因行业而异，并且在所有行业分布中，电子化工类企业具有较高的多元化涉入，而烟草、石油类等企业则很少跨行业经营，其原因是这类企业本身具有较高的收益，从行业整体来看并未发现多元化经营与企业绩效之间存在显著关系。Lamont和Polk（1999）认为多元化经营反映了多元化公司与专业化公司在期望报酬与现金流量方面的差异，这些企业短期收益不尽相同，但后期均有比较乐观的超额收益。Mansi和Reeb（2002）认为企业价值主要分为股东价值和债权人价值，研究发现多元化经营降低了企业所有者权益价值，但是增加了债权人价值。多元化企业具有较强的市场势力，这导致其具有较强的现金持有竞争效应，但是与企业价值存在弱关联性（王勇等，2015）。杨兴全等（2018）研究发现企业多元化经营价值与产业扶持政策相关，与受扶持企业相比，非扶持企业更倾向于多元化经营，并且通过该途径涉入产业政策所扶持领域，最后基于价值检验发现非扶持企业涉入扶持行业经营显著抑制了多元化与企业价值的负向关系，同时提升了企业生产效率，在一定程度上表明多元化经营价值受外部政策影响较大。苏汝劼和常宇豪（2019）认为多元化经营对企业价值的影响取决于企业动态调整能力，并从风险分散、范围收益等方面分析了影响机制，发现多元化经营对企业价值的正面影响主要存在于动态调整能力较高的企业中。李晓阳等（2018）基于企业成长理论和范围经济理论分析，认为农业类上市公司突破门槛规模时，表现为显著的正向影响。杨道广（2019）研究发现内部控制的质量越高，企业多元化经营的质量越高，越能降低亏损项目的投入，进而增加企业多元化价值。同时，完善的内部控制机制可以有效抑制管理层私利行为，从而减少企业无效扩张行为（Shleifer，1989；Berger，1995）。

面临融资约束时企业的现金流明显低于资金充裕的企业。当企业融资遭遇困境时，就需要开拓新项目以获得溢价，这就必然会使企业放弃部分优质项目，导致投资不足，这一角度而言可能会降低企业多元化程度（Fazzari et al.，1998）。Cleary 等（2005）认为企业现金流量水平和项目投资之间存在显著关系，当资金流量较少时，企业会出现投资不足，当现金流量充裕时，其又会出现多元化投资行为。Lyandres（2007）发现投资-现金流敏感性与外部融资成本有关，当企业外部融资成本较低时，会强化现金流敏感性与投资的相关性。国内文献与前述研究结论大致相同，连玉君和程建（2007）基于我国财务数据研究发现，企业融资约束程度与投资负相关，并认为企业之所以出现投资不足，主要是因为资金匮乏而放弃继续投资，但从内部资本市场构建角度来分析可能会出现反向结果。Hubbard 和 Palia（1999）、Williamson（1975）则认为外部融资约束的企业通过跨行业投资形成的内部资本市场可以在一定程度上缓解资金不足。关于这个问题亦有不同结论，王志强（2021）研究发现企业多元化经营抑制了企业的经营现金流并进一步降低了企业偿债能力，并认为二者呈 U 形关系。杨棉之（2007）、王峰娟和谢志华（2010）也发现多元化战略能够在一定条件下提高内部资本市场效率。因此，根据内部资本市场理论，融资约束较为严重的企业比资金充裕的企业更倾向为构建内部资本市场而进行规模扩张。我国作为转型国家，国有企业多元化经营行为往往不是基于企业本身需求，而是基于高管政治晋升目标以及分派政策性负担来决定的。因此，我国多元化战略受大股东及外部法律健全程度影响较大，更面临着管理层的代理问题以及利益诉求的困扰（潘红波和余明桂，2011）。为进一步解决国有企业低效率扩张问题，我国推行了混合所有制改革，以期降低企业的经营负担，提升投资效率。杨兴全等（2020）通过对我国国有企业改革进程的纵深研究发现，国有企业混改兼具减负与治理的双重作用，混改后通过委派董事高管降低了企业多元化程度，但混改股权的多样性并未起到抑制作用。企业多元化行为贯穿企业成长的始终，每一阶段的经济后果亦不相同，企业发展至成熟期的多元化经营可以提高企业价值（王敏等，2018）。

2.1.3.2 多元化经营与企业创新

随着多元化经营的发展，规模扩张挤占了企业大量的研发资金，导致企业发展受阻，因此，关于多元化经营与企业创新的关系一直是学者们关注的焦点。张兴龙和李萌（2015）发现相关多元化与研发投入存在显著的 U 形关系，相关多元化战略对企业研发投入具有"陷阱效应"，非相关多元化对研发存在不显著的负向影响，即不恰当的多元化战略是导致企业研发投入不足的重要原因。孙玥璠（2021）则认为相关多元化促进创新需要考虑管理层异质性，在高管团队断裂带情境下对企业实质性创新具有促进作用，而在非相关多元化企业，高管团队断裂带负向影响企业创新，体现了管理层异质性在企业创新中的正反效应。赖凯和孙慧（2017）研究高新技术企业多元化经营影响企业创新主要取决于股权激励与薪酬激励等灵活性的治理举措。吕贤杰等（2020）认为企业相关多元化经营会促进企业产品创新，而非相关多元化则与创新呈倒 U 形关系，并且这种关系在国企中表现更为突出。非相关多元化意味着企业将拓展新的产品领域并投资新的技术（许春，2016）。现有研究对多元化经营挤出企业主业创新的观点是一致的，但具体机理众说不一，具有代表性的机理是代理问题与非主业研发的增加。譬如，多元化经营的资源布局广泛，导致企业缺乏后续主业创新活力，这对企业高质量发展是不利的（杨兴全等，2019）。除了创新力度，亦有学者对创新的持续时间进行研究，柳卸林等（2021）认为企业多元化经营行为会缩短创新持续周期，其主要原因还是对持续创新的后续资源乏力，并且这种关系在国有企业情境下更为显著。虽然多数学者认为多元化经营会挤出企业创新，但亦有学者认为多元化企业中的出口业务会增强企业创业创新水平，可以对多元化挤出创新的影响进行抵消（杨菁菁等，2019）。

2.1.3.3　多元化经营与风险承担

姜付秀和陆正飞（2006）根据期权定价模型（OPM）研究认为多元化经营可以有效降低企业经营风险，这种风险降低最终受益的是债权人，对股东财富并没有益处，因此，股东对无助于自身财富增益的多元化并不青睐。徐业坤（2020）认为虽然多元化可以平滑企业风险，但是由于信息不对称程度的增加而提升了股价崩盘的风险。张耕（2020）将多元化战略纳入企业风险管理体系的框架，有助于企业有的放矢地制订更加合理的风险控制方案，其主要目的是提升企业抵抗经济不确定性所带来的经营风险的能力，并认为虽然多元化降低了企业风险，但是跨国经营的多元化能够显著降低企业的系统风险。王欣欣（2021）以商业银行为研究样本，发现业务多元化有利于提升其风险承担水平，并且风险承担是银行绩效的有效中介。多元化经营与风险承担的关系受企业体制的影响，国有企业的政策性负担及晋升压力导致其抗风险能力较差（Boubakri et al.，2013；余明桂等，2013）。彭睿等（2020）通过研究国有企业多元化经营发现，国有性质的企业归核化发展有利于提升企业的风险承担水平，同时也为企业主业经营提供了经验借鉴。综上研究可知，虽然多元化经营在一定程度上降低了企业风险，但是需要区别企业的产权属性以及外部制度环境。

2.2 连锁股东的文献回顾

现有研究对连锁股东的探究主要集中于两点：一是连锁股东为何存在？二是连锁股东会给企业生产经营产生哪些影响？基于此，本部分主要从连锁股东联结动因和经济后果两方面对相关文献进行综述与评价。

2.2.1 连锁股东的构成动因

自20世纪70年代以来，产品细分市场竞争愈演愈烈，企业管理理念亦发生巨大转变，企业间的合作交流逐渐频繁。Jarillo（1988）认为企业间的联结关系在企业发展中担任重要角色。而企业联结纽带就是股东之间的交叉持股，因此，股东联结形态与经济后果成为关注热点（陈运森、谢德仁，2011；陈仕华等，2013；陆贤伟等，2013；

Renneboog and Zhao，2014；臧秀清等，2016）。首先就是关注企业为何热衷于股东联结，其动机是什么？参考已有文献，从以下两个层次进行论述。

2.2.1.1 企业层面的理论解释

不同理论对于连锁股东成因给出了不同解释。鉴于组织资源获取能力不一，行业竞争程度及组织内部资源利用效率等影响，给予连锁股东企业层面的理论解释，包括资源依赖理论、共谋理论、监督控制理论、金融控制理论和合法性理论等。

资源依赖理论认为企业生存与发展的关键在于企业控制的资源（Pfeffer，1978）。兼并方式并不是企业获取异质资源的唯一途径，通过组织之间的沟通，企业资源可以通过信息渠道实现交流互补。组织之间的交流与学习使参与方建立了稳定的联系，通过相互承诺的契约关系帮助企业实现资源交换来抵抗外界的不确定性。企业间的联结方法有很多，比如建立商业协会、签订互惠协定、建立合作委员会、交叉持股等多种方式，但无论何种方法均是建立在资源依赖与利益共享基础上形成的正式或非正式协定。连锁股东的合作方式具有较强的操作性和灵活性，使这种联结方式普遍存在（Burt，1983）。关联企业可以通过设立战略性委员会，委派或外聘管理层任职以提升组织内的资源配置能力。Mizruchi（1996）认为每个企业的资源是不同的，处于资源优势的企业吸附其他资源的能力较强，而处于资源劣势的企业可能得不到其他资源的支持，连锁股东通过联合组织协调可以使资源在一定范围内实现合理调配。存在股东联结的企业不仅可以获得许多行业信息，还可以吸取同行业的治理经验。此外，连锁股东通过抱团获取较高的市场声誉，从而向外界传递良好信号（Haunschild and Beckman，1998；Shropshire，2010；Davis，1991；Palmer et al.，1993；Certo，2003）。

共谋理论是指多家存在竞争的企业通过私下缔结合约来降低企业竞争程度以谋取产业红利的行为（Mizruchi，1996）。Pfeffer（1978）认为企业处在行业竞争程度较高的环境中，便倾向于在行业内宣传、定价及研发进度方面进行交流，之后采取一致行动来获取更大利益。这种行为导致了个别企业获益而牺牲了整个行业的更新迭代，因此，从整体市场来看是不健康、不持续的。美国早在1914年颁布了《克雷顿法案》，企图以法制形式制约股东之间的非法联结。但是，在企业实践中，连锁股东的形成是否真的带来了共谋利益，存在着很大争议。Baker和Faulkner（1993）发现虽然美国限制同业人员进行合谋，但在企业实务中这种共谋行为并未因法律规制而有效避免。同时，Burt（1983）亦认为连锁股东与整个行业的集中竞争程度并不存在显著关联。

合法性理论认为企业所形成的股东联结在形式上是合法的，并且可以通过资源引入与吸附来促进企业发展，同时给企业赢得更多的声誉。合法性理论主要基于信号传递效应，企业在进行投资决策时，市场声誉会因联结股东委派的知名董事或管理层而得到提高，这使企业在整个资本市场中具有较高知名度和影响力，更能吸引其他潜在投资者（Parsons，1960；Bazerman and Schoorman，1983）。Dimaggio和Powel（1983）通过信贷市场研究得出，银行进行贷前调查时如果发现受贷者有知名管理层任职或信誉度较高的董事监督，往往会提升对该类企业的放款意愿和额度。尽管合法性理论是组织理论中重要的规制条约，在实践中却难以落地实施。另外，连锁股东联结在资源依赖理论中得以合法化，因此，众多学者对连锁股东的根源无法进行清晰划分，这就使得后期很多学者将合法性理论融入资源依赖理论予以解释。

从企业角度分析连锁股东形成机理，共谋理论主要是结合市场竞争程度探究存在竞争关系的企业，这其实是对资源依赖理论的进一步细化，并不与其构成冲突。但是，共谋理论存在研究范围局限性，对于不存在竞争关系的企业不能做出合理解释。在实践中，监督控制理论与资源依赖理论也不能进行严格区分，因为两者均有着对资源同样的理论预期，并希望在引入资源的同时进行有效的监督与控制。企业的兼并活动其实也是对兼并方资源的一种让渡，这种让渡行为包括对资源的监督与控制（Mizruchi，1996）。宽泛而言，金融控制主要是国家对于金融机构在市场经济中的干预行为，当连锁股东为金融机构时，金融控制理论对于联结行为具有一定的解释力，但同时亦存在一定的局限性，并且在实证研究中，为了使样本更为普遍，金融机构持股的企业一般会被剔除。从以上分析易得，合法性理论缺乏操作性，金融控制理论又缺乏普适性，其他理论又无法和资源依赖理论有实质性的划分。因此，资源依赖理论在连锁股东行为分析方面更具解释力和可行性，逐渐成为学者们研究企业财务行为决策的主要理论依据（卢昌崇等，2006；段海艳、仲伟周，2008；Zona et al.，2015）。

2.2.1.2 个体层面的理论解释

除企业层面原因外，连锁股东的形成还与个体层面有关。企业股东本质上都具有自然人属性，企业的联结在一定程度上使个体层面获得了更广阔的就业机会和个人关系网络。这些理论主要包括投资组合理论和社会凝聚理论。从个体层面来讲，风险承受能力是较低的，投资组合理论认为通过若干投资组合可以获得至少整个资本市场的平均收益，亦可以降低企业所承受的非系统风险，防止个别企业的资本市场退出行为给自身利益带来巨大损失（Stokman et al.，1988；Zajac，1988）。社会凝聚理论认为连锁股东可以看作是社会上流个体之间的利益联结，个体按照交往中满足相互需要的程度组成团体，而团体的形成和维持是因个体之间的互动并在此过程中满足了个体的需要

（Mills，1956；Mace，1971；Useem，1984；Mizruchi，1996）。每一个经济体都存在精英之间的交流媒介，连锁股东这一平台可以将"志同道合"的股东构成一个庞大的股东网络，在这个网络中可以实现各类信息、资源的低成本交换（Yeo，2003）。与此同时，连锁股东网络还会逐渐扩大。企业为进一步分散经营风险，其吸附股东数量亦会增加，因此构成了股东之间的"命运共同体"，从而保护了成员及整个网络的利益安全。

综上研究，连锁股东的形成主要是企业和个体两个维度的原因。基于个体层面，个体股东所具备的行业背景、认知架构、资源获取能力，都成为评判股东良莠的重要指标，同时形成的组织是为股东服务的，保护的亦是个体的利益，这就可能出现新的代理问题，那么，这种联结是否真的有助于企业长远发展及价值提升，有待后续予以检验。基于企业层面，企业之间建立稳定的组织关系可以增强企业抵御外部风险的能力，亦可以实现企业在资源、信息、治理经验方面的交换，但是根据现有研究，这种关联既有实现治理协同的优势，也有共谋获利的弊端。通过对连锁股东成因的分析，发现资源依赖理论是其关键的动机，因此，本书后续的机制探讨需要进一步加以验证。关于企业层面的动机，本书后续考虑了企业产权差异以及资源布局情境对研究主题的影响，个体层面也从股东背景方面进行了详细分析，以期从企业和个体全方位分析连锁股东的经济后果，这为进一步厘清连锁股东联结动机及经济后果的悖论研究提供了一种经验证据。

2.2.2　连锁股东的经济影响

2.2.2.1　治理协同论

通过同行业间股东的联结，企业可以实现协同治理与资源共享。通常而言，企业的连锁股东比非关联股东更具有行业信息优势，更有利于把握行业发展机遇，在一定程度上提升了企业的会计信息质量（He et al., 2019；周冬华，2021）。在企业投资过程中，及时、准确的市场信息对于管理层制定投资决策尤为关键（杨德明、毕建琴，2019）。因此，凭借信息方面的优势，连锁股东通过委派董事建议管理层及时进行投资，避免错失良机，损害企业投资利益。另外，企业多年的管理层代理问题在连锁股东介入后通过改善公司治理结构可以在一定程度上得到缓解（Kang et al., 2018；Brooks et al., 2018；Chen et al., 2018）。在新兴市场经济条件下，由于外部法律制度的不健全，企业管理层存在的信息不对称和代理问题十分常见，这就引致企业的非效率投资问题（孙晓华、李明珊，2016）。管理者的动机可以分为两方面：一方面为了职业声誉抑或在职收益进行过度多元化行为；另一方面可能担心投资失败而危及个人利益或名誉扫地，为规避风险而导致投资不足。鉴于此，如何根据企业发展战略来监督制约管理层行为尤为关键。连锁股东的监督治理能力尤为突出，可以利用行业优势引导管理层进行合理化投资（He et al., 2019）。李世刚（2021）研究发现连锁股东通过发挥治理协同效应提升了高管薪酬契约有效性，但Antón等（2016）认为连锁股东由于行业优势的扩大，从而降低了薪酬-业绩的敏感度，无益于发挥高效的激励机制。除了委托代理问题以外，大股东与小股东亦存在矛盾与冲突。我国资本市场中同股同权的股权政策占据制度安排主流，在控制权集中的背景下，大股东通过权力优势进行违规操作侵占小股东利益屡见不鲜。为了有效解决股东之间的矛盾冲突，证监会在规范大股东用款行为方面做出了规制，在一定程度上制约了大股东掏空行为，这也促使该类代理问题更为隐蔽。当前大股东违规行为主要存在于企业盈余操纵与内幕交易等方面（姜付秀等，2015），给资本市场规则提出了更高的挑战。

连锁股东的治理协同还体现在企业创新方面。严苏艳（2019）认为连锁股东具有一定的资源优势，并且联结之后的企业不再是传统意义上的同业竞争者，而变成了战略同盟。连锁股东可以有效提高企业创新行为，但是在国有企业中，由于特殊制度背景并没有此作用，这在一定程度上表明国有企业创新意识较为匮乏，无法有效发挥连锁股东的资源效应。王会娟等（2021）研究亦发现连锁股东联结数量与企业创新正相关，进一步的机制研究发现，连锁股东主要通过缓解融资约束来增强企业核心竞争力。也有学者提出了不同意见，Antón（2018）认为产品高度同质情况下企业进行创新的动机较小，其主要原因是同质产品创新无法获得技术溢出效应。Borochin（2018）通过研究连锁股东异质性发现，连锁股东对企业创新的影响因股东特质而异，但总体而言连锁股东有助于企业创新资产增加。Kostovetsky和Manconi（2018）发现连锁股东不仅有助于增加企业创新数量，还有助于增加创新强度。连锁股东通过发挥治理与资源效应提升了企业的整体创新水平和主业研发水平，从而抑制了企业金融化程度（周泰云等，2021；杨兴全、张记元，2022）。邢斐和周泰云（2021）通过研究发现连锁股东中的机构投资者能够通过提高治理水平与缓解融资约束以降低企业避税程度，但该行为负向影响了企业价值。

连锁股东与企业绩效方面的紧密程度更高。一方面，相对于连锁董事，连锁股东在企业投融资、运营管理等方面具有更强的主人翁精神。相对于中小股东，连锁股东拥有的股权较多，因而在一定程度上缓解了"搭便车"问题。另一方面，根据Granovetter（1973）的"弱关系"理论，连锁股东网络相对连锁董事网络和企业家网络而言，在外部信息、资源获取和利用方面具有更大优势。连锁股东资源信息优势体现在：（1）连锁股东信息渠道广阔，可以有效缓解管理层的信息不对称问题，并且能以向董事会提议、私下非正式沟通、会议表决等形式影响企业决策层，及时对相关管理层进行"问责"或"奖励"，利用激励机制影响投资决策，进而促进投资效率的提升。（2）处于连锁股东网络中的企业，行业信息丰富，投资对象多元，可以通过比较不同投资项目的效率，做出相应"增持或减持"的投资决策，提升企业识别发展机会、应对潜在威胁的能力，从而提高企业投资绩效。周泰云等（2021）认为连锁股东影响企业价值的主要途径是通过抑制企业代理成本。黄灿（2019）研究发现股东之间实现的联结并不是通过资源共享，而是通过信息传递实现的，使连锁股东之间的关系呈现一定的弱关联性，这种信息效应有助于提高民营企业的绩效，但无益于国有企业。

马连福（2019）认为非控股大股东所处的网络位置和网络中心度均可以有效抑制大股东掏空行为，而机构投资者在这一网络中的位置可以进一步促进该作用，表明连锁股东具有一定的协同治理作用。刘亭立（2014）通过对企业股东股权进行研究发现，关联股东不仅要看"量"，还要看"质"。股权是股东权力的核心，当股权集中度较低时（<30%），关联股东的形成是有损企业价值的，其主要原因是股权不够集中时存在的"搭便车"问题较为严重。当股权集中度较高时，关联股东通过运用自身权力可以有效提升企业价值，这就表明董事会在公司治理中发挥了重要作用。股东政治关联是企业的常见现象，一方面可以让企业获得政府资源支持，另一方面可以帮助政府分担政策性指标压力，因此，相对于无政治关联背景的企业，具有政治关联的企业承担了更多的解决就业、承担社会责任等政府性职能。在此情境下，企业会积极主动地进行多元化扩张，从而影响控股股东的战略选择。除此之外，连锁股东通过行业间势力和协同治理改善了企业盈余质量，并且在国有企业中具有更强的作用（杜勇等，2021）。杜善重等（2022）研究认为连锁股东主要

通过资源效应、信息效应与治理效应提升了企业的风险承担水平，并进一步提升了企业价值。

2.2.2.2　竞争合谋论

金融经济学经典理论指出，当投资者拥有多个项目可供选择时，投资者更加看重项目组合带来的整体收益，而并非单个标的带来的收益。因此，对于连锁股东来说，行业间集体投资活动的关键是减少彼此冲突，获得整体收益（Hansen and Lott，1996）。可以看出，同业竞争对于双方来说是有损利益的，并影响了整体组合的回报率，因此，股东联结的主要目的是协调多方利益，使整个组合获得最大回报。为了实现这一目的，组合内的各企业有动机来影响其他企业进行市场价格操作（He and Huang，2017；Azar et al.，2018）。Azar亦认为同行业股东联结对产品市场而言具有一定的垄断隐患，通过对产品价格、产量的控制，可能导致整个社会资源配置发生扭曲，对社会福利事业产生负面影响。这种合谋除了会提升企业产品市场势力，也会对企业的其他投资活动产生影响。通常而言，市场的规则是优胜劣汰，企业为避免被市场所抛弃，对于市场机遇总是较为敏感。从产业经济学的角度而言，股东合谋现象较为普遍。对于企业的投资活动，股东合谋导致市场不充分竞争而降低了企业对于投资的敏感性，很可能使企业错失投资机遇，引发投资效率下降。Akdoğu和MacKay（2008）认为企业投资意愿增强会提升整体市场的竞争程度，但是在竞争不充分的市场中，企业投资大多过于保守，容易引发企业投资不足问题。柳建华等（2018）从连锁股东网络出发，认为连锁股东具有诱发大股东通过合谋、关联投资、资产重组等形式来转移资产，进而掏空企业等弊端（例如，"三普药业"大股东合谋进行违规交易，"时代科技"通过关联交易和资产重组恶意掏空企业资产等事件）。

从上述研究可以发现，行业集中程度对企业投资行为产生了重要影响。一般而言，作为日常消费品，行业集中度较低的产业往往会加大产品供给量，对于缺乏弹性的需求消费品来说，价格自然会降低，最终使厂商利润整体缩水。因此，如果连锁股东之间的共谋理论成立，那么，在行业集中度较高的情境下，连锁股东对企业的影响更为严重。因为在这些行业中，连锁股东拥有了更多的话语权，对整个行业的群体行动也更具影响力，通过不良竞争或者合谋给连锁股东带来超额收益，这也是后续检验控制变量中包含行业集中度因素的重要原因。除了受行业集中度的影响，地区间的不充分发展也会对连锁股东的行为产生影响。潘越等（2020）认为较高的市场分割在一定程度上阻碍了要素的充分流动，可能导致要素配置不均衡，更容易产生垄断行为，同时也会放大连锁股东对企业投资效率的影响。并且，在市场分割程度较高的地区，连锁股东的合谋行为可能变得更为频发，获得的垄断利润也会水涨船高。

2.3 国内外文献述评

从现有文献来看，近年来，国内外有关企业多元化经营的研究颇为丰富，但尚未形成统一结论。现有研究主要围绕市场势力（Williamson，1981）、资源基础（Maksimovic and Phillips，2010；Chatterjee and Wernerfelt，2010）以及代理理论（Jensen，1999；Amihud and Lev，1981；Aggarwal and Samwick，2003）等理论方面，并做出了较为全面的分析。具体而言，在多元化经营动机方面，企业管理者既可能因充分整合组织内部资源、构建内部现金流、化解企业经营风险等诸多益处而积极推进多元化投资，亦可能因满足其帝国扩张、在职消费和职位晋升等诸多私利动机而偏好多元化经营。股东作为企业风险承受者与利益分享者，出于行业瓶颈及利益驱使，跨行业经营逐渐成为普遍现象。关于多元化经营的经济后果，主要从企业多元化经营程度及类型两方面对企业的绩效、研发、投资效率及风险等方面进行全方位分析。部分学者也从产业政策、政府干预、政治关联等宏微观视角考察企业多元化经营的影响因素，但鲜有研究进一步挖掘影响企业多元化经营的股东层面因素，以及对企业多元化经营的经济后果产生何种作用，而研究股东层面对企业而言更具操作性和政策导向。

有关股东方面的已有研究，仅能反映股东之间的异质性，而忽视了同质或类似股东联结后其资源、信息、治理能力是否得到一定的改变。如果把行业内股东看成是一个复杂的网络，那么，在这样的网络中，企业会产生何种协同效应？近年来，我国经济发展速度放缓，进入中低速、高质量发展的转型时期，部分企业的大股东直接参股同行业构成连锁股东已渐成常态。而关于连锁股东的相关研究，虽然理论界在连锁股东的成因及经济后果方面早有涉及，但关于其实证检验却未得出一致结论。相关研究主要集中于企业绩效、投资效率、创新等方面，可归类为治理协同论及竞争合谋论。治理协同论的主要观点为连锁股东在获得行业发展机会相关信息方面具有明显优势以及更多的行业经验，可以通过良好的公司治理行为给企业带来投资收益及价值提升。竞争合谋论则主要认为连锁股东促成了企业间合谋以提高企业市场份额和议价能力，从而降低行业竞争程度以及投资意愿进而变得对投资机会不再敏感，最终有损企业投资效率和企业价值。其结论不一的主要原因由两方面构成，一方面是国内外制度环境的差异，另一方面是企业层面的差异。因此，很有必要研究连锁股东是否对企业多元化行为有一定的影响，这为拓宽多元化经营动机理论和延展连锁股东经济后果均提供了新的理论支持。

另外，现有研究对于股东关系导致的企业行为"外部性"关注不足，使股东行为研究在股权结构视角下被"低度社会化"。连锁股东不仅是形式联结，还会通过委派董事等手段实质地参与企业管理，那么，进一步研究连锁股东的具体联结形式更有助于将这一合作形式推向规范化和制度化。本书选择连锁股东来阐释近年来广为盛行的企业多元化的部分动因，不仅拓展了企业多元化影响因素的动机理论，更为企业决策者如何推进企业多元化行为、系统防范管理层代理动机和推动企业产品结构转型升级提供了政策启示与理论参考。特别地，本书从连锁股东异质性、企业特征、制度环境等视角分析了连锁股东对企业多元化差异性的影响和经济后果，警醒企业在制定和实施相关政策时应当因地制宜，切勿采取一刀切的方法。

2.4　本章小结

本章通过对多元化与连锁股东的经典文献进行回顾与评述，引申出本书所探讨的相关内容。对于企业多元化经营的研究，主要集中在两个领域：多元化的动因理论和经济后果。在多元化动因的研究方面，学者们从范围经济、内部市场、代理理论等视角（Teece，1980；Nelson and Winter，1982；Jensen，1986；Shleifer and Vishny，1989）进行分析。企业实施多元化的原因可以归结为以下几个方面：资源的合理配置、维系企业生存、维持企业的稳定、混合成长理由、适应客户的需求（Staudt，1954；Luffinan and Reed，1984）。对于多元化经营动因的考察，可以分为五种理论加以解释：资源利用论、交易成本论、市场势力论、委托代理论以及制度环境论，本书亦是从以上理论展开研究的。关于多元化经营的经济后果，本章重点从折价观、溢价观和中性观来探讨多元化经营的绩效问题。从 Amihud 和 Lev（1981）为代表的"折价论"到 Arter（1997）及 Stulz（1990）为代表的"溢价论"再到复杂多变的"中性论",多元化经营的经济后果充满了矛盾色彩。作为这轮竞赛的"裁判",从"溢价论"到"折价论",都在多元化的进程中做出了应有的评价。整体来看,多元化虽然暂时给企业带来了现金流补偿,但远期来看依然饱受代理问题和效率损失困扰。连锁股东的概念起步较晚,有关连锁股东产生的动因主要从企业和个体两方面展开论述,究其原因主要是企业资源需求及个体私利驱使等动机。连锁股东的经济后果从治理协同和竞争合谋两方面展开讨论,已有研究表明连锁股东是一把"双刃剑",既有积极的一面,亦有负面影响,正反两方面都可能对企业的多元化行为产生影响,同时为后续的研究提供了大量的文献支持。

第 3 章

概念界定与理论基础

3.1 概念界定

3.1.1 多元化经营

概念界定是科学研究的重要前提。尽管多元化经营概念早有提及，但随着理论和实践的不断推演，其概念亦被赋予新的时代内涵，这是经济发展的必然结果。多元化经营在实践操作中具有较高的复杂性，因此，简单地利用理论很难对其精准概括。多元化经营不仅是产品数量的多元化，更需要考虑相关程度和涉入程度，甚至还要考虑市场差异，这导致多数学者对其概念界定说法不一。

最早研究多元化有关主题的是美国学者安索夫（Ansoff），其1957年在《哈佛商业评论》上发表的《多元化战略》中强调多元化是"用新的产品去开发新的市场"，而原有市场的产品投入界定为市场开发。彭罗斯（Penrose，1959）在其经典著作《企业成长理论》中认为多元化经营是对原有产品的进一步拓展，包括附属产品和中间产品，但是这些产品的营销策略和生产方式对比之前有很大区别，其最终结果是导致差异性产品的增加。Gort（1962）则将更多关注点放在宏观主体中，认为多元化经营更加强调的是市场差异性，而不是产品形式多元化。Rumelt（1974）认为多元化是一种新的产品战略表现形式，其主要目的是进入新领域培育市场势力以发展原有业务。鲁梅尔特将多元化经营分为了单一业务、主导业务、相关业务、不相关业务，后两类属于多元化行为，并且首次提及主导业务需要占据总收入的七成以上。Ramanujam 和 Varadarajan（1989）进一步地将多元化分成状态与行为，并认为多元化状态是指企业涉入其他行业的程度，主要为一种静态表现，而多元化经营是企业通过内部扩张或外部兼并进入新领域的行为。尹义省（1999）进一步发展了 Ramanujam 的观点，认为可以从静态和动态两方面来看待多元化，静态主要是指跨行业分布状态，强调的是一种选择方式，而动态主要是指企业跨入新行业的一种行为，是一种扩张战略。康荣平（1999）将国外许多观念进行了融合发展，认为多元化经营涉及产业和市场的双重场景，并将其定义为跨行业经营、多市场提供的行为。

以上众多学者的相关定义，主要集中在产品和市场的多元化、状态与行为的划分。根据当前研究主流以及数据的可获得性，本书选择静态视角、市场差异性来表述多元化经营概念。具体如下：一是从企业整体判断是否存在多元化经营行为；二是如果存在，则进一步考察多元化经营程度。具体的行业分类依据《上市公司行业分类指引》（2012年修订），按大类即单字母加两位数字对公司涉足的行业进行编码整理，如果确定公司在两个及两个以上的大类行业中进行经营，则被认定为从事多元化经营；进一步地，通过计算公司经营所涉及的行业个数及赫芬达尔指数与熵指数（下文详细介绍其计算方法）来确定公司多元化经营程度。另外，基于数据分析需求，一些学者也进行了细化测度。Ansoff（1957）主要利用企业各类产品属性相关联程度来测度多元化水平。Penrose（1959）则进一步从最终产品数、垂直一体化程度以及业务领域的增加程度来测量多元化程度。Wrigley（1970）以世界500强企业为选样，分析和计算了企业产品的关联程度，并将其分为单一产品战略、主导产品战略、相关产品战略、非相关产品战略。其中，主导产品虽然未被定义为多元化经营，但有最低70%的比例要求，其他的相关计算方法前文已提及，在此不再赘述。Rumelt 和 Strategy（1974）在 Wrigley 有关多元化战略分类模型的理论基础上，进一步加入了企业业务相关性等因素，提出了垂直比率及核心相关比率等指标，并将多元化战略分成七种类型：单一事业型、主导垂直型、主导约束型、主导非相关联系型、相关约束型、相关联系型、非相关型。

目前在实证研究中,较为常用的测量多元化战略程度的指标是基于业务单元的赫芬达尔指数和熵指数。Berry(1971)提出使用赫芬达尔指数来测量多元化程度,针对企业所经营业务的相对重要程度,将产品个数和产品比重加以综合考虑,从而能够比较好地反映企业多元化程度。Jacquemin和Berry(1979)认为赫芬达尔指数并未反映企业在各行业之间的关联程度,因此,他们进一步采用熵指数来计算多元化程度。其具体使用以下三个指标:一是企业所在的不同行业的相关度;二是各个行业销售收入的分布情况;三是企业进入的行业数量。依据前述理论及测度方法,本书的多元化经营计算方法如下:①多元化经营行业数目(Divnum),等于公司主营业务收入所涉及的行业个数。②收入熵指数 $Diventro=\sum p_i \times \ln(1/p_i)$,$p_i$ 为行业收入占总收入的比重,$Diventro$ 数值越大,企业多元化程度越高。企业主营业务收入所处行业的划分依据主要以《上市公司行业分类指引》(2012年修订)中的前三位行业代码为准。

3.1.2　连锁股东

早在公元640年,文成公主奉旨和亲,促进了汉藏文化之间的交流与融合。企业中亦存在信息、资源的交流,这种"和亲"逐渐演变为如今连锁股东的形式。同时持有同行业2家以上且持股超过5%的企业(机构)或个人,称为连锁股东[1]。连锁股东属于企业间交叉持股的一种特殊方式,交叉持股(Cross Ownership)亦称相互持股。交

---

[1]　除了控股股东及实际控制人以外,股权超过5%的股东对企业的经营决策都具有重大影响,因此,我国围绕5%的股权做出了诸多规制。《中华人民共和国证券法》在信息披露、股权协议转让、员工持股计划等方面做出了具体规定。譬如,当投资者或一致行动人持股超过5%时,应当在该交易发生的3日内编制权益变动报告书并向证监会、证交所提交书面报告,并在该期间禁止交易。

叉持股起源于日本，20世纪50年代初，藤纲久次郎在二级市场中恶意收购了三菱集团旗下的房产公司，引起轩然大波，继而日本修改了《反垄断法》，企业开始了交叉持股的风潮。这种抱团模式在一定程度上可以防止企业被恶意收购，有效降低退出风险。之后，连锁股东的发展更具针对性，为了获取资金的便利性与经济性，与银行等金融机构缔结已然成为交叉持股的常见形式。20世纪60年代以后，以美国为核心的西方资本主义国家以资金的绝对优势入驻日本优势产业，为保护民族工业的主导地位，日本许多企业开始了交叉持股的形式以防止企业控制权丧失，并取得了预期效果。20世纪70年代以后，交叉持股进入了"快车道"并达到鼎盛阶段，不仅有效避免了企业的控制权被稀释，而且加强了企业与外部的联系，而且在资产估价的过程中，交叉持股更是发挥了不可估量的作用。另外，交叉持股在资本市场中的表现亦可圈可点。在20世纪80年代的牛市浪潮中，交叉持股给企业带来了丰厚的资本红利。西方国家首先从法律层面对交叉持股进行了解释，英美法规则中的 Cross-Shareholding 解释为"相互出资"，而德国的股份法则中对其定义更为细致。德国的规定与英美法存在一定的偏差，英美法的规定强调相互出资，而德国的股份法则中没有规定必须相互出资，也有可能是单向持股。我国交叉持股的概念在理论和实务中也存在偏差，在理论中均参考国外的文献，认为交叉持股就是相互持股，但在实务中大多将一家上市公司持有另一家上市公司股份（无论是单向持股还是相互持股）的现象纳入交叉持股的统计范围。交叉持股亦可能是一种"带刺的玫瑰"，企业交叉持股如果大量关注的仅是股票价格上涨所带来的投资收益，那么，牛市的时候则表现为股市泡沫，而熊市的时候沦为烫手山芋。特别对上市公司而言，交叉持股带来的二级市场股价波动对公司的盈亏产生极大的助推作用，继而形成"多米诺骨牌效应"。

He 和 Huang（2017）使用汤姆森金融数据库计算每个公司每个季度每个机构投资者持有的股份比例。他们将机构投资者定义为一个公司的控股股东，如果其所持有的股份比例超过5%，则将交叉持股定义为在给定时间点上持有同一四位数 SIC 行业中一家以上公司的机构投资者。交叉所有权机构的数量是本季度交叉拥有一家公司的独特机构持有者的数量。交叉持股公司的平均数量是本季度拥有交叉持股公司的同行业的平均数量。交叉持股百分比是所有交叉持股机构本季度平均持股百分比的总和。对于上述可选的度量方法，给定计算年度的四个季度进行加权，以获得年度数据。为了使行业持股更具普遍性，本书将机构投资者延伸为普通企业，即同时持有多家企业股权的股东为连锁股东。在全球资本市场中，企业间连锁股东形成的经济关联尤为普遍（Schmalz，2018）。股东作为公司的重要利益相关者和决策者，必然会对企业多元化行为产生重要影响。近年来，随着资本市场的不断发展与完善，拥有资金优势的投资者会参股其他企业，以谋求更大的经济利益，从而产生股东联结（连锁股东）现象。当前，我国经济发展速度放缓，步入中低速、高质量发展的转型时期，企业大股东直接或间接参股同行企业已渐成常态。据统计，截至2019年底，我国存在同行业内十大股东形成经济关联的企业（以下称为连锁股东企业）占比达14%，并有逐年增长之势。

3.2 理论基础

3.2.1 资源基础理论

20世纪初，传统组织理论认为组织环境具有稳定性和预见性，通过简化外部环境来设定研究组织行为的场景，导致组织结构较为封闭。随着组织理论的发展，学者们开始从资源视角解释组织所处的环境，这使资源基础观得以迅速发展。Penrose通常被国内外研究学者认为是奠定资源基础理论发展的发起人，在企业成长理论的研究基础上，对企业边界和资源进行了探究。他指出企业是一个资源集合体，不仅包括生产性物资，还包括战略性资源，而企业所拥有资源的数量和质量、企业内部资源的聚集程度以及企业对资源的配置效率也导致了资源异质性，进而对企业经营边界、范围以及投资决策产生重要影响。许多学者在此基础上展开深入考察，并逐步形成资源基础理论体系。Emerson（1962）又以社会交易理论佐证了资源环境对组织发展的重要性。Thompson（1967）提出了资源依赖理论，并认为组织由于生产经营所需对企业资源有一定的依赖，而这种资源依赖又为组织之间实现合作奠定了基础。Pfeffer和Salancik（1978）通过著作《组织的外部控制：资源依赖性的分析》搭建了资源基础理论的基本框架，并提出了以下四个假设：一是生存与盈利是企业产生的根源；二是资源是企业生产经营的基础和先决条件，但是组织内部却无法提供全部所需资源；三是组织为获得充足的资源有动机与外界进行交易与互动；四是企业管理层具有控制组织关系的能力。随着组织之间的广泛联系，Burt（1983）又进一步从风险视角丰富了资源基础理论，认为企业发展需要保持资源领先地位，以避免过度依赖其他组织资源，并保持自身的独立性。Wernerfelt（1984）发表了《企业资源基础论》一文，标志着资源基础理论学派的正式诞生。

资源基础理论认为企业是由各种资源组合而成的，源于企业自身的异质性，企业拥有的资源亦不相同，而这种资源差异展现了企业竞争力。资源基础理论的内涵主要包含四个部分：一是价值性。在企业各类资源中，货币资金的应用最为广泛，同时也是企业价值的直接体现。要想保持及提升企业竞争优势，企业控制的资源必须具有价值，但是如果对其价值没有充分利用，便会形成价值均势，因此必须合理利用以及不断开发新的优势资源。二是稀缺性。如果企业仅仅拥有共性资源，则无法产生差异化的资源优势，因此在共性资源的基础上必须具有一定的资源稀缺性。一般而言，资源所有者（企业）的数量少于该产业在完全竞争状态下的企业数目，则认为该资源可以带来一定的差异化优势。三是不可模仿性。企业要想持续地保持优势，则必须保证该优势资源有短期无法复制和替代的属性，而这种属性受严苛的历史条件、复杂的社会变革等因素的影响。四是可组织性。企业只有合理组织前述的有稀缺价值的资源，才能使其充分发挥资源优势。Penrose（1959）在其著作《企业成长理论》中提到企业在生产过程中投入的不是资源而是一种"服务"，而真正提升企业竞争优势的正是这种"服务"的投入。合理的企业组织架构可以帮助企业充分地发挥资源优势，而一个不恰当的组织模式会阻碍资源优势的发挥。因此，组织是企业资源的操控者，更是企业是否具备竞争优势的决定者。根据资源基础理论的核心概念，企业存在的本质是一种资源组合体，资源数量和质量决定了企业的经营范围，资源稀缺性和独特性决定了企业的竞争优势。企业多元化经营便是资源配置的一种表现，倘若企业存在较多资源且可跨行业利用，那么，企业基于规模经济效益会逐步扩大资源使用范围，提高资产使用效率，促使企业进行多元化经营。而倘若企业拥有某行业内独特的、不可模仿性的资源，那么，企业为增加竞争优势会加大该行业的投资，发挥资源独特性，即进行专业化经营。

通过对资源基础理论的分析，可以发现企业与外界进行互动是由于自身的资源困境，这也是连锁股东产生的重要原因。连锁股东作为企业与外界联系的常见形式，其所构建的网络联结有利于企业获得充足的资源。因而，企业可因异质性的资源冗余而扩张经营以提高资产利用率，亦可因同行业资源共享，提升企业核心竞争力，进而剥离非主营业务以归核化经营，进而巩固行业领先地位。

3.2.2　代理成本理论

两权分离以来，委托代理双方存在信息不对称及逆向选择问题，导致企业产生代理成本。代理关系是存在于代理双方之间的契约关系，出于个人私利，代理人与被代理方总是存在利益冲突。Jensen 和 Meckling（1976）认为只要存在委托契约关系，就会引发代理成本。基于双方契约关系，Jensen 和 Meckling 进一步将代理成本分为监督成本、担保成本及剩余损失三部分。为解决代理问题，Fama 和 Jensen（1983）认为通过组织程序采用适当机制进行内部职权分工与配置来抑制代理成本。除了内部权力配置以外，还可以通过外部并购与市场接收进行外部治理。Jensen（1986）在《自由现金流的代理成本、公司融资与接管》中提出，通过自由现金流量视角研究两权分离情况下股东与管理者之间的代理成本问题，研究结果发现自由现金流量的减少有利于减少代理冲突。除了降低企业自由现金流量，Jensen 还认为适度引入外部债务资金，以支付固定利息形式给予管理层还款压力，进一步降低企业的代理成本。从本质上来讲，代理问题取决于索取权与控制权的分离程度，因此，完全国有产权由于所有者缺位现象而产生最高的代理成本，而完全个人投资的企业代理成本最低，这属于代理成本的极端情况，即代理成本介于国有企业与个人企业之间（刘小玄，1996；李寿喜，2007）。除此之外，Porta 等（2000）在《全球的代理问题和股利政策》一文中，通过实证研究建立了结果模型和替代模型，认为大股东与小股东之间亦存在代理问题。

正是由于代理问题的存在，企业多元化经营成为管理层抑或股东谋取私人收益的重要方式。企业管理层具有为自身谋取在职消费等私利行为或规避职务解约风险的动机，往往通过多元化经营来预防企业破产及退出风险（Jensen，1986）。那么，如何建立完善的监督治理机制是代理成本理论中重点探讨的问题。在建立合理的公司治理体制之前，只有厘清中小股东、大股东与管理层的博弈关系，才能建立科学的资本结构体系以降低企业代理成本。具体而言，以第二类代理问题为例，具体理论推导模型如下：

Bechuk 等（2000）从项目选择、投资范围等方面给予代理成本一定的解释。首先是项目决策，假设公司控股股东面临着一组项目的互斥选择，项目 M 的总价值用 V_m 表示，包含共享利益（S_m）和私人收益（P_m）两部分，总价值表达式为 $V_m=S_m+P_m$，同理，项目 N 的总价值表达式为 $V_n=S_n+P_n$。进一步假定项目 $V_m<V_n$，但 $P_m>P_n$，即项目 M 的价值虽然小于项目 N，但其给股东带来的私人收益却高于项目 N。假设控股股东的现金流权为 α，则项目 M、N 给控股股东带来的总收益分别为 $\alpha(V_m-P_m)+P_m$ 和 $\alpha(V_n-P_n)+P_n$。从企业整体利益而言，股东应当选择利于企业的项目 N，但当满足下列条件时，股东会选择利己的项目 M：

$$\alpha\left(V_m - P_m\right) + P_m > \alpha\left(V_n - P_n\right) + P_n$$

整理上式可得：

$$V_m - V_n < \left(\frac{1 - \alpha}{\alpha}\right)\Delta P$$

式中：$\Delta P = P_m - P_n > 0$

令：$V_m - V_n = \left(\frac{1 - \alpha}{\alpha}\right)\Delta P$

进一步求一阶导数可得：

$$\left(V_m - V_n\right)' = -\frac{1}{\alpha^2}\Delta P < 0$$

从以上公式可以得出，当满足以上条件时，控股股东会选择总价值低但私人收益高的项目 M，并且随着控制权的下降，总价值对控股股东的影响会越来越小。其次是投资范围决策，当股东面临战略收缩或扩张的战略调整时，企业仍然无法避免代理问题。假定有一项非盈利资产 Q，其价格为 L，由共享收益与私人收益构成。从股东私人收益角度来看，控股股东并不愿意将其出售并将现金分给其他股东，因为这会减损大股东的利益。同理，当存在这样一项资产 Q 需要购买时，尽管其可能不会给企业带来正向利益，但大股东依然会选择购买该资产以减少对其他股东的现金流分配。具体而言，控股股东会在以下情形下选择企业扩张策略：

$$\alpha(V - P) + P > \alpha L$$

经整理可得：

$$L - V < \frac{1 - \alpha}{\alpha} P$$

因此，L 在 $\left[V, \ V + \frac{1 - \alpha}{\alpha} P\right]$ 范围内进行无效率投资的概率较大。

同时，令：$L - V = \frac{1 - \alpha}{\alpha} P$

进行一阶求导可得：

$$(L - V)' = -\frac{1}{\alpha^2} P < 0$$

可以看出，公司控股股东的现金流权负向影响企业非效率扩张，而非效率扩张又将产生过高的代理成本。代理问题的存在导致其成为学者们广泛关注的焦点，因此，如何有效解决代理问题以及激励管理层成为公司治理的核心问题。连锁股东同时持有多家行业内企业股权，使深度参与公司经营与治理成为可能，而并非一纸契约。相较于普通股东，连锁股东具有较为丰富的行业经营方式与治理经验，在一定程度上改善了企业治理环境，并且为管理层投融资决策提供了有力参考，避免其短视行为而引发过度投资或投资失败的风险。

3.2.3 市场势力理论

Brandow（1969）最早提出了市场势力的概念，认为是厂商直接或间接影响其他市场参与者的价格或销售策略的能力。传统结构主义（SCP范式）学派认为市场势力在竞争市场中表现为市场集中度。市场势力来源于企业技术壁垒等产业属性，这些属性导致竞争者之间相互依存，在一定程度上降低了产品市场竞争度。Brandow按照市场势力持续期间将其分为长、短两种势力。拥有市场势力的企业或厂商并不一定能够从中谋取利益，因为市场势力具有一定的滞后性，短期市场势力的发挥受到一定的限制。因此，在短期市场中，企业必须谨慎运用市场势力，尽快建立市场进入壁垒。长期市场势力使厂商获得额外收益，但同时由于不充分的市场竞争亦会引致低效率的资源配置。按照市场势力的主观程度，分为主动进攻性与被动防御性势力。防御性势力是指面临其他进攻势力时所具备的抵御能力，保证其原有市场份额，因此，防御性势力具备稳定市场、防止不正当竞争的功能。进攻性势力主要是指企业具有主动扩大市场的动机，但这种动机是动态调整的。传统的市场势力理论认为企业之间实现并购主要是为了更有效地把握经营环境。这种并购行为降低了资本市场中企业的绝对数量，市场布局得到集中，并且随着个别组织的话语权的增大，企业操纵市场谋取利润的行为成为并购的最大弊端。但也有学者提出了不同见解，他们认为市场的集中与分散主要取决于市场自动调整程度，优胜劣汰仍是主旋律，并且在企业联结方面，"串谋"其实困难重重。市场并购有时候是企业"迫不得已"的行为，为了应对其他企业的并购行为或市场冲击，企业会加快兼并步伐，以期迅速解决自身资源难题。

市场势力理论普遍认为企业之所以进行多元化扩张，主要是缘于企业获取产品势力的动机。为实现市场势力，企业集团往往通过制定差异化价格来影响产品数量，改变产品特性以增强市场力量（Seth，1990；Hill，1985）。Edwards（1955）将企业分为传统企业与联合企业，前者是以单一产品为主，后者是生产多种产品。有别于普通企业，联合企业所构建的市场势力不仅要看单一产品的市场份额，更要考虑其他产品的影响力及地位。从上述研究可以发现，多元化类型的企业主要通过提高进入门槛、压制竞争对手，从而巩固或提高该企业的市场地位，进而实现盈利目标。在 Edwards 的研究基础上，Markham（1973）、Palepu（1985）等研究认为市场势力的具体表现形式有如下几种：

（1）交叉补贴。交叉补贴（Cross Subsidization）是指企业利用市场主导地位制定妨碍竞争的定价策略的行为。企业多元化战略是建立在核心产业（某一重要且领先的行业）之上的，企业为避免所处行业出现掠夺性定价的竞争行为，往往利用其他行业利润予以支持，以抵御外来竞争入侵，确保竞争地位。交叉补贴的主要思路是通过降低产品价格，甚至是亏损出售，以实现优势产品利润或达到垄断目的，最终不仅可以弥补其他产品的亏损，甚至还会获得更高的产品利润。交叉补贴并非具有广泛性，而是拥有特殊的适用场景：一是优势产品和亏损产品富有较大的价格弹性，能够通过提高总体销量以弥补价格下降带来的边际亏损；二是具备绑定销售条件，即两类产品具有极高的互补性，这样就会降低客户单独购买亏损产品的概率；三是盈利产品的价格敏感性较低且具有较高的准入门槛，即该类产品的替代产品较少，盈利产品通过提升非盈利产品的销量而提升了整体利润。如果满足了相关条件，交叉补贴的确可以改善企业经营现状，显著提升产品收益。在实践中，吉列、柯达等企业都曾受益于产品交叉补贴。但Palepu（1985）则认为相对于单一产业，多元化企业具有低成本优势，其风险抵抗能力远高于其他多元化竞争对手。从这一角度来分析，交叉补贴在遭遇专业化经营企业的低成本、低价位竞争时，很可能增加了企业经营风险。

（2）生存博弈。随着多元化经营的大放异彩，企业在各类市场中遭遇竞争的可能性随之增加。Grant（1995）认为企业间的不正当竞争可能引发企业间的相互忍让，最终结果可能是双方协议降低企业间的恶性竞争程度以达到共同生存之目的。企业多个产品市场可能存在严重竞争与产品重叠，如果企业集中优势资源投放单一市场进行竞争，最终结果可能是"两败俱伤"。为了实现最优产量与最大化的平均市场利润，企业间有动机进行价格"串谋"，以实现对产品市场的契约式瓜分。因此，企业市场博弈的结果可能是相互忍让，共同克制，以避免不必要的竞争压力。

（3）互惠购买。Montgomery（1994）研究认为大规模多元化企业为防止外来竞争势力入侵，往往进行契约性质交易，逼迫弱小企业退出该领域。美国学者 Gribbin（1976）进一步对市场势力进行了拓展，认为通过不断收购与兼并扩大了产品主导权与市场地位，从而实现市场能力的集聚效应。从另外的角度而言，企业如果达不到数量级的产品优势，意味着产品并不具备较强的行业市场势力。

连锁股东的同行业持股对于提升产品市场势力有着巨大的优势。根据竞争合谋论，连锁股东可能通过影响联结企业产品定价或经营行为达到"合谋"来获取超额利益。连锁股东数量越多，代表着越大的市场势力，其拥有的差异化资源就越多，越有动机进行多元化的扩张行为，以谋取范围经济。

3.2.4　内部资本市场理论

经济学家 Alchian（1969）最先提出了内部资本市场理论，他认为内部资本市场产生的主要原因是企业进行大规模并购、跨行业经营而产生的 M 型组织结构，在这种结构下，企业可以通过内部资本市场进行交易、融资等经营活动，通过多钱效应、活钱效应达到企业经营价值最大化。无论是外部资本市场还是内部资本市场，都是企业融资的重要路径，但在本质上存在一定的区别。通常而言，内部资本市场是企业内部组织形式的具体表现，正如科斯在企业理论中的论述，资源在内外部资本市场中配置的方式存在本质差别。在外部资本市场中，通过价格调整实现对资源的有效再配置；而在内部资本市场中，主要通过权威部署实现资源的流动。这种权威很难列入契约之中，这也就使企业拥有了对资源的自主处置权，根据企业内部机构之间的资金需求自主调配资金。这种对资源自由调配的权力，在外部资本市场中是无法实现的，企业亦可从外部资本市场中获取一定的资源，然后在内部资本市场中进行自由分配。内部资本市场和外部资本市场的关系，如图 3-1 所示。

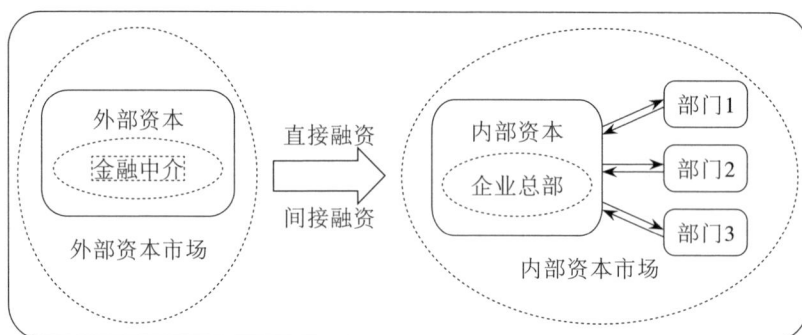

图 3-1 内部资本市场与外部资本市场关系图

从以上关系图可以发现，多元化经营是企业构建内部资本市场的重要方式。随着多元化的持续推进，这种组织形式逐渐成为产业竞争中的重要组织模式。Alchian（1969）、Williamson（1975）认为内部资本市场（ICM）是管理学、金融学、产业经济学等诸多学科共同关注的焦点问题。随着资本主义国家"超级企业"弊端的逐渐显现，越来越多的学者开始质疑内部资本市场的有效性。与此同时，以Whited（2001）、Graham 等（2002）、Maksimovic 和 Phillips（2002）为代表的学者指出有关多元化企业折价问题可以从研究方法的角度予以解释，并不能完全归咎于内部资本市场的无效。对大型企业而言，内部资本市场是有效缓解融资约束的重要途径，通过多个经营单元内部协调，总部亦可以实现资金及生产资料的互补，从而降低企业外部融资压力（Lewellen，1971；Stein，1997）。国内学者对于内部资本市场的定义亦有不同见解。周业安等（2003）将内部资本市场融入股票市场中，通过案例研究发现公司内部资本市场与外源融资相结合可以有效提升企业资源配置效率，并将其视为一种金融战略。李艳荣等（2007）认为只要企业内部存在部门之间的资源转移，那么，就认为存在内部资本市场。安国俊（2006）提出了更为全面的解释，认为内部资本市场主要取决于组织形式，M 型和 H 型组织是最佳的构建场景，并且母公司成为整个内部资本配置的中心环节。综上研究所述，资本市场的主要功能是重组企业内部资源。

关于内部资本市场配置效率问题，学者们主要围绕有效论和无效论展开。一是有效论。通过不同业务的联结，企业获取了融资优势，进而可以提升企业价值。首先将多个业务单元视为独立个体，可以获得较多的外部资本，即"多钱效应"，尤其是企业在面临投资不足或融资约束的情形下更为有利，并且这种效应在业务现金流完全不相关的情况下可以大幅提升举债能力（Lewellen，1971）。其次内部资本市场可以在一定范围内配置现有资本，即"活钱效应"，但是需要在对企业未来投资业务充分掌握高质量信息的前提下进行"优胜劣汰"的挑选活动。二是无效论。与有效论相对应，内部资本市场理论有正面之说，亦有反面之音。构建内部资本市场本身是解决投资不足的问题，但是如果"矫枉过正"，"多钱效应"便会加剧过度投资问题。此外，内部资本如果长期固定不变，亦会导致资源配置效率低下，加之所产生的管理层代理问题可能会导致企业价值的减损。

企业生产经营无法脱离外部现实环境，因此，考察内部资本有效性还须考虑资本市场完善度、投资者环境保护以及产业政策等外部环境因素。然而，内部资本市场以资本来联结企业各经营业务单元，从而亦成为企业资本扩张的路径。随着企业所面临经营环境不确定性的增加，风险管理问题已经成为内部资本市场的热点话题，建立有效的风控体系显得十分迫切。为了规避企业资本风险，除降低企业杠杆外，剥离非相关业务、去除风险资产，主动关闭内部资本市场通道，可以有效降低业务之间的"交叉感染"风险。

3.2.5 社会网络理论

社会网络理论（Social Network Theory）自 20 世纪起源以来，一直聚焦于社会与成员之间互动行为的研究，研究范围具有一定的局限性（Noel and Tichy，1979）。Zimmer（1986）将社会网络引入企业家精神的研究，并且认为社会网络对于企业行为研究更具解释力，同时亦首次将社会网络嵌入企业之中加以研究。随着社会进步与社会网络的不断演化，社会网络理论被认为是个体之间建立的相对稳定的关系，并且社会网络的概念在应用上已经突破了普通的人际关系，甚至还包括家庭、企业等组织之间的网络联结（Wellman and Berkowitz，1988；符正平、曾素英，2008；易行健等，2012）。通过对国内外社会网络相关研究的总结与延伸，陈莉平（2005）提出了较为全面的定义：在一定范围内的个人、组织等参与者之间相互分享资源、交换信息的集合。通过这一概念可以发现，社会网络是由多方参与的信息与资源载体，行动各方不仅有相互扶持的需求，更有约束内部行为的必要。资本市场行为依靠市场中的正式与非正式制度共同支撑，并且两者是相互补充的。作为新兴市场国家，资本市场的正式制度尚不健全甚至存在漏洞，故而引入非正式制度考察对资本市场行为的影响十分必要（边燕杰、丘海雄，2000；杨兴全、张方越，2021）。纵观现有多元化动机研究，大多从组织内部的视角进行考察，鲜有对非经济制度与非正式制度的研究，导致了多元化动机理论"社会化不足"。因此，本书引入社会网络理论这一非正式制度，对多元化经营的动机理论进行研究和补充。综合现有社会网络理论研究，又可将其细分为弱联结优势理论、强联结优势理论、结构洞理论、镶嵌理论、人际信任理论与社会资本理论（罗家德，2002）。聚焦本书主题研究的需求，从以下两方面进行论述：

3.2.5.1　社会资本理论

自经济学研究伊始，资本的概念便成为关注的焦点，斯密、凯恩斯等著名经济学家都强调了资本的重要性。早期研究认为资本是物质生产资料的集合，随着时代的不断进步，资本的单一概念已经不再满足社会的发展需求。Pierre Bourdieu（1972）在其社会学著作《实践理论概要》中首次提出了社会资本概念。人类与企业的前进离不开物质资本、人力资本与社会资本三项要素，布尔迪厄认为社会资本是个体或组织从社会网络中所吸纳资源的能力，但这种能力衡量较为抽象，一般用以衡量人际关系，或者是人与人之间的疏密程度。通常而言，个体或组织所处的社会网络越复杂，其接受的外界信息越丰富，获取的外部资源就越多，即拥有更多的社会资本。社会资本理论认为个体或组织通过社会网络获得的异质性资源可以帮助其实现期待的目标。社会资本的作用可以分为以下两方面：一是通过社会资本建立的社会网络为各主体之间提供信息交流、资源交换的渠道，亦可加速推进个体或组织之间的深度合作。社会资本通过自身网络信息的交换可以有效降低企业信息不对称程度，并且可以有效降低企业信息收集成本，提高组织经营效率。信任是社会关系的重要体现，但其实质是一种社会结构，并不是正式制度安排。连锁股东促使成员之间的社会信任提升，从而更易与企业达成商业合作。融资约束是企业多元化扩张的重要动因，连锁股东社会资本优势拓宽了企业融资渠道，在一定程度上缓解了企业通过多元化经营建立内部资本市场的动机。另外，透明高效的行业信息使企业面临市场竞争时更能从容应对，降低了企业经营风险，有效缓解了企业管理层的防御动机。二是社会资本的运用受网络团体的制度性或非制度性约束，各成员为了适应社会网络需求亦会规范自身行为，同时也有利于维持社会网络的良性生态。代理问题是企业多元化经营的重要因素，连锁股东通过网络内部委派管理层任职或者建立约束机制，可以有效抑制管理层的机会主义动机。最后，连锁股东的"量"和"质"反映了企业社会资本的优劣，企业行业联结的股东数量越多，代表了企业获取的资源与信息渠道越多，对于企业缓解融资问题以及发展主业创新越有益（严苏艳，2019）。

3.2.5.2　弱联结优势理论

美国社会学家 Mark Granovetter（1974）以沟通频率为标准将社会网络分为弱联结与强联结。格兰诺维特认为传统社会中的亲朋好友是一种关系坚固的强势联结，这种联结方式虽然稳固，但是缺乏传播范围且不具备广泛性。然而，类似于同事等关系尽管沟通不是十分紧密，但由于其传播的广泛性而具备一定的成本和效率优势。一般而言，强联结为企业带来的优势是有限的。强联结由于联系过度紧密而导致资源与信息的重叠甚至冗余，并不利于企业获取较多的增量资源。相较于强联结，弱联结所提供的资源与信息相关但不相似，并且布局广泛，更利于企业获取异质的资源。基于格兰诺维特的理论观点，可以进一步将联结分为无联结、弱联结和强联结三种关联。三种联结构成了一个开口向下的抛物线，即无联结不能给企业带来任何的资源供给，强联结导致资源冗余，而弱联结可以为企业资源获取提供有效的社会网络。连锁股东与企业之间的联结主要通过董事会等形式实现，其频率不是十分频繁，因此其联结形式类似于弱联结，这种联结形式为企业提供了充足的异质资源条件。资源基础观认为资源是企业多元化经营的必要条件，连锁股东为企业提供了丰富的信贷渠道及行业信息，在一定程度上促进了企业核心业务的发展，为多元化战略的调整提供了方向。而对于非连锁股东的联结形式，由于其处在非同行业领域，对企业资源及信息的补充并非十分有效，对企业生产经营的影响力亦小于连锁股东形式的联结。

3.3　本章小结

本章通过对已有研究的相关概念进行回顾和归纳，准确界定了本书所研究对象的具体概念，这对于后续的理论假说和机理分析是至关重要的。多元化经营借鉴了当前主流的研究方法，即赫芬达尔指数和熵指数。连锁股东作为企业交叉持股的特殊形式，存在同行业内十大股东形成经济关联的企业，即存在连锁股东的企业，其联结数量和强度便是连锁股东的具体构建指标。现有研究主要围绕市场势力理论、内部资本市场理论、资源基础理论、资产组合理论、代理成本理论、社会网络理论等进行阐述。其中，市场势力理论认为企业进行多元化往往牺牲了专业化，通过横向补贴、获取更多的信息资源等手段形成集团经营，维持及扩大企业产品市场竞争优势；内部资本市场理论认为企业多元化导致业务部门增加，提高集团公司统一调配资金，从而降低甚至避免企业从外部资本市场获取资金的融资成本以及信息不对称程度；资源基础理论认为企业主要以不可替代的内部资源为基础来提升竞争优势，当企业拥有剩余异质性资源时，则可能会考虑多元化经营，或为获取异质性资源进行多元化并购；资产组合理论认为企业通过构建现金流量不完全正相关的资产组合分散企业非系统风险，从而缓解财务困境；代理成本理论认为企业管理层具有为自身谋取在职消费等私利行为或规避职务解约风险的动机，往往通过多元化经营来预防企业破产及退出风险；社会网络理论主要是通过网络间的企业联结实现资源的互补、信息的交换，以实现对企业具体行为的改变。理论基础是本书理论框架的重要组成部分，通过以上理论并结合论文关注焦点初步分析了连锁股东对企业多元化经营的作用机理，为后续的研究检验赋予了丰富的理论内涵。

第 4 章

连锁股东与企业多元化经营：机理分析与实证检验

4.1 引言

多元化经营的概念属于"舶来品",自20世纪50年代Ansoff(1957)提出多元化经营的概念以后,多年来被许多国家广为实践。受西方经营模式的影响,我国于20世纪90年代亦掀起了多元化经营的热潮,并逐渐成为企业扩张的主要模式。随着多元化经营的深入发展,通过范围经济带来的多元化收益逐年缩水,其负面影响亦日益凸显,国外多数企业已经开始剥离不相关业务,缩减公司经营范围,集中优势资源深耕主业并保持适度的相关多元化,走向经营归核化和专业化的道路。面对国际经济发展新形势以及国内经济的矛盾与挑战,国家围绕企业发展强调"瘦身健体、提质增效",以支撑国民经济平稳健康发展。《2020年国务院政府工作报告》中明确提出"完善治理、强化激励、突出主业、提高效率"的企业发展思路,要进一步明确企业的发展目标和战略定位,通过减少非主营业务投入及鼓励企业资源向实业和主业靠拢来提高企业的核心竞争力。因此,无论是基于国外企业的归核化趋势,还是考虑我国供给侧结构性改革以及转轨经济时期的现实背景,如何优化我国企业多元化行为已经成为学术界与业界亟待解决的问题。

股东作为公司的重要利益相关者和决策者,必然会对企业多元化行为产生重要影响。近年来,随着资本市场的不断发展完善,拥有资金优势的投资者会参股其他企业,以谋求更大的经济利益,从而产生股东联结(连锁股东)的现象。当前我国经济发展速度放缓,步入中低速、高质量发展的转型时期,企业的大股东直接或间接参股同行业企业已渐成常态。截至2019年底,我国存在同行业内十大股东形成经济关联的企业(以下称为连锁股东企业)占比达14%,并有逐年增长之势。现有研究发现行业内缔约联结的股东具备高度的信息资源互补，在投资管理中可以及时、准确地获取市场信息从而提升投资效率（He et al., 2019；潘越等，2020）。除信息资源共享外，连锁股东还积累了较多的公司治理经验，亦能发挥更好的股东监督效能，有效缓解企业信息不对称及代理问题，实现了连锁企业的治理协同（Brooks et al., 2018）。此外，还有许多学者认为连锁股东通过行业合谋提升了连锁企业在行业内的议价能力，降低了行业竞争度从而实现行业垄断，对市场的资源配置及社会职能产生了负面影响，即具有"竞争合谋"动机（Hansen and Lott, 1996；Antón et al., 2018）。有关连锁股东能否对企业多元化经营产生影响的探讨，现有文献鲜有涉及，在我国连锁股东日趋普遍的情形下，厘清连锁股东持股的动机及经济后果显得尤为重要。

4.2 理论分析与研究假设

多元化是公司重要的经营策略，其动机理论主要来源于市场势力理论、内部资本市场理论、资源基础理论、资产组合理论以及代理成本理论。其中，市场势力理论认为企业进行多元化往往牺牲了专业化，通过横向补贴、获取更多的信息资源等手段形成集团经营，维持及扩大企业产品市场竞争优势（Larsson, 1990）；内部资本市场理论认为企业多元化导致业务部门增加，提高集团公司统一调配资金，从而降低甚至避免企业从外部资本市场获取资金的融资成本及信息不对称程度（Hadlock et al., 2001；Lewellen, 1971）；资源基础理论认为企业主要依靠不可替代的内部资源为基础来提升竞争优势，当企业拥有剩余异质性资源时，则可能会考虑多元化经营，或为获取异质性资源进行多元化并购（Penrose, 1959；李善民、周小春，2007）；资产组合理论认为企业通过构建现金流量不完全正相关的资产组合分散企业非系统风险，从而缓解企业财务困境压力（Markowitz，1952；Amit and Livnat，1989）；代理成本理论认为企业管理层具有为自身谋取在职消费等私利行为或规避职务解约风险的动机，往往通过多元化经营来预防企业破产及退出风险（Jensen，1986）。多元化作为投融资决策的重要话题，尽管许多学者基于五大理论进行了详细的阐述，但观点并未统一，既有正面之说，即多元化经营的企业在整合内部现金流构建内部资本市场方面具有突出的优势及溢价效应，有助于冗余成本的降低、融资约束的缓解、抵税效应的增加以及资源配置效率的提高（Lewellen，1971）；又有负面之谈，即企业多元化经营主要用于管理层在职消费和职位晋升等诸多私欲（Jensen，1986），并且多元化经营的企业极易诱发内部经营者"寻租骗补"行为或跨部门"交叉补贴"行为，致使内部资本市场配置效率降低甚至失灵（Scharfstein and Stein，2000），表现为突出的"折价效应"。股东作为公司的重要利益相关者和决策者，其能否利用手中的资源以及权力制定合理的多元化经营战略对公司的经营发展至关重要。连锁股东的存在可以凭借其信息资源优势使企业在战略合作、市场构建、公司治理等方面发挥协同效应（Chen et al.，2018；He et al.，2019），抑制"折价观"下的多元化经营，产生"归核效应"，亦可以合谋形成行业扩张及帝国建造以谋取私人收益（Azar et al.，2018），从而产生"扩张效应"，以此来提高市场份额和产品议价能力。

4.2.1　连锁股东与企业多元化经营："归核效应"

连锁股东作为多家企业的联结纽带，具有天然的资源优势、信息优势及治理优势，可以通过扩大市场势力、缓解融资约束、提高治理效率来优化多元化经营行为。具体而言，一是连锁股东具有异质性资源禀赋，有利于缓解企业因扩大产品市场竞争、提高市场势力而产生的多元化行为。连锁股东承担了"桥梁"作用，有利于实现商业信息互通，增加战略合作机会，扩大市场势力，提高经济效益。激烈的产品市场竞争降低了企业生产经营所带来的垄断租金，行业股东的联结在一定程度上降低了同行业企业的竞争程度，而产品市场竞争又是影响企业多元化经营的关键因素。多元化经营在一定程度上能够扩大市场势力、提高市场竞争地位，但同时也形成了行业壁垒，不利于行业健康可持续发展，而连锁股东的加入消除了不完全契约带来的合作摩擦，同时促进了企业间的资源共享和战略合作，并通过缓解融资水平来促进企业创新（严苏艳，2019；王会娟等，2021），降低了企业因资源匮乏而进行多元化经营的意愿，并以自身主业优势吸引更多的战略合作伙伴。除此之外，连锁股东还通过增加主业业绩降低了企业的金融化程度（周泰云等，2021），而金融化程度的降低亦是企业"脱虚向实"的一种外在表现。在企业供产销的各阶段，连锁股东可以快速获取市场需求并通过所带来的信息和资源优势提高材料周转速度和生产效率，消除因外界不确定性及风险因素所引致的无效扩张行为，进而提升经营效率（黄灿、李善民，2019）。二是连锁股东具备融资优势，有利于降低企业因融资难、融资成本高而形成的多元化行为。一方面，连锁股东的介入为企业汇集了更多的社会资本，争取了更多的合作机会，从而拓宽了融资渠道。股东联结加强了行业间的依附关系，而这种依赖关系更为直接的表现就是资源承诺。企业多元化的资源互换又会引致产品差异或竞争程度的降低，或是产品创新表现较佳，这在一定程度上可以帮助企业获取外部融资（Hoskisson，1993）。另一方面，连锁股东还可以有效缓解企业间的信息屏障，有助于投资者获取企业真实的运营状况，缓解企业与资金提供者之间的逆向选择问题，降低外部融资成本，从而缓解融资约束，降低多元化经营动机。三是连锁股东具备治理效应，有利于防止企业高管因帝国构建、风险规避等私利行为而进行的多元化扩张。委托代理理论认为管理层比股东更具信息优势，通过享用更多的企业资源以达到自身效用最大化，产生的"与企争利"行为容易引致企业的代理成本增加，进而损害企业的经济利益（Jensen，1976）。连锁股东立足于自身行业声誉会督促经理人在其岗尽其责，并建立完善的内控机制及监督体系来改善企业治理效率，抑或通过发声干预、退出威胁、委派董监高等方式促使管理层尽职以及股东监管效力的提升（Edmans，2018），进而抑制管理层的无效扩张行为，促使企业归核化经营。另外，连锁股东扩大了企业的社会网络，依靠其丰富的信息资源与管理经验建言管理层，有利于减少管理层决策的主观性（Armstrong，2010），减少企业因管理层经验不足而误判的多元化扩张决策。

简而言之，连锁股东作为企业间特殊的缔结方式，为企业带来资源优势、融资优势、治理优势的同时，可以有效降低企业多元化扩张行为，促使其向主业靠拢，即呈现"归核效应"。

H4-1a：连锁股东会抑制企业多元化经营，呈现"归核效应"。

4.2.2 连锁股东与企业多元化经营："扩张效应"

资源基础理论认为要想保持及提升企业的竞争优势，企业的资源必须具有价值，但如果对其价值没有充分利用，便会形成价值均势，甚至是劣势，因此，企业必须合理利用以及不断开发新的优势资源。但如果企业仅仅拥有共性资源，则无法产生差异化的资源优势，因此，在共性资源的基础上还必须具有一定的资源稀缺性。一般来说，资源所有者（企业）的数量少于该产业在完全竞争状态下的企业数目，则认为该资源可以带来一定的差异化优势。连锁股东作为独立的经济主体，以追求自身财富利益最大化为目标，在为企业提供资源和信息的同时，利用企业的资源（比如利用自身的资源禀赋）进行不断扩张来获得范围经济，或通过同行业的集体经济活动来减少彼此竞争及冲突，以此来提高产品市场份额和议价能力，从而得以谋取自身利益及产业红利（Azar et al.，2018）。一方面，连锁股东为获得范围经济利用自身的资源禀赋而产生扩张效应。Penrose（1959）最早基于资源基础观提出企业有动机将剩余资源效用最大化，并认为内部资源决定了企业能力与业务边界，公司采用多元化经营模式试图更加充分地利用现有的生产资料取得范围经济。多元化经营除受内部资源禀赋的影响外，亦受企业社会资源的影响（刘冰等，2011）。内外部资源共同决定了企业多元化策略，连锁股东的数量越多，企业拥有和控制的异质性资源范围越广，为获得范围经济及资源的优势互补，企业进行多元化战略投资的动机越强。另一方面，连锁股东通过合谋形成企业扩张，扩大多元化经营规模从而获取私有利益。金融经济学理论指出，当投资者存在多个投资标的时，其追求的是投资组合价值最大化，而并非单一投资价值最大化。连锁股东在追求其投资价值最大化时，会促使同行业企业的集体联动抑或构造商业帝国以满足自身利益（Hansen and Lott，1996）。此外，连锁股东具有一定的"传染效应"，联结企业由于各自的企业边界与异质性的资源，对于获利的非主业投资相互学习和补充，从而满足企业利益诉求并以此驱动多元化战略调整。换言之，为了抢占市场份额，股东网络内的企业通过不断的价格战拉低了各自的回报率。因此，连锁股东具有很强的动机对其投资组合内的同行业企业施加干预，促使企业扩大多元化经营规模，增加市场势力、提高企业的市场份额和议价能力，从而形成行业垄断以谋取利益最大化。

H4-1b：连锁股东会促进企业多元化经营，呈现"扩张效应"。

4.3　研究设计

4.3.1　样本选择与数据来源

2004 年 1 月 31 日，国务院发布《国务院关于推进资本市场改革开放和稳定发展的若干意见》，明确提出"积极稳妥解决股权分置问题"，发展至 2006 年底，股权分置改革基本完成，为企业间股东联结并形成连锁股东提供了条件。因此，本书以 2007—2019 年沪深两市A股企业为样本，为提高研究准确性，在样本选取过程中进行了以下处理：剔除样本区间中的 ST 以及 *ST 等异常企业及金融保险类企业；剔除区间内主要财务数据缺失的企业；最后对所有连续性变量进行1% 水平的缩尾处理。经过上述样本筛选，总共获取 21 673 个样本。本书所涉及的数据收集主要来自国泰安数据库、万得数据库以及手工收集的年度财务报表，数据处理分析使用 Stata15.0 操作完成。

4.3.2　模型构建与变量定义

为验证连锁股东对企业多元化经营的影响，本书借鉴陈信元和黄俊（2007）、杨兴全等（2020）的研究设计构建模型（4-1），以验证两者之间的关系。

$$
\begin{aligned}
Div_{i,\,t} = {} & \beta_0 + \beta_1 LS_{i,\,t} + \beta_2 Size_{i,\,t} + \beta_3 Age_{i,\,t} + \beta_4 Lev_{i,\,t} + \beta_5 CF_{i,\,t} + \\
& \beta_6 Roe_{i,\,t} + \beta_7 Growth_{i,\,t} + \beta_8 Dn_{i,\,t} + \beta_9 Dir_{i,\,t} + \beta_{10} Sn_{i,\,t} + \\
& \beta_{11} HHI_{i,\,t} + \beta_{12} RD_{i,\,t} + \beta_{13} Indroa_{i,\,t} + \sum Year + \sum Industry + \varepsilon_{i,\,t}
\end{aligned} \tag{4-1}
$$

式中：i 和 t 分别为公司和年份；ε 为模型残差；Div 为多元化经营的代理变量；LS 为连锁股东的代理变量。

各指标的具体构建方法如下：

4.3.2.1 被解释变量（*Div*）

企业主营业务收入所处行业的划分依据主要以《上市公司行业分类指引》（2012年修订）中前三位行业代码为准，并采取以下两种方法对企业多元化经营进行衡量：①多元化经营行业数目（*Divnum*），等于公司主营业务收入所涉及的行业个数。②收入熵指数 $Diventro=\sum p_i \times \ln(1/p_i)$，$p_i$ 为行业收入占总收入的比重，*Diventro* 数值越大，企业多元化程度越高。

4.3.2.2 解释变量（*LS*）

参考 Chen et al.（2018）、严苏艳（2019）、潘越等（2020）的研究构建连锁股东衡量指标。①连锁股东的数目（*LSnum*），等于每家上市公司季度层面连锁股东的数目的年度均值[①]。②连锁股东持有的同行业其他公司的数目（*LScnum*），等于每家上市公司连锁股东持有同行业其他公司的总数。③连锁股东市场势力（*LShhi*），等于 $\sum X_i^2$，其中 X_i 为每个连锁股东持股比例除以连锁股东持股比例之和，该指数越大，表示连锁股东的市场势力越大，越有能力干预公司的行为决策。其中，连锁股东是指季度层面公司的大股东同时也是同行业其他公司的大股东，此处大股东是指持股比例不低于5%的股东，之所以以5%为界，是因为现有研究及相关法规条例认为高于5%持股比例的股东可以对公司的经营管理产生重大影响。

4.3.2.3 控制变量（*Control*）[②]

模型（4-1）中还控制了企业规模（*Size*）、年龄（*Age*）、企业成

[①] 本书之所以选取季度层面连锁股东数目的年度均值，是因为股东的持股水平、持仓意愿在一年内会发生一定的变化，以年末持股比例作为标准具有一定的局限性，而大股东的持股比例又不会每月发生较大变化，因此，季度层面可以更全面地衡量连锁股东的数量。

[②] 本书所提及的市场势力理论、内部资本市场理论、资源基础理论、代理成本理论等在控制变量中均加以控制，如市场势力理论主要体现在企业市场竞争力上，已加入市场竞争（*HHI*）、行业利润率（*Indroa*）等控制变量；资源基础理论和资产组合理论主要体现在企业的发展前景、资金流量等方面，也已加入资产负债率（*Lev*）、经营现金流（*CF*）、净资产收益率（*Roe*）、企业成长性（*Growth*）等变量；代理成本理论是企业公司治理的综合体现，已对董事会规模（*Dn*）、监事会规模（*Sn*）、独立董事比例（*Dir*）等公司治理指标的代理变量加以控制。

长性（*Growth*）、经营现金流（*CF*）、资产负债率（*Lev*）、净资产收益率（*Roe*）、董事会规模（*Dn*）、独立董事比例（*Dir*）、监事会规模（*Sn*）、市场竞争（*HHI*）、创新投入（*RD*）、行业利润率（*Indroa*），以及年度和行业的影响。主要变量及其定义见表4-1。

表4-1 主要变量及其定义

变量性质	变量代码	变量名称	变量描述
被解释变量	*Divnum*	经营行业个数	企业实际跨行业经营个数
	Diventro	收入熵指数	$Diventro = \sum p_i \times \ln(1/p_i)$，$p_i$=第$i$类主营业务收入/业务收入总额，数值越大，则多元化程度越高
解释变量	*LSnum*	连锁股东的数目	在季度层面，同时在本公司及行业内其他公司持股比例大于5%的股东数量，并取其年度均值，再加1取自然对数
	LScnum	连锁股东持股公司的数目	上市公司连锁股东持有同行业其他公司的总数取自然对数
	LShhi	连锁股东市场势力	$LShhi = \sum X_i^2$，X_i=每个连锁股东持股比例/连锁股东持股比例之和
控制变量	*Size*	企业规模	企业期末总资产取自然对数
	Age	年龄	公司成立之日至当期年数
	Lev	资产负债率	期末负债总额/期末资产总额
	CF	经营现金流	期末经营活动产生的现金净额/期末资产总额
	Roe	净资产收益率	期末净利润/股东权益平均余额，股东权益平均余额=股东权益期末余额

变量性质	变量代码	变量名称	变量描述
控制变量	*Growth*	企业成长性	企业期末营业收入增长率=（期末营业收入总额−期初营业收入总额）/期初营业收入总额
	Dn	董事会规模	董事会人数取自然对数
	Dir	独立董事比例	独立董事/董事人数
	Sn	监事会规模	监事会人数取自然对数
	HHI	市场竞争	$HHI = \sum X_i^2$，X_i=公司主业销售收入/年度行业上市企业主业销售总收入
	RD	创新投入	期末无形资产净额/期末资产总额
	Indroa	行业利润率	企业资产收益率的年度行业中值

4.4 实证检验结果与分析

4.4.1 描述性统计分析

从表4-2的描述性统计易得，我国有62.3%的企业存在多元化经营（*Divdum*的均值为0.623），企业涉的行业数目最高可达20个（*Divnum*的最大值为20），且行业之间存在较大的差异性（*Divnum*的标准差为1.803）；此外，多元化经营的熵指数（*Diventro*），均值为0.394，标准差为0.434，也表现出企业多元化经营的程度较高，且呈现较大的差异性。从构造的连锁股东指标来看，我国有14%的企业存在连锁股东（*LSdum*的均值为0.140），一个公司最多存在4个连锁股东（*LSnum*的最大值为1.386），连锁股东的势力可达8.8%（*LShhi*的均值为0.088）；连锁股东数量（*LSnum*）的标准差为0.235，连锁股东势力（*LShhi*）的标准差为0.236，表明企业之间连锁股东的数量及势力都存在较大差异。

表4-2 主要变量描述性统计

变量名称	观测值	均值	标准差	中位数	最小值	最大值
Divdum	21 673	0.623	0.485	1.000	0.000	1.000
Divnum	21 673	2.568	1.803	2.000	1.000	20.000
Divhhi	21 673	−0.760	0.244	−0.861	−1.007	−0.196
Diventro	21 673	0.394	0.434	0.213	0.000	1.604
LSnum	21 673	0.092	0.235	0.000	0.000	1.386
LScnum	21 673	0.259	0.715	0.000	0.000	5.050
LShhi	21 673	0.088	0.236	0.000	0.000	1.000
LSdum	21 673	0.140	0.347	0.000	0.000	1.000
Size	21 673	22.190	1.282	22.010	19.960	26.210
Age	21 673	9.779	6.766	8.000	1.000	25.000
Lev	21 673	0.426	0.199	0.423	0.055	0.848
CF	21 673	0.051	0.070	0.049	−0.151	0.248
Roe	21 673	0.080	0.154	0.075	−10.360	7.541
Growth	21 673	0.191	0.385	0.122	−0.467	2.444
Dn	21 673	2.259	0.179	2.303	1.792	2.773
Dir	21 673	0.373	0.053	0.333	0.308	0.571
Sn	21 673	1.509	0.204	1.386	1.386	2.079
HHI	21 673	0.069	0.099	0.025	0.009	0.494
RD	21 673	0.046	0.051	0.033	0.000	0.324
Indroa	21 673	0.047	0.012	0.046	0.018	0.076

从表4-3的上市公司所处行业分布来看，可以发现专业化集中程度较高的主要集中在制造业，制造业是整个国民经济的基础，其主要特点是投入量大且行业准入门槛高，依赖其重资产的特性不太适宜多元化经营，并且大规模的经营也有利于企业获得一定的规模效应。多元化经营程度较高的企业主要集中在娱乐、房地产、建筑等行业，这些行业的特征是投入量小、准入门槛低，并且获利能力较强，但许多行业面临着技术和行业瓶颈，比如房地产业，通过简单的规模扩张并不能有效提升业绩，因此，多元化经营成为该类企业的青睐之地。从样本的整体来看，我国多元化公司占比为68%（为降低统计难度，将统计年份内出现过多元化行为的企业视为多元化公司），远高于其他发达国家的多元化经营水平，因此，在我国特殊的制度背景下，考察多元化的动机十分必要。通过行业特征可以发现，企业多元化程度受行业约束较大，因此，实施进一步检验时行业因素是必须考虑的。

表4-3　　　　　　　**上市公司多元化经营行业分布**

行业（代码）	多元化公司样本	专业化公司样本	合计
农、林、牧、渔业（A）	29	6	35
采矿业（B）	66	5	71
食品、副食、烟草、服装加工等（C1）	126	69	195
化学、医药、印刷、娱乐等（C2）	392	202	594
金属、汽车、铁路、计算机（C3）	701	488	1 189
仪器仪表、修理等（C4）	34	25	59
电力、热力、燃气及水生产和供应业（D）	79	16	95
建筑业（E）	77	9	86
批发和零售业（F）	133	14	147

行业（代码）	多元化公司样本	专业化公司样本	合计
交通运输、仓储和邮政业（G）	74	18	92
住宿和餐饮业（H）	7	1	8
信息传输、软件和信息技术服务业（I）	173	67	240
房地产业（K）	103	7	110
租赁和商务服务业（L）	38	11	49
科学研究和技术服务业（M）	27	18	45
水利、环境和公共设施管理业（N）	37	14	51
居民服务、修理和其他服务业（O）	0	1	1
教育（P）	6	2	8
卫生和社会工作（Q）	9	3	12
文化、体育和娱乐业（R）	39	13	52
综合（S）	15	0	15
合计	2 165	989	3 154
占比	68%	32%	100%

表4-4是上市公司多元化经营地区分布，发达地区为北京、天津、河北、上海、江苏、浙江、福建、山东、广东、广西、海南11个省、自治区、直辖市。从地区分布来看，我国的上市公司超过半数集中在发达地区，但总体来看，欠发达地区的多元化水平略高。其主要原因是发达地区的外部市场环境较为成熟，可以对内部资本市场进行替代，也同时表明制度环境的差别是影响企业多元化经营的重要因素。

表4-4   **上市公司多元化经营地区分布**

类别	专业化经营样本	多元化经营样本
发达地区	653	1 264
欠发达地区	336	901
合计	989	2 165

  表4-5是样本企业统计年份的多元化经营年度发展趋势。图4-1是整体趋势图，总体来看，企业多元化经营整体处于小幅下降趋势，但是对比国际情况，还是处于高位，其多元化程度接近三分之二，并且企业每年的多元化比例变动浮动较大，因此，在考察其模型建立的时候，年度亦是需要控制的变量。值得深思的是，在西方国家多元化比例逐渐走低的情境下，我国多元化经营程度为何居高不下，这是不是新兴市场的独特制度背景所引致的？还是我国企业存在较为严重的代理问题？这些问题都是需要后续的检验加以推演和证实的。

表4-5   **上市公司多元化经营年度发展趋势**

年度	2007	2008	2009	2010	2011	2012	2013	2014	2015	2016	2017	2018	2019
专业化	235	283	314	353	494	613	757	714	657	730	829	1 083	1 114
多元化	491	531	598	706	859	940	1 055	1 047	1 119	1 284	1 472	1 687	1 708
合计	726	814	912	1 059	1 353	1 553	1 812	1 761	1 776	2 014	2 301	2 770	2 822

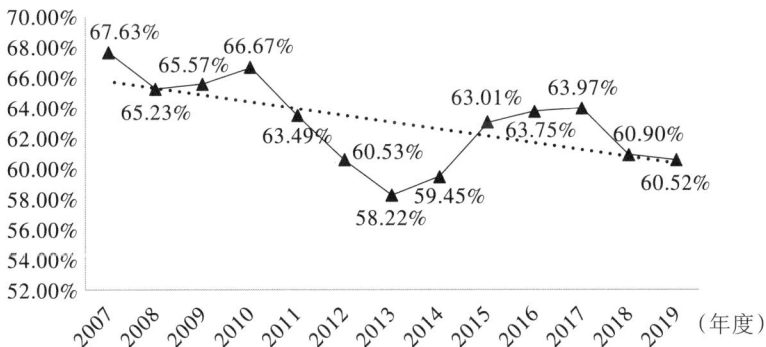

图4-1   多元化经营趋势图

4.4.2 多元回归分析

表4-6报告了连锁股东对企业多元化经营的影响。其中，第（1）至（6）列为年度行业固定效应回归模型，第（7）至（12）列为年度个体固定效应回归模型。从结果可以看出，无论是使用最小二乘法，还是利用固定效应模型，连锁股东的数量（*LSnum*）、连锁股东持股同行业公司的数量（*LScnum*）以及连锁股东在行业内的市场势力（*LShhi*）的系数均显著为负，表明连锁股东可以有效降低企业多元化经营行为，表现为"归核效应"而非"扩张效应"，即连锁股东可以促使企业聚焦主业经营。因此，H4-1a成立。

表4-6　　　　连锁股东与多元化经营基本回归：OLS

变量名	（1）*Divnum*	（2）*Diventro*	（3）*Divnum*	（4）*Diventro*	（5）*Divnum*	（6）*Diventro*
LSnum	−0.112**	−0.027**				
	(−2.08)	(−2.00)				
LScnum			−0.052***	−0.010**		
			(−3.01)	(−2.39)		
LShhi					−0.169***	−0.038***
					(−3.30)	(−2.98)
Size	0.244***	0.037***	0.248***	0.038***	0.247***	0.038***
	(19.58)	(12.10)	(19.72)	(12.17)	(19.79)	(12.26)
Age	0.041***	0.010***	0.041***	0.010***	0.041***	0.010***
	(20.70)	(20.68)	(20.74)	(20.70)	(20.82)	(20.78)
Lev	0.202***	−0.006	0.198***	−0.006	0.198***	−0.006
	(2.68)	(−0.30)	(2.63)	(−0.33)	(2.63)	(−0.34)

变量名	（1）Divnum	（2）Diventro	（3）Divnum	（4）Diventro	（5）Divnum	（6）Diventro
CF	−1.266***	−0.435***	−1.263***	−0.434***	−1.260***	−0.433***
	(−6.88)	(−9.55)	(−6.86)	(−9.55)	(−6.85)	(−9.53)
Roe	−0.610***	−0.295***	−0.601***	−0.294***	−0.610***	−0.295***
	(−3.49)	(−6.84)	(−3.44)	(−6.80)	(−3.49)	(−6.84)
Growth	0.006	0.019**	0.005	0.019**	0.005	0.019**
	(0.18)	(2.55)	(0.15)	(2.53)	(0.16)	(2.53)
Dn	−0.200**	−0.057***	−0.196**	−0.056***	−0.204**	−0.058***
	(−2.45)	(−2.82)	(−2.40)	(−2.80)	(−2.51)	(−2.88)
Dir	−0.574**	−0.149**	−0.561**	−0.147**	−0.580**	−0.151**
	(−2.28)	(−2.40)	(−2.23)	(−2.36)	(−2.30)	(−2.42)
Sn	0.214***	0.009	0.217***	0.009	0.218***	0.010
	(3.41)	(0.58)	(3.46)	(0.59)	(3.47)	(0.62)
HHI	−0.084	−0.103	−0.072	−0.101	−0.090	−0.105
	(−0.32)	(−1.58)	(−0.27)	(−1.55)	(−0.34)	(−1.60)
RD	1.601***	0.568***	1.615***	0.571***	1.587***	0.565***
	(6.76)	(9.71)	(6.82)	(9.76)	(6.70)	(9.66)
Indroa	−0.457	0.012	−0.468	0.009	−0.460	0.011
	(−0.23)	(0.03)	(−0.24)	(0.02)	(−0.23)	(0.02)
Year	yes	yes	yes	yes	yes	yes
Ind/Firm	yes	yes	yes	yes	yes	yes
Constant	−2.413***	−0.114	−2.502***	−0.126	−2.455***	−0.121
	(−7.40)	(−1.41)	(−7.62)	(−1.56)	(−7.56)	(−1.51)
Obs	21 673	21 673	21 673	21 673	21 673	21 673
Adj_R²	0.150	0.104	0.151	0.104	0.151	0.104

变量名	（7）Divnum	（8）Diventro	（9）Divnum	（10）Diventro	（11）Divnum	（12）Diventro
LSnum	-0.160***	-0.025*				
	(-3.00)	(-1.94)				
LScnum			-0.055***	-0.012***		
			(-3.31)	(-2.92)		
LShhi					-0.318***	-0.048***
					(-6.35)	(-4.01)
Size	0.282***	0.051***	0.280***	0.050***	0.280***	0.051***
	(15.25)	(11.40)	(15.12)	(11.33)	(15.13)	(11.37)
Age	0.012	-0.004	0.006	-0.005	0.007	-0.005
	(0.20)	(-0.29)	(0.09)	(-0.36)	(0.11)	(-0.35)
Lev	0.527***	0.084***	0.531***	0.085***	0.528***	0.084***
	(6.93)	(4.60)	(6.97)	(4.62)	(6.93)	(4.57)
CF	0.037	-0.061**	0.035	-0.061**	0.035	-0.061**
	(0.31)	(-2.15)	(0.29)	(-2.16)	(0.30)	(-2.16)
Roe	-0.008	-0.013	-0.007	-0.013	-0.006	-0.012
	(-0.16)	(-1.11)	(-0.15)	(-1.11)	(-0.13)	(-1.09)
Growth	-0.003	0.010**	-0.003	0.010**	-0.003	0.010**
	(-0.18)	(2.25)	(-0.17)	(2.26)	(-0.17)	(2.25)
Dn	0.160*	0.049**	0.166*	0.050**	0.166*	0.050**
	(1.87)	(2.36)	(1.94)	(2.41)	(1.94)	(2.43)
Dir	0.326	-0.015	0.330	-0.015	0.336	-0.013
	(1.45)	(-0.28)	(1.46)	(-0.27)	(1.49)	(-0.24)

变量名	（7）	（8）	（9）	（10）	（11）	（12）
	Divnum	*Diventro*	*Divnum*	*Diventro*	*Divnum*	*Diventro*
Sn	0.048	−0.066***	0.047	−0.066***	0.046	−0.066***
	(0.53)	(−3.01)	(0.51)	(−3.02)	(0.50)	(−3.02)
HHI	0.184	−0.031	0.175	−0.032	0.185	−0.029
	(1.11)	(−0.78)	(1.05)	(−0.81)	(1.12)	(−0.73)
RD	0.357	0.225***	0.363	0.225***	0.366	0.226***
	(1.46)	(3.82)	(1.48)	(3.83)	(1.50)	(3.84)
Indroa	0.040	0.260	0.092	0.268	0.096	0.269
	(0.04)	(0.96)	(0.08)	(0.99)	(0.08)	(0.99)
Year	yes	yes	yes	yes	yes	yes
Ind/Firm	yes	yes	yes	yes	yes	yes
Constant	−4.449***	−0.761***	−4.458***	−0.766***	−4.481***	−0.766***
	(−9.38)	(−6.68)	(−9.39)	(−6.72)	(−9.46)	(−6.72)
Obs	21 673	21 673	21 673	21 673	21 673	21 673
Adj_R^2	0.050	0.050	0.050	0.050	0.052	0.051

注：***、**、*分别代表1%、5%、10%的水平上通过显著性检验。

4.5　稳健性检验

4.5.1　内生性检验

4.5.1.1　Change Model

构建模型（4-2）来检验解释变量变动值对被解释变量变动值的

影响，以排除遗留变量的影响。具体模型如下：

$$
\begin{aligned}
\Delta Div_{i,t} = & \beta_0 + \beta_1 \Delta LS_{i,t} + \beta_2 \Delta Size_{i,t} + \beta_3 \Delta Age_{i,t} + \beta_4 \Delta Lev_{i,t} + \beta_5 \Delta CF_{i,t} + \\
& \beta_6 \Delta Roe_{i,t} + \beta_7 \Delta Growth_{i,t} + \beta_8 \Delta Dn_{i,t} + \beta_9 \Delta Dir_{i,t} + \beta_{10} \Delta Sn_{i,t} + \\
& \beta_{11} \Delta HHI_{i,t} + \beta_{12} \Delta RD_{i,t} + \beta_{13} \Delta Indroa_{i,t} + \sum Year + \\
& \sum Industry + \varepsilon_{i,t}
\end{aligned}
\tag{4-2}
$$

式中：ΔDiv 为 i 公司第 t 年期末与期初多元化经营的变动值；ΔLS 为 i 公司第 t 年期末与期初连锁股东的变动值。

回归结果见表4-7，从结果可以看出，即便考虑遗留变量问题对回归结果的影响，连锁股东依然具有"归核效应"，即抑制企业多元化经营（$\Delta LSnum$、$\Delta LScnum$、$\Delta LShhi$ 与 $\Delta Divnum$、$\Delta Diventro$ 均显著为负），与基本回归结果一致。

表4-7   Change Model

变量名	（1）$\Delta Divnum$	（2）$\Delta Diventro$	（3）$\Delta Divnum$	（4）$\Delta Diventro$	（5）$\Delta Divnum$	（6）$\Delta Diventro$
$\Delta LSnum$	−0.030	−0.013***				
	(−1.26)	(−3.69)				
$\Delta LScnum$			−0.016*	−0.007***		
			(−1.84)	(−4.42)		
$\Delta LShhi$					−0.049*	−0.014**
					(−2.05)	(−2.31)
$\Delta Size$	0.176***	0.046***	0.181***	0.046***	0.176***	0.046***
	(10.27)	(7.53)	(10.12)	(7.50)	(10.25)	(7.55)
ΔAge	−0.004***	−0.001***	−0.003***	−0.001***	−0.004***	−0.001***
	(−9.96)	(−6.99)	(−7.92)	(−7.04)	(−9.97)	(−6.94)
ΔLev	0.099	−0.006	0.078	−0.006	0.099	−0.006
	(1.59)	(−0.40)	(1.18)	(−0.42)	(1.59)	(−0.40)

变量名	（1）	（2）	（3）	（4）	（5）	（6）
	$\Delta Divnum$	$\Delta Diventro$	$\Delta Divnum$	$\Delta Diventro$	$\Delta Divnum$	$\Delta Diventro$
ΔCF	−0.043	−0.033***	−0.047	−0.033***	−0.043	−0.033***
	（−0.78）	（−4.54）	（−0.89）	（−4.54）	（−0.78）	（−4.53）
ΔRoe	−0.025	−0.015**	−0.029	−0.015**	−0.025	−0.015**
	（−1.40）	（−2.29）	（−1.56）	（−2.30）	（−1.40）	（−2.30）
$\Delta Growth$	0.058***	0.016	0.061***	0.016	0.059***	0.016
	（3.62）	（1.49）	（3.92）	（1.49）	（3.63）	（1.50）
$\Delta DSize$	0.091	0.029	0.090	0.029	0.090	0.029
	（1.20）	（1.50）	（1.27）	（1.48）	（1.19）	（1.48）
ΔDir	0.078	0.036	0.089	0.036	0.078	0.036
	（0.64）	（1.22）	（0.77）	（1.23）	（0.64）	（1.22）
$\Delta SSize$	0.017	0.002	0.009	0.003	0.017	0.002
	（1.03）	（0.47）	（0.51）	（0.65）	（1.05）	（0.48）
ΔHHI	−0.307	−0.204	−0.087	−0.204	−0.302	−0.203
	（−0.60）	（−1.40）	（−0.12）	（−1.40）	（−0.59）	（−1.39）
ΔRD	0.549*	0.122	0.500	0.123	0.552*	0.123
	（1.74）	（1.37）	（1.59）	（1.37）	（1.75）	（1.38）
$\Delta Indroa$	−0.503	−0.343*	0.058	−0.341*	−0.512	−0.346*
	（−0.87）	（−1.95）	（0.13）	（−1.93）	（−0.89）	（−1.97）
Year/Ind	yes	yes	yes	yes	yes	yes
Constant	0.052	−0.001	0.062**	−0.002	0.052	−0.001
	（1.62）	（−0.09）	（2.76）	（−0.24）	（1.60）	（−0.11）
Obs	17 699	17 699	17 699	17 699	17 699	17 699
Adj_R^2	0.022	0.024	0.019	0.025	0.022	0.025

注：***、**、*分别代表1%、5%、10%的水平上通过显著性检验。

4.5.1.2 Heckman检验

为排除样本自选择所引起的估计偏误，本书采用Heckman检验加以解释。在第一阶段回归中，借鉴潘越等（2020）的研究，构建Probit回归模型（4-3），以考察公司上一期的财务变量和公司治理变量与其下一期是否存在连锁股东（$LSdum$）之间的相关性。具体模型如下：

$$
\begin{aligned}
LSdum_{i,t} = {} & \beta_0 + \beta_1 Size_{i,t-1} + \beta_2 Age_{i,t-1} + \beta_3 Lev_{i,t-1} + \beta_4 CF_{i,t-1} + \\
& \beta_5 Roe_{i,t-1} + \beta_6 Growth_{i,t-1} + \beta_7 Dn_{i,t-1} + \beta_8 Dir_{i,t-1} + \\
& \beta_9 Sn_{i,t-1} + \beta_{10} HHI_{i,t-1} + \beta_{11} RD_{i,t-1} + \beta_{12} Indroa + \varepsilon_{i,t}
\end{aligned}
\tag{4-3}
$$

式中：$LSdum$ 为是否存在连锁股东的虚拟变量；ε 为残差。

之所以选择滞后一期的控制变量，主要是因为股东投资与否主要取决于企业上一期的经营状况，以判断企业的财务及治理情况，并在此基础上构建逆米尔斯比率（IMR）。在第二阶段回归中，将 IMR 作为控制变量加入基本回归，以纠正潜在的选择性偏差对本书研究结论的干扰。回归结果见表4-8的第（1）至（6）列，其中，逆米尔斯比率（IMR）与多元化经营（$Divnum$、$Diventro$）不存在显著关系，因此排除了样本自选择问题，且连锁股东的系数均显著为负（$LSnum$、$LScnum$、$LShhi$ 分别在10%和1%水平上显著为负），与基本回归结果一致。

表4-8   Heckman检验

变量名	（1）$Divnum$	（2）$Diventro$	（3）$Divnum$	（4）$Diventro$	（5）$Divnum$	（6）$Diventro$
$LSnum$	−0.090*	−0.021*				
	(−2.01)	(−1.87)				
$LScnum$			−0.053***	−0.011**		
			(−2.97)	(−2.41)		
$LShhi$					−0.160***	−0.038***
					(−2.97)	(−2.75)

变量名	（1）Divnum	（2）Diventro	（3）Divnum	（4）Diventro	（5）Divnum	（6）Diventro
IMR	−0.294	0.006	−0.298	0.005	−0.295	0.006
	（−1.05）	（0.09）	（−1.22）	（0.09）	（−1.12）	（0.10）
Controls	yes	yes	yes	yes	yes	yes
Year	yes	yes	yes	yes	yes	yes
Ind/Firm	yes	yes	yes	yes	yes	yes
Constant	−0.466	−0.071	−0.560	−0.088	−0.513	−0.082
	（−0.27）	（−0.17）	（−0.35）	（−0.21）	（−0.30）	（−0.20）
Obs	17 694	17 694	17 694	17 694	17 694	17 694
Adj_R^2	0.154	0.095	0.155	0.095	0.155	0.095

注：$***$、$**$、$*$分别代表1%、5%、10%的水平上通过显著性检验，括号内为相应系数t值，Controls为控制变量，与模型（4-1）一致。

4.5.1.3　双重差分模型（DID）

为进一步排除内生性问题的影响，参照杨兴全（2018）的研究，构建模型（4-4）如下：

$$Div_{i,t} = \beta_0 + \beta_1 treat_i \times post_t + \beta_2 treat_i + \beta_3 Size_{i,t} + \beta_4 Age_{i,t} + \beta_5 Lev_{i,t} + \beta_6 CF_{i,t} + \beta_7 Roe_{i,t} + \beta_8 Growth_{i,t} + \beta_9 Dn_{i,t} + \beta_{10} Dir_{i,t} + \beta_{11} Sn_{i,t} + \beta_{12} HHI_{i,t} + \beta_{13} RD_{i,t} + \beta_{14} Indroa_{i,t} + \sum Year + \sum Industry + \varepsilon_{i,t} \quad (4\text{-}4)$$

在模型（4-4）中，treat为组间虚拟变量，连锁股东（LS）从无变为有treat取1，否则为0（变更前后均无连锁股东），删除样本期间连锁股东从无到有再到无的多次发生变化样本；post为时间虚拟变量，连锁股东从无变为有之后的年度为1，否则为0。回归结果见表4-9的第（1）至（2）列，从结果可以看山，即使考虑内生性的影响，连锁股东的"归核效应"依旧显著（treat×change与Divnum在1%水平上显著为负，treat×change与Diventro在10%水平上显著为负）。

表 4-9　　　　　　　　　　　　双重差分模型

变量名	（1）	（2）	（3）	（4）
	DID		PSM-DID	
	$Divnum$	$Diventro$	$Divnum$	$Diventro$
$treat×change$	-0.130^{***}	-0.018^{*}	-0.130^{***}	-0.018^{*}
	(-3.33)	(-1.72)	(-3.32)	(-1.72)
$Controls$	yes	yes	yes	yes
$Year$	yes	yes	yes	yes
$Ind/Firm$	yes	yes	yes	yes
$Constant$	-3.248^{***}	-0.781^{***}	-3.257^{***}	-0.784^{***}
	(-7.50)	(-6.83)	(-7.51)	(-6.85)
Obs	19 471	19 471	19 468	19 468
Adj_R^2	0.050	0.048	0.050	0.048

注：***、**、*分别代表 1%、5%、10%的水平上通过显著性检验，括号内为相应系数 t 值，$Controls$ 为控制变量，与模型（4-1）一致。

考虑到在连锁股东存在之前，控制组与实验组的多元化经营已然存在差异，连锁股东的存在并非随机性，因此为提高估计的准确性，本书在双重差分模型的基础上，采用倾向得分匹配后，并根据企业规模（$Size$）、年龄（Age）、资产负债率（Lev）、净资产收益率（Roe）、企业成长性（$Growth$）等因素，按照一对一最近邻无放回原则为实验组匹配相应的控制组（PSM-DID），最终得到匹配样本 19 468 个。然后，运用匹配的样本重新对模型（4-4）进行检验，结果见表 4-9 的第（3）至（4）列。前文研究结论依旧成立，篇幅所限，后续检验控制变量省略。

4.5.1.4　工具变量法

为避免随机扰动项导致的反向因果关系，本书还采用了工具变量法进行回归分析，以期达到对未知变量的控制。众所周知，指数基金对投资者动向有着很大影响，即当某一股票指数成分进入和退出时，投资者亦会改变该投资动向。参考Chen（2016）和潘越（2019）的相关研究，以中证500指数为工具变量进行两阶段OLS回归。具体而言，当上一期非中证指数升入中证指数以后，本期变量（ln500）赋值为1，否则为0。表4-10的第（1）、（4）列为第一阶段的回归结果，系数均显著为负，表明指数成分的变化使连锁股东的数量减少；在第二阶段的回归中，则依然证明连锁股东负向抑制企业的多元化经营程度，即支持了本书的假设。

表4-10 **工具变量法**

变量名	（1）	（2）	（3）	（4）	（5）	（6）
	$LSnum$	$Divnum$	$Diventro$	$LScnum$	$Divnum$	$Diventro$
	First	Second	Second	First	Second	Second
$ln500$	−0.008**			−0.046***		
	（−2.25）			（−4.14）		
$LSnum$		−9.093*	−2.416*			
		（−1.76）	（−1.78）			
$LScnum$					−1.641**	−0.436**
					（−2.34）	（−2.39）
$Constant$	−1.135***	−15.328***	−2.796*	−4.027***	−11.614***	−1.809**
	（−27.31）	（−2.62）	（−1.82）	（−32.18）	（−4.12）	（−2.46）
N	21 673	21 673	21 673	21 673	21 673	21 673
Adj_R^2	0.139	−1.317	−1.341	0.161	−0.317	−0.311

注：***、**、*分别代表1%、5%、10%的水平上通过显著性检验，括号内为相应系数t值，$Controls$为控制变量，与模型（4-1）一致。

4.5.2 其他稳健性检验

4.5.2.1 考虑时变行业影响

由于煤炭、钢铁、新媒体等行业在样本期间可能具有周期性规律，加之企业多元化经营可能因各年度出台的产业及货币政策而产生迥异的变化，这些影响因子也会使投资者改变其持股选择或调仓意向。因此，这些影响因素的存在使本书的估计可能是有偏的，为了控制宏观经济政策等外界影响因素，本书借鉴潘越等（2020）的研究，在模型（4-3）的基础上进一步控制行业乘以年度的固定效应，从而尽可能地消除宏观因素对研究结果的影响。重新回归的结果见表4-11的第（1）至（6）列，从结果可以看出，即使考虑各种宏观因素对回归结果的影响，连锁股东的存在依然可以显著降低企业多元化经营，与基本回归结果一致。

表4-11　　　　　　　　　　考虑时变行业影响

变量名	（1） *Divnum*	（2） *Diventro*	（3） *Divnum*	（4） *Diventro*	（5） *Divnum*	（6） *Diventro*
LSnum	−0.153***	−0.022*				
	(−2.95)	(−1.71)				
LScnum			−0.088***	−0.013***		
			(−5.15)	(−2.99)		
LShhi					−0.222***	−0.037***
					(−4.35)	(−2.95)
Controls	yes	yes	yes	yes	yes	yes
Year/Ind	yes	yes	yes	yes	yes	yes
Constant	−3.601***	−0.452***	−3.779***	−0.478***	−3.629***	−0.460***
	(−11.96)	(−6.10)	(−12.46)	(−6.39)	(−12.12)	(−6.07)
Obs	21 673	21 673	21 673	21 673	21 673	21 673
Adj_R²	0.120	0.078	0.120	0.078	0.120	0.078

注：***、**、*分别代表1%、5%、10%的水平上通过显著性检验，括号内为相应系数 *t* 值，*Controls* 为控制变量，与模型（4-1）一致。

4.5.2.2 替换自变量

为排除连锁股东指标选取偏误对研究结果的影响，参考现有研究，采用以下四种方法重新测度连锁股东变量：一是采用连锁股东的虚拟变量（*LSdum*），当公司存在连锁股东时 *LSdum* 为1，否则为0；二是采用每个连锁股东平均持有同行业其他公司的数目（*LSanum*），等于 *LScnum* 与 *LSnum* 的比值；三是测度连锁股东持有企业的持续时间（*LSleng*）并加1取对数；四是改变股东的界定门槛，参照姜付秀等（2017）的研究将连锁股东的持股比例门槛上提至10%。检验结果见表4-12，研究结果依旧保持不变。

表4-12 **替换自变量：更换测量方式**

变量名	（1） *Divnum*	（2） *Diventro*	（3） *Divnum*	（4） *Diventro*	（5） *Divnum*	（6） *Diventro*
LSdum	−0.081**	−0.020**				
	（−2.31）	（−2.25）				
LSanum			−0.071***	−0.014***		
			（−4.01）	（−3.06）		
LSleng					−0.045***	−0.011***
					（−2.63）	（−2.63）
Controls	yes	yes	yes	yes	yes	yes
Year/Ind	yes	yes	yes	yes	yes	yes
Constant	−2.288***	−0.105	−2.412***	−0.121	−2.359***	−0.085
	（−7.28）	（−1.31）	（−7.65）	（−1.53）	（−7.27）	（−1.06）
Obs	21 673	21 673	21 673	21 673	21 673	21 673
*Adj_R*²	0.150	0.098	0.151	0.099	0.150	0.102

变量名	（7）	（8）	（9）	（10）	（11）	（12）
	Divnum	*Diventro*	*Divnum*	*Diventro*	*Divnum*	*Diventro*
LSnum	−0.124**	−0.026*				
	（−2.05）	（−1.76）				
LScnum			−0.051**	−0.009*		
			（−2.48）	（−1.68）		
LShhi					−0.217***	−0.045***
					（−4.13）	（−3.55）
Controls	yes	yes	yes	yes	yes	yes
Year/Ind	yes	yes	yes	yes	yes	yes
Constant	−2.218***	−0.054	−2.270***	−0.057	−2.307***	−0.072
	（−6.77）	（−0.67）	（−6.88）	（−0.70）	（−7.07）	（−0.88）
Obs	21 419	21 419	21 419	21 419	21 419	21 419
Adj_R²	0.149	0.102	0.149	0.102	0.150	0.102

4.5.2.3 替换因变量

为排除多元化指标选取偏误对本书结果的干扰，参考现有研究，采用多元化经营虚拟变量（*Divdum*，当企业行业经营数目大于1时 *Divdum* 为1，否则为0）以及多元化经营赫芬达尔指数（*Divhhi*，$Divhhi = \sum p_i^2$，其中 p_i 为行业收入占总收入的比重，该指数越大，表明多元化程度越低，为便于理解本书将指标进行负值化处理）作为多元化的替代变量，对模型（4-1）重新回归检验。回归结果见表4-13的第（1）至（6）列，连锁股东的数量（*LSnum*）、连锁股东持股同行业公司的数量（*LScnum*）以及连锁股东在行业的市场势力（*LShhi*）均可以降低企业多元化的经营程度（*LSnum*、*LScnum*、*LShhi* 与 *Divdum*、*Divhhi* 分别在 1% 和 5% 水平上显著为负），与前文回归结果一致。

表4-13　　　　　　　　　　　替换因变量

变量名	（1）	（2）	（3）	（4）	（5）	（6）
	Divdum	*Divhhi*	*Divdum*	*Divhhi*	*Divdum*	*Divhhi*
LSnum	−0.056***	−0.017**				
	（−3.95）	（−2.36）				
LScnum			−0.025***	−0.006***		
			（−5.36）	（−2.59）		
LShhi					−0.072***	−0.029***
					（−5.17）	（−4.00）
Controls	yes	yes	yes	yes	yes	yes
Year/Ind	yes	yes	yes	yes	yes	yes
Constant	0.162*	−0.764***	0.123	−0.770***	0.156*	−0.772***
	（1.81）	（−16.82）	（1.37）	（−16.83）	（1.76）	（−17.08）
Obs	21 673	21 673	21 673	21 673	21 673	21 673
Adj_R²	0.119	0.094	0.119	0.095	0.119	0.095

注：***、**、*分别代表1%、5%、10%的水平上通过显著性检验，括号内为相应系数 *t* 值，*Controls* 为控制变量，与模型（4-1）一致。

4.6　影响机制分析

前述理论综述表明企业进行多元化的动机主要有市场势力、内部资本市场、资源基础、代理成本等方面。连锁股东可以通过资源、信息共享、协同治理方式来优化多元化行为，促进企业专业化经营，亦可能因模仿学习或者垄断来实现规模的扩张。经过检验发现，连锁股东显著抑制了企业多元化经营行为，因此有必要进一步明晰其具体机理，以期对企业多元化经营实践提出更为可行的具体建议。首先是资源效应，一方面连锁股东可以共享融资渠道和彼此需要的生产资料，这在一定程度上缓解了企业的运转和设备采买资金的压力，另一方面连锁股东与企业之间可以共享创新技术，进一步增强合作创新意愿，缓解中小股东的"搭便车行为"，进而促进了企业主业创新意愿（严苏艳，2019）；其次是治理效应，连锁股东通过协调企业股东与管理层之间的矛盾，加强了企业对管理层私利动机的监督与约束，在一定程度上缓解了代理冲突，另外通过委派董事参与经营战略制定，从而抑制了大股东掏空动机；最后是信息效应，企业代理问题的根源是企业信息不对称及管理层职位风险防御动机，连锁股东通过深度参与经营与内部治理，输送了较为丰富的行业信息和治理经验，增强了管理层的抗风险能力（杜善重，2022），这对于降低管理层扩张动机是有益的。本部分主要从资源路径、治理路径与信息路径来剖析其影响机制，以期厘清连锁股东的优势，并通过各类机制占总效应的权重来判断连锁股东的具体作用。

4.6.1 资源效应路径（融资约束及主业创新）

融资环境担负了企业的造血职能，也是企业进行投资的先决条件。关于融资约束与多元化行为的关系，亦有正反之说。一方面，融资约束会抑制企业多元化程度。融资约束较为严重的企业由于缺乏充足的现金流支撑，造成企业对外部投资不足，引致错失多元化机遇

（Fazzari et al.，1988）。Fazzari 等（2000）研究发现，面临融资约束的企业，其现金流明显低于资金充裕的企业。当企业外部融资遭遇困境时，就需要开拓新的项目以获得溢价，这就必然会使企业放弃一些优质项目，从而导致投资不足，从这一角度而言可能降低企业多元化程度（Fazzari et al.，1988）。Cleary 等（2005）认为企业的资金流量水平和项目投资之间存在显著关系，当资金流量较少时会出现投资不足，当现金流量充裕时会出现多元化的投资行为。Lyandres（2007）发现投资–现金流敏感性还与外源融资成本有关，当企业外部融资成本较低时会提高现金流敏感性与投资的相关关系。国内学者的研究结论与前述研究大致相同，连玉君和程建（2007）基于我国财务数据研究发现，企业融资约束程度与投资负相关，并认为企业之所以出现投资不足，主要是因为资金匮乏而放弃继续投资。另一方面，从内部资本市场构建的角度来看，可能出现反向结果。Williamson（1975）、Hubbard 和 Palia（1999）则认为外部融资约束的企业通过跨行业投资形成的内部资本市场可以在一定程度上缓解资金不足。但亦有不同结论，王志强（2021）研究发现企业多元化经营抑制了企业的经营现金流并进一步降低了企业的偿债能力，并认为二者呈 U 形关系。杨棉之（2008）、王峰娟和谢志华（2010）的实证研究也发现，多元化战略能够在一定条件下提高内部资本市场效率。因此，根据内部资本市场理论，融资约束较为严重的企业比资金充裕的企业更倾向为构建内部资本市场而进行规模扩张。从本书的研究脉络来分析，多元化经营的重要动机之一就是缓解融资约束，因此，本书认为内部资本市场理论更贴合我国的特殊制度情境，同时也能够解释新兴资本市场国家高度多元化的普遍现象。

连锁股东的"归核效应"表明连锁股东的资源优势、融资优势以及治理优势，可以扩大多元化企业市场势力、降低融资及管理成本、传递先进的管理经验，促使企业向主业经营靠拢。因此，本书认为缓解融资是连锁股东影响多元化经营的具体作用路径之一。为验证本书的这一猜想，参考温忠麟等（2014）、江轩宇（2016）的中介效应模型，以融资约束的代理指标 KZ 指数为中介变量，构建中介效应模型（4-5）和（4-6），验证连锁股东如何影响企业多元化经营。具体模型如下：

$$
\begin{aligned}
KZ_{i,t} = {} & \alpha_0 + \alpha_1 LS_{i,t} + \alpha_2 Size_{i,t} + \alpha_3 Age_{i,t} + \alpha_4 Lev_{i,t} + \alpha_5 CF_{i,t} + \\
& \alpha_6 Roe_{i,t} + \alpha_7 Growth_{i,t} + \alpha_8 Dn_{i,t} + \alpha_9 Dir_{i,t} + \alpha_{10} Sn_{i,t} + \\
& \alpha_{11} HHI_{i,t} + \alpha_{12} RD_{i,t} + \alpha_{13} Indroa_{i,t} + \sum Year + \sum Ind + \varepsilon_{i,t}
\end{aligned} \tag{4-5}
$$

$$
\begin{aligned}
Div_{i,t} = {} & \gamma_0 + \gamma_1 LS_{i,t} + \gamma_2 KZ + \gamma_3 Size_{i,t} + \gamma_4 Age_{i,t} + \gamma_5 Lev_{i,t} + \gamma_6 CF_{i,t} + \\
& \gamma_7 Roe_{i,t} + \gamma_8 Growth_{i,t} + \gamma_9 Dn_{i,t} + \gamma_{10} Dir_{i,t} + \gamma_{11} Sn_{i,t} + \\
& \gamma_{12} HHI_{i,t} + \gamma_{13} RD_{i,t} + \gamma_{14} Indroa_{i,t} + \sum Year + \sum Ind + \varepsilon_{i,t}
\end{aligned} \tag{4-6}
$$

式中：KZ 指数借鉴魏志华等（2014）的研究设计为中介变量，根据公司经营性净现金流（CF）、现金股利（Div）、现金持有水平（$Cash$）、资产负债率（Lev）以及公司价值（$Tobin's\ Q$）等财务指标构建融资约束指数[①]，并按照以下步骤进行检验：

首先对模型（4-1）进行回归，在 β_1 显著的前提下，再对模型（4-5）进行检验。若 α_1 和 γ_2 均显著，表明连锁股东确实可以通过缓解融资约束进而抑制企业多元化扩张行为。此时，若 γ_1 显著（不显著），表明融资约束发挥了部分（完全）中介效应，具体检验结果见表4-14。

[①] 参考魏志华等（2014）的研究设计，融资约束指标以我国全部A股上市公司构建的 KZ 指数进行衡量，具体步骤如下：第一步，将经营性净现金流（CF）、现金持有水平（$Cash$）、现金股利（Div）、资产负债率（Lev）以及公司价值（$Tobin's\ Q$）按其中位数进行分组，若经营性净现金流小于其中位数则 KZ_1 为1，否则为0；若现金持有水平小于其中位数则 KZ_2 为1，否则为0；若现金股利小于其中位数则 KZ_3 为1，否则为0；如果资产负债率大于其中位数则 KZ_4 为1，否则为0；如果公司价值大于其中位数则 KZ_5 为1，否则为0。第二步，计算 KZ 指数，$KZ=KZ_1+KZ_2+KZ_3+KZ_4+KZ_5$。第三步，将 KZ 指数作为被解释变量，经营性净现金流（CF）、现金持有水平（$Cash$）、现金股利（Div）、资产负债率（Lev）以及公司价值（$Tobin's\ Q$）作为解释变量，并运用Logit模型进行估计，得到各变量的估计系数。第四步，运用上述估计系数，计算出每个公司的 KZ 指数，此时 KZ 指数越大，面临的融资约束越高。

表4-14　连锁股东与企业多元化：融资约束路径

变量	(1) KZ	(2) KZ	(3) KZ	(4) Divnum	(5) Diventro	(6) Divnum	(7) Diventro	(8) Divnum	(9) Diventro
LSnum	-0.087***			-0.107**	-0.025*				
	(-5.97)			(-1.98)	(-1.87)				
LScnum		-0.035***				-0.050***	-0.010**		
		(-7.53)				(-2.92)	(-2.31)		
LShhi			-0.067***					-0.165***	-0.036***
			(-4.85)					(-3.21)	(-2.87)
KZ				0.067***	0.021***	0.065***	0.021***	0.066***	0.021***
				(2.66)	(3.38)	(2.59)	(3.33)	(2.64)	(3.36)
Controls	yes	yes	yes	yes	yes	yes	yes	yes	yes
Year/Ind	yes	yes	yes	yes	yes	yes	yes	yes	yes
Constant	-1.951***	-2.001***	-1.922***	-2.211***	-0.039	-2.304***	-0.053	-2.255***	-0.047
	(-22.16)	(-22.56)	(-21.92)	(-6.72)	(-0.48)	(-6.95)	(-0.64)	(-6.88)	(-0.58)
Obs	21 673	21 673	21 673	21 673	21 673	21 673	21 673	21 673	21 673
Adj_R^2	0.170	0.171	0.170	0.150	0.103	0.150	0.103	0.150	0.103

注：***、**、*分别代表1%、5%、10%的水平上通过显著性检验，括号内为相应系数t值，Controls为控制变量，与模型（4-1）一致。

表4-14为融资约束路径的检验结果，从中可以看出，第（1）至（3）列连锁股东（LS）系数 α_1 均在1%水平上显著为负，表明连锁股东的存在可以有效缓解企业融资约束；第（4）至（9）列连锁股东（LS）系数 γ_1 显著为负，KZ 系数 γ_2 显著为正，表明连锁股东可以通过缓解企业融资约束来降低企业进行多元化经营的动机。根据中介效应模型（温忠麟，2004），这一结果表明缓解融资约束是连锁股东影响企业多元化经营的部分中介因子。其中，缓解融资约束的中介效应占总效应的比重分别为5.20%［（−0.087）×0.067/（−0.112）（$LSnum$-$Divnum$）］、4.38%［（−0.035）×0.065/（−0.052）（$LScnum$-$Divnum$）］、2.61%［（−0.067）×0.066/（−0.169）（$LShhi$-$Divnum$）］、1.63%［（−0.087）×0.021/（−0.112）（$LSnum$-$Divnum$）］、1.41%［（−0.035）×0.021/（−0.052）（$LScnum$-$Divnum$）］、0.83%［（−0.067）×0.021/（−0.169）（$LShhi$-$Divnum$）］，各指标的中介效应比重的平均值为2.68%。

我国正面临百年未有之大变局，面对各种压力，企业唯有自主创新才能有所突破，建立行业优势。企业创新的特点为失败风险高、变现周期长，这使很多企业望而却步，因此寻求战略同盟便成为企业实现产品创新的快速通道。行业发展瓶颈和企业创新匮乏是企业拓宽经营范围、寻求新盈利点的重要原因，而企业多元化经营对实业创新具有一定的挤出作用，因此便进入了一种恶性循环，使企业无法继续提升主营业务优势。连锁股东的介入破除了"同业相仇"的约束，降低了行业间的技术壁垒，在一定程度上促进了专利的分享与联合开发。另外，连锁股东带来的资源效应缓解了企业资金问题，为企业提供了创新驱动力（严苏艳，2019）。为检验主业创新的机制路径，本书将上述模型的中介变量替代为主业创新（$zycx$），衡量方法为企业关于主营业务所申请的专利数量，结果见表4-15。第（1）至（3）列连锁股东（*LS*）系数 α_1 均在 1% 水平上显著为正，表明连锁股东的存在可以有效增加企业主业创新；第（4）至（9）列连锁股东（*LS*）系数 γ_1 显著为负，*KZ* 系数 γ_2 显著为负，表明连锁股东可以通过增加主业创新水平来降低企业进行多元化经营的动机。根据中介效应模型（温忠麟，2004），这一结果表明增加主业创新水平是连锁股东影响企业多元化经营的部分中介因子。其中，增加主业创新的中介效应占总效应的比重分别为 11.20% ［（0.197×（−0.064）/（−0.112）（*LSnum-Divnum*）］、11.40% ［0.093×（−0.064）/（−0.052）（*LScnum − Divnum*）］、7.80% ［0.206×（−0.064）/（−0.169）（*LShhi − Divnum*）］、8.02% ［0.197×（−0.011）/（−0.027）（*LSnum-Diventro*）］、10.23% ［0.093×（−0.011）/（−0.010）（*LScnum − Diventro*）］、5.96% ［0.206×（−0.011）/（−0.038）（*LShhi − Diventro*）］，各指标的中介效应比重的平均值为 9.10%。

4.6.2　治理效应路径（代理成本）

代理问题自提出以来，得到了世界范围内的广泛关注，尤其是新兴市场，代理问题更为突出。一般而言，代理问题可以分为两类：一是管理层与股东之间的代理问题；二是大股东与小股东之间的代理问题。两权分离以来，第一类代理问题初见端倪，并随后演化为企业重要的公司治理话题，然而股权过于集中，亦会导致控股股东掏空企业损害中小股东利益的行为。多元化经营可能成为管理层获取私人收益的"温床"，亦可能是大股东侵占中小股东利益的通道。根据前文提及的连锁股东具有一定的治理效应，可以有效抑制管理层的代理问题，本书认为提高公司治理水平是连锁股东影响多元化经营的另一作用路径。将上述模型的中介变量替代为第一类代理成本在职消费［*Perk*1，借鉴权小锋等（2010）、王化成等（2019）将管理费用扣除

表4-15

连锁股东与企业多元化：主业创新路径

变量	(1)	(2)	(3)	(4)	(5)	(6)	(7)	(8)	(9)
	zyrd	zyrd	zyrd	Divnum	Diventro	Divnum	Diventro	Divnum	Diventro
LSnum	0.197***			-0.100*	-0.025*				
	(3.78)			(-1.78)	(-1.78)				
LScnum		0.093***				-0.047**	-0.010**		
		(5.03)				(-2.56)	(-2.14)		
LShhi			0.206***					-0.156***	-0.036***
			(4.11)					(-3.03)	(-2.80)
zyrd				-0.064***	-0.011***	-0.063***	-0.011***	-0.063***	-0.011***
				(-8.26)	(-5.73)	(-8.20)	(-5.69)	(-8.22)	(-5.70)
Controls	yes	yes	yes	yes	yes	yes	yes	yes	yes
Year/Ind	yes	yes	yes	yes	yes	yes	yes	yes	yes
Constant	-7.230***	-7.063***	-7.245***	-2.801***	-0.161*	-2.880***	-0.172**	-2.840***	-0.168**
	(-22.56)	(-21.95)	(-22.59)	(-8.12)	(-1.94)	(-8.30)	(-2.07)	(-8.23)	(-2.04)
Obs	21 673	21 673	21 673	21 673	21 673	21 673	21 673	21 673	21 673
Adj_R^2	0.241	0.241	0.241	0.152	0.104	0.153	0.104	0.153	0.104

注：***、**、*分别代表1%、5%、10%的水平上通过显著性检验，括号内为相应系数 t 值，Controls 为控制变量，与模型（4-1）一致。

董事、高管、监事的薪酬和无形资产摊销等明显不属于在职消费项目后的剩余金额为管理者在职消费总额，并取其对数进行标准化处理]，借鉴朱春艳等（2017）将第二类代理成本（Perk2）定义为其他应收款除以期末资产总额，以此来确定大股东占款行为，其他控制变量与前文模型一致不再重复赘述，具体结果见表4-16和表4-17。

前文分析表明企业管理层具有为自身谋取在职消费等私利行为或规避职务解约风险动机，且通过多元化经营来预防企业破产及退出风险，而连锁股东建立了完善的内控机制及监督体系来改善企业治理效率，抑制管理层在职消费的动机，从而达到优化多元化经营的目的。为验证此推断，本书以在职消费（Perk1）、大股东占款（Perk2）为公司治理中介变量，检验连锁股东能否通过此渠道对企业多元化经营产生影响。从表4-16中可以看出，第（1）至（3）列连锁股东（LS）系数 α_1 在1%和5%水平上显著为负，说明连锁股东抑制了管理层的在职消费；第（4）至（9）列连锁股东（LS）系数显著为负，在职消费（Perk1）系数显著为正，说明连锁股东抑制管理层在职消费而发挥治理效应，进而降低企业多元化经营程度，同时表明抑制代理成本中的两类代理问题均是连锁股东影响企业多元化经营的部分中介因子。其中，第一类代理成本的中介效应占总效应的比重分别为12.89%［（-0.238）×0.051/（-0.112）（LSnum-Divnum）］、16.67%［（-0.170）×0.051/（-0.052）（LScnum-Divnum）］、18.70%［（-0.127）×0.051/（-0.169）（LShhi-Divnum）］、9.70%［（-0.238）×0.011/（-0.027）（LSnum-Diventro）］、10.23%［（-0.170）×0.011/（-0.010）（LScnum-Diventro）］、6.66%［（-0.127）×0.011/（-0.038）（LShhi-Diventro）］，各指标的

表 4-16　　连锁股东与企业多元化：公司治理路径（第一类代理成本）

变量	(1) Perk1	(2) Perk1	(3) Perk1	(4) Divnum	(5) Diventro	(6) Divnum	(7) Diventro	(8) Divnum	(9) Diventro
LSnum	-0.238***			-0.100*	-0.024*				
	(-3.68)			(-1.86)	(-1.80)				
LScnum		-0.170***				-0.044**	-0.009**		
		(-8.25)				(-2.55)	(-2.03)		
LShhi			-0.127**					-0.163***	-0.036***
			(-2.06)					(-3.18)	(-2.87)
Perk1				0.051***	0.011***	0.051***	0.011***	0.051***	0.011***
				(9.09)	(8.12)	(8.98)	(8.04)	(9.09)	(8.13)
Controls	yes	yes	yes	yes	yes	yes	yes	yes	yes
Year/Ind	yes	yes	yes	yes	yes	yes	yes	yes	yes
Constant	1.628***	1.191***	1.763***	-2.425***	-0.098	-2.495***	-0.108	-2.473***	-0.107
	(4.16)	(3.03)	(4.53)	(-7.46)	(-1.22)	(-7.62)	(-1.33)	(-7.64)	(-1.34)
Obs	21 673	21 673	21 673	21 673	21 673	21 673	21 673	21 673	21 673
Adj_R^2	0.264	0.266	0.264	0.153	0.105	0.153	0.105	0.153	0.105

注：***、**、*分别代表1%、5%、10%的水平上通过显著性检验，括号内为相应系数 t 值，Controls 为控制变量，与模型（4-1）一致。

表4-17　连锁股东与企业多元化：公司治理路径（第二类代理成本）

变量	(1) Perk2	(2) Perk2	(3) Perk2	(4) Divnum	(5) Diventro	(6) Divnum	(7) Diventro	(8) Divnum	(9) Diventro
LSnum	-0.003***			-0.095*	-0.022*				
	(-3.79)			(-1.84)	(-1.71)				
LScnum		-0.001***				-0.057***	-0.011***		
		(-3.21)				(-3.29)	(-2.61)		
LShhi			-0.003***					-0.179***	-0.039***
			(-4.01)					(-3.50)	(-3.07)
Perk2				4.583***	1.031***	4.573***	1.030***	4.562***	1.027***
				(10.73)	(9.62)	(10.71)	(9.61)	(10.69)	(9.58)
Controls	yes	yes	yes	yes	yes	yes	yes	yes	yes
YearInd	yes	yes	yes	yes	yes	yes	yes	yes	yes
Constant	0.044***	0.044***	0.044***	-2.530***	-0.162**	-2.648***	-0.182**	-2.594***	-0.175**
	(8.84)	(8.78)	(8.96)	(-8.10)	(-2.07)	(-8.43)	(-2.31)	(-8.35)	(-2.24)
Obs	21 633	21 633	21 633	21 633	21 633	21 633	21 633	21 633	21 633
Adj_R^2	0.094	0.094	0.094	0.155	0.102	0.155	0.102	0.155	0.102

注：***、**、*分别代表1%、5%、10%的水平上通过显著性检验，括号内为相应系数 t 值，Controls 为控制变量，与模型（4-1）一致。

中介效应比重的平均值为12.48%。从表4-17中可以发现，第二类代理成本（*Perk*2）亦是连锁股东影响多元化经营的路径之一，其中介效应占总效应的比重分别为12.28%〔（−0.003）×4.583/（−0.112）（*LSnum−Divnum*）〕、8.79%〔（−0.001）×4.573/（−0.052）（*LScnum−Divnum*）〕、8.10%〔（−0.003）×4.562/（−0.169）（*LShhi−Divnum*）〕、11.46%〔（−0.003）×1.031/（−0.027）（*LSnum−Diventro*）〕、10.30%〔（−0.001）×1.030/（−0.010）（*LScnum−Diventro*）〕、8.11%〔（−0.003）×1.027/（−0.038）（*LShhi−Diventro*）〕，各指标的中介效应比重的平均值为9.84%。

4.6.3　信息效应路径（股价同步性）

资本市场的主要功能是通过股价来反映企业价值，进而实现资源的最优配置。在成熟的资本市场中，股票价格是反映企业价值最直接有效的工具，并且股价里面包含了企业各类有利和不利信息。同时，股价信息承载能力亦是反映一个国家资本市场健康与否的"晴雨表"。相比而言，新兴国家的资本市场中含有较大的信息"噪声"，使股价总是偏离企业真实价值，因此，资本市场"同涨同跌"已然成为普遍现象，这就反映了资本市场具有较高的股价同步性。股价同步性是当前财务领域的研究热点问题。党的十九大报告中明确提出，我国金融发展主要方向是防范金融风险，服务实体经济。只有股价信息含量与企业实际价值趋于一致，才能最大限度地发挥其资本市场功能，防止金融泡沫发生。股价同步性是指个股股价波动与整个资本市场波动的一致性，并且当前学术界已经将股价同步性作为企业股价信息含量的主要替代指标。根据现有研究，我国当前的股价同步性水平处于高位，随波逐流的股价给整个资本市场带来了巨大的震荡，其主要原因是个股信息含量融入股价水平较低，导致资本市场信息不对称程度增加，损害了资本市场的资源配置能力（黄俊、郭照蕊，2014）。连锁股东通过提高信息质量与减少同行之间的竞争，以提高会计信息的可比性（周微等，2021）。连锁股东通过委派董事参与企业治理的同时，也给企业传递了较多的行业信息与治理经验，从而弱化了管理层因缺失决策关键信息而导致的风险规避倾向，进而提升企业风险承担水平（杜善重等，2022）。企业股东之间实现联结的重要前提是要对联结企业特质信息进行深度挖掘，这样才能保证投资的安全性与必要性，因此，连锁股东相互之间存在着大量信息的交换。企业的信息透明度提高之后，企业在融资方面亦会获益。另外，由于信息的有效性，使企业代理问题也随之减少。因此，企业信息透明度会在一定程度上抑制多元化经营程度。本书认为股价信息含量是连锁股东影响企业多元化的途径之一。关于股价同步性的衡量方法，本书参照 Roll（1988）、朱红军（2007）的研究，利用模型（4-7）求出拟合系数 R^2，并经调整后，计算出股价同步性指标。

$$R_{i,\,t} = \alpha + \beta \times R_{m,\,t} + \varepsilon \qquad\qquad (4\text{-}7)$$

在模型（4-7）中，R_{it} 和 R_{mt} 分别为股票 i 在第 t 周考虑现金红利再投资的收益率与 A 股所有股票在第 t 周经过流通市值加权的平均收益率，其中沪市和深市的市场收益率分别用两市的综合指数收益率表示。由于我国上市公司的年度财务报告在次年的前四个月披露，为了使市场收益率与年度报告相对应，本书将每个年度的研究期间定义为该年度 5 月份第一个交易日至次年度 4 月份最后一个交易日。模型中 R^2 的经济含义是个别公司的股票价格的变动能够被市场波动所解释的部分。因此，R^2 越大，表明公司股票价格包含了较少公司层面的信息导致同步性较大。由于 R^2 的取值区间为（0，1），不符合最小二乘法的回归要求，为此，本书将 R^2 按模型（4-8）进行处理求得股价同步性指标。

$$SYN_i = \ln\left(\frac{R_i^2}{1 - R_i^2}\right) \tag{4-8}$$

表4-18为信息路径的检验结果，前文分析表明连锁股东所构建的组织可以为企业分享行业信息或者治理经验，而行业信息透明度的提高也表明每个企业具有独特的信息披露机制，那么，股价更加可以反映企业真实价值，从而达到优化多元化经营的目的。从表4-18中可以看出，第（1）至（3）列连锁股东（LS）系数 α_1 均在1%水平上显著为负，说明连锁股东抑制了股价同步性；第（4）至（9）列连锁股东（LS）系数显著为负，股价同步性（SY）系数显著为正，说明连锁股东通过抑制股价同步性而发挥信息效应，进而降低企业多元化经营程度，同时表明股价同步性是连锁股东影响企业多元化经营的部分中介因子。其中，股价同步性的中介效应占总效应的比重分别为2.39%〔（-0.107）×0.025/（-0.112）（$LSnum - Divnum$）〕、1.59%〔（-0.033）×0.025/（-0.052）（$LScnum - Divnum$）〕、1.23%〔（-0.083）×0.025/（-0.169）（$LShhi - Divnum$）〕、1.98%〔（-0.107）×0.005/（-0.027）（$LSnum - Diventro$）〕、1.65%〔（-0.033）×0.005/（-0.010）（$LScnum - Diventro$）〕、1.10%〔（-0.083）×0.005/（-0.038）（$LShhi - Diventro$）〕，各指标的中介效应比重的平均值为1.66%。

通过对资源效应、治理效应、信息效应的中介机制检验发现，资源效应总占比为11.78%（其中融资约束2.68%、主业创新9.10%）；治理效应总占比为22.32%（其中第一类代理成本12.48%、第二类代理成本9.84%）；信息效应总占比为1.66%。从检验结果来看，治理效应占据主导中介作用，其次是资源效应，最后是信息效应。具体的传导机制，如图4-2所示。

表4-18　连锁股东与企业多元化：信息路径（股价同步性）

变量	(1) SY	(2) SY	(3) SY	(4) Divnum	(5) Diventro	(6) Divnum	(7) Diventro	(8) Divnum	(9) Diventro
LSnum	-0.107***			-0.099*	-0.024*				
	(-3.45)			(-1.79)	(-1.73)				
LScnum		-0.033***				-0.058***	-0.012**		
		(-3.33)				(-3.15)	(-2.57)		
LShhi			-0.083***					-0.188***	-0.042***
			(-2.79)					(-3.60)	(-3.19)
SY				0.025**	0.005*	0.025**	0.005*	0.025**	0.005*
				(2.21)	(1.77)	(2.19)	(1.75)	(2.19)	(1.76)
Controls	yes	yes	yes	yes	yes	yes	yes	yes	yes
Year/Ind	yes	yes	yes	yes	yes	yes	yes	yes	yes
Constant	-2.530***	-2.543***	-2.490***	-2.260***	-0.110	-2.380***	-0.131	-2.329***	-0.124
	(-13.10)	(-13.12)	(-12.99)	(-6.92)	(-1.37)	(-7.24)	(-1.61)	(-7.11)	(-1.54)
Obs	21 370	21 370	21 370	21 370	21 370	21 370	21 370	21 370	21 370
Adj_R^2	0.319	0.319	0.319	0.152	0.100	0.152	0.100	0.152	0.100

注：***、**、*分别代表1%、5%、10%的水平上通过显著性检验，括号内为相应系数 t 值，Controls 为控制变量，与模型（4-1）一致。

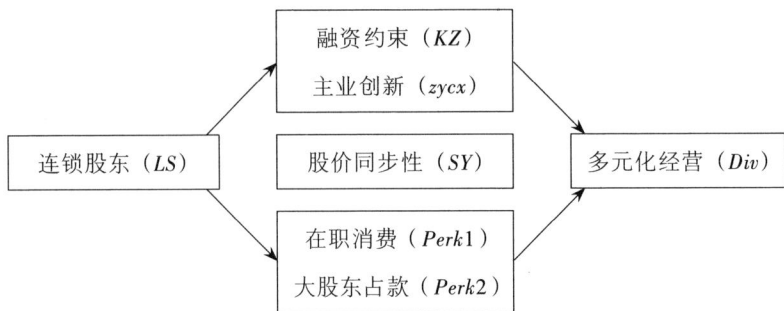

图 4-2 中介效应路径图

4.7 本章小结

本章以2007—2019年沪深两市A股上市公司为研究样本，基于多元化经营的动机理论，从"归核效应"和"扩张效应"两个视角考察了连锁股东对多元化经营程度的影响。经验证据表明：（1）总体来看，连锁股东可以有效降低企业多元化经营程度及跨行业经营数目，主要表现为"归核效应"，即连锁股东数量越多、持股公司数量越多以及市场势力（连锁股东联结的"质"和"量"）越大，对多元化抑制效果越显著，且这一效应在经过DID、PSM-DID、Heckman内生性检验以及替换衡量指标等系列稳健性检验之后依旧保持不变；（2）为进一步剖析连锁股东影响企业多元化经营的具体路径，本书对连锁股东之于多元化经营进行机制纵深检验，表明连锁股东主要通过缓解融资约束来替代内部资本市场，增加主业创新水平提升产品核心竞争力，提高公司治理水平缓解代理冲突以及降低股价同步性提升信息透明度三条作用途径，对企业多元化经营产生抑制作用。

本章的政策含义在于：当前我国上市公司面临着严重的融资约束

问题以及内部代理问题，从而引发企业多元化经营行为，损害企业价值。连锁股东通过丰富的融资渠道以及委派董事进行内部治理监督有效地缓解融资约束与抑制代理问题，在一定程度上促进了企业向主业靠拢。我国目前实业发展受阻，"脱实向虚"盛行，其重要原因就是主业发展缺乏动力，创新投入不足。我国当前正处于经济转轨的关键阶段，"聚焦特色，深耕主业"是当下企业高质量发展的内在需求，面对百年未有之大变局以及疫情的冲击，企业一方面要加强关联股东之间的战略合作，确定主攻方向，并加大主业创新投入力度，提升企业核心竞争优势；另一方面要积极剥离非相关业务，收缩战线，瘦身精简，在细分市场中实现主业聚焦。此外，我国面临多元化经营高发的现状，厘清其作用原理尤为重要。从本章的机制检验可以发现，资源、信息、公司治理是企业聚焦主业的重要动因，这就提示我们在多元化实践中，应当重视资源配置效率、信息顺畅性以及公司治理水平来发展企业核心业务。

第 5 章

连锁股东与企业多元化经营：连锁股东异质性检验

5.1 引言

古典经济学的推行假设是资本市场中均为理性的参与者，企业行为决策同样需要忽略个体层面等异质因素（Weintraub，2002）。委托代理理论则认为由于每个人的需求不同、价值观有别，导致个体经历会出现差异，并且对于努力的认知程度亦不相同（Bamber and Jiang，2010）。从心理学的现有研究来看，每个人都是"个性的"，这是因为个人在特殊的工作与生活经历中形成了鲜明的沟通模式，并且会对之后的工作决策产生一定的影响。拓展至公司管理领域，有关个体特征对公司财务的影响已经取得较多的研究成果。高层梯队理论认为由于外部环境的不确定性，企业管理层无法对所有问题均产生有效认知，因此，管理层需要拥有差异化的个人能力和背景，这些异质的个体特征与企业价值息息相关，也能更为全面地解释组织财务决策和业绩表现（Hambrick and Mason，1984）。随后，高层梯队理论具有了更广阔的应用范围，Jensen 和 Zajac（2004）、Malmendier 和 Nagel（2008）研究认为公司战略选择在一定程度上取决于管理人员生活和职业经历，比如经历经济危机的管理层的日后工作态度与战略选择可能更为保守。Bamber 和 Jiang（2010）通过对企业的披露信息研究发现，管理层个人特征（学历背景、性别等）对披露质量产生了重要影响。同时，Ge 等（2008）也研究发现财务总监的个人风格在信息披露中起到了重要作用，但其他的人口统计学特征对财务报告的影响并不显著。在考察股东或组织的背景及经历时，是否具有金融行业涉入十分重要。具有金融背景的连锁股东在融资方面较不具有金融背景的连锁股东更有优势，他们可以利用自己的"圈子"为企业搭建资源获取通道。具有金融行业经历的股东对于金融机构所需要的信息甚为了解，有助于迅速达成信贷协定，故而降低了企业融资难度与融资成本。另外，是否委派董事也是连锁股东的重要特征表现。外派董事作为企业间沟通交流的"桥梁"，连锁股东通过派驻董事来影响企业投融资决策，为企业注入新的信息与资源动力，这也是实现治理协同的必要路径。根据高层梯队理论和资源组合理论的形成原理可知，股东监督治理以及资源引入能力必然受到股东自身认知风格和价值理念的影响。本章正是从这个角度出发，考察连锁股东的金融背景、股权性质以及委派董事意愿等个人特征对企业多元化经营的影响。

5.2　理论分析与研究假设

5.2.1　金融背景、连锁股东与企业多元化经营

金融行业相较其他行业而言具有特殊的资本市场表现，其从业人员亦成为资本游戏的"操盘手"，承受极高的行业压力。从远期影响来看，这种"金钱压力测试"成为金融从业者深刻的工作记忆，并对后期职业产生深远的影响，而此现象与烙印理论非常契合。因此，本书结合烙印理论来考察连锁股东金融背景是否会对企业多元化经营产生影响。烙印理论认为当人们处在一定的环境中，会对该环境产生意识印记以应对外部环境变化，并随之产生远期惯性以至于对行为产生持续影响（Marquis and Tilcsik，2013）。早期烙印理论产生于组织成立与发展过程中，各种组织行为会产生不可消失的印记。组织印记分为三个阶段，即敏感期、匹配期、持续期，即便后来环境发生突变，这种印记依然得到保存（Calori et al.，1997；Greenwood et al.，2010）。随着组织烙印的发展，近年来的研究已经转移至个体烙印，Mathias 等（2015）研究发现管理层的早期创业印记持续影响企业后续财务决

策。Davidge（2016）研究发现从政官员的体制内从业经历会导致其后期创业更倾向于在金融、房产业务中谋取利益。杜勇等（2018）基于烙印理论研究发现海外留学经历尤其是英美法归国的管理层可以有效抑制企业盈余管理行为，这种海外经历烙印亦为国家引入留学人才提供了理论借鉴。可以发现，烙印理论分为组织烙印与个人烙印，组织烙印较为牢固且很难发生改变，而个人通过不断积累，烙印亦在发展变化与动态调整（Mathias et al.，2015）。对个人印记影响最深的莫过于"金钱"，金融行业有着特殊的从业环境，在此情境中有过该经历的个人会对资本有着深刻的理解与特殊印记，外加金融行业激烈的竞争环境，使这种印记更为"难忘"。本书认为连锁股东的金融背景会给组织或个人带来烙印，这种"印记"会使其产生与金融行业相匹配的认知和能力，并进而影响企业多元化投资策略。

具体而言，首先，具有金融背景的连锁股东在融资方面较不具有金融背景的连锁股东更有优势，他们可以利用自己的"圈子"为企业搭建资源获取通道。具有金融行业经历的股东对于金融机构所需要的信息甚为了解，有助于快速达成信贷协定，故而降低了企业融资难度与融资成本（邓建平、曾勇，2011），即具备金融背景的连锁股东可以有效解决企业融资难的问题，进而抑制企业基于融资动机而进行多元化经营行为。换言之，具有金融背景的连锁股东更会凸显对内部资本市场融资的替代性作用。其次，相较于没有金融背景的连锁股东，具有金融背景的连锁股东因金融背景具有更高的信息处理能力、机会筛选能力和资本运作能力，这些能力可以帮助股东更好地监督和指导管理层完成多元化战略的取舍。当股东获取了一定的行业经验和专业技能后，后期在甄别处理该类信息方面可以有效降低决策中的信息获取分析成本，同时提高决策效率。在风云莫测的资本市场中，金融背景傍身的连锁股东凭借专业与信息优势有利于充分把握优质投资机会，提升投资效率。最后，具有金融背景的连锁股东可以有效优化企业现金持有行为（邓建平、陈爱华，2017），源自其宽阔的融资渠道，降低了企业的现金持有量，从而抑制了因预防动机产生的代理成本，亦可替代融资受限而转向多元化经营的扩张行为。

基于此，本书提出如下假设：

H5-1：与不具有金融背景的连锁股东相比，具有金融背景的连锁股东更有助于抑制企业多元化经营。

5.2.2 股权性质、连锁股东与企业多元化经营

股东异质性①是客观存在的，不同的大股东其利益诉求亦不相同（余怒涛等，2021）。根据现有文献，对股东异质性的研究可以分为三类：一是内部垂直型股东与外部股东的差异；二是控股股东与中小股东的差异；三是产权属性的差异。不同于西方国家，我国制度背景下存在一股独大的现象。股东的异质性会导致企业具有不同的风险承担水平，因而其利益诉求亦不相同。股东如果没有契约式的股权与利益分配机制，也就不会产生现代的公司制体系，更会导致企业经营混乱，甚至造成整个资本市场秩序紊乱。科学合理的利益分享机制以企业承担的资本成本为准绳，以改善财务决策水平为宗旨。鉴于我国特有的政治经济体制，组织行为研究必然需要考虑产权属性。不同股权性质的股东存在显著的资源禀赋差异，与非国有股东相比，国有股东的资产体量较大，具有良好的政缘关系，且往往是关系国计民生的行业，因而更容易获得银行等金融机构的信贷资金（杜勇等，2017；彭俞超等，2018）。我国市场经济环境下，银行等金融机构常常表现出"嫌贫爱富"的特征，非国有企业难以从银行获取所需要的信贷资金。

---

① 本节的股东异质性为连锁股东异质性，区别于第6章中的企业本身的产权属性差异。

当连锁股东存在国有股权性质时，企业之间通过股东进行联结，能够有效调节缔结企业之间的资金余缺，实现资源互享，满足企业资金、资源等成长性需求，但由于其特殊的股东背景，在给予资源的同时亦传送了许多政策性负担，因此其对于降低企业多元化程度是无益的。另外，国有企业"一股独大"及其所有者缺位引致的"内部人控制"现象较为明显，尽管国企股东具有明显的资源效应，但国企高管在追求政治晋升与规避经营风险之间存在明显的"急于表现"或"不作为"现象（金宇超等，2016）。因此，国企股东不能很好地运用资源优势为企业谋取便利，同时与非国有股东相比缺乏监督治理效应。当连锁股东为非国有企业时，一方面可以共享融资平台，缓解融资约束，另一方面亦传递了丰富的行业经验及供产销链条，更重要的是非国有企业委派董事少有政治晋升动机，因此其治理功能发挥更显著。简而言之，当连锁股东中存在非国企时，企业将拥有更显著的资源和信息优势，更能发挥企业间的连锁作用。因此，本书认为当连锁股东中存在非国企时，更有助于发挥"归核效应"，降低企业多元化经营程度。

基于此，本书提出如下假设：

H5-2：存在非国有性质的连锁股东对企业多元化经营的抑制效应更明显。

5.2.3 委派董事、连锁股东与企业多元化经营

董事会是企业的首脑部门，也是企业公司治理、经营决策的中枢机构。董事会的主要职责是拟定公司发展战略、评价管理层业绩以及保障全体股东利益（Raheja，2005）。董事通过董事会提案以及监督管理层是实现其治理功能的主要途径。为了能够对企业的经营管理实现有效监管，参股企业派驻董事下沉企业担任职务已属常态（Yeh and Woidtke，2005）。国内研究者从董事会投票制度入手，实

证考察了董事的个体特征，诸如市场声誉、职业经历及社会关系与企业行为的关系（叶康涛等，2011；祝继高等，2015；杜兴强等，2017）。为了维护自身声誉和既得利益，董事有动机在董事会议中对损害企业利益的行为说"不"（Jiang et al.，2015）。从公司的整体特质而言，董事投反对票在公司治理中发挥了重要作用。董事投反对票主要集中在规模小、偿债能力差等中小型企业（Ma and Khanna，2016；Tang et al.，2013）。现有研究表明，董事在董事会议中提案所提出的反对意见可以在一定程度上抑制管理层代理动机，改善企业治理结构，同时进一步提升了企业价值（叶康涛等，2011）。作为上市公司股东，选举和委派董事是其重要的权力（Cai et al.，2009；Fos and Tsoutsoura，2014；Fos et al.，2017）。根据高管权力理论，高管通过制定差异性薪酬来获得个人私利，当企业存在外派董事且不在该组织内领取薪酬时，这种薪酬差异可以得到有效缓解（Chen，2014）。此外，陈胜蓝等（2014）研究发现控股股东的委派董事行为通过发挥治理作用降低了管理层的盈余管理。通过委派董事不一定就会实现治理协同，潘越等（2020）研究发现连锁股东通过委派董事降低了管理层股权激励，从而抑制了企业的投资效率。综上，通过委派董事确实可以改变企业的治理行为与财务表现。董事会作为企业经营决策的常设机构，为了加强对企业的监督权，委派董事列席董事会已经成为连锁股东常见的治理手段，并且本书所界定的连锁股东股权比例均在企业十大股东之列，因此完全具备委派董事参与事务治理的条件。根据现有研究，委派董事已经成为连锁股东实现公司控制的重要形式之一（程敏英、魏明海，2013；陈德球等，2013；姜付秀等，2017）。外派董事作为企业间沟通交流的"桥梁"，连锁股东通过委派董事可以直接参与企业投融资决策，也能为企业注入新的信息与资源动力，同时加大了对企业其他股东及管理层的监管力度。企业通过接收委派董事的方法，提升了企业信息透明度，同时在一定程度上缓解了管理层的代理问题。因此，存在连锁股东委派董事的企业，其"归核效应"更明显。

基于此，本书提出如下假设：

H5-3：存在委派董事的连锁股东对企业多元化经营的抑制效应更明显。

5.3 实证检验结果与分析

5.3.1 股东异质性变量定义

5.3.1.1 连锁股东金融背景（*LS_finance*）

根据股东的类型进行判断，当股东为银行、证券机构等金融部门时，则判定其具有金融背景，取值为1，否则，取值为0。

5.3.1.2 连锁股东股权性质（*LS_state*）

首先对股东的股权性质是否为国企进行判断，然后判断企业所拥有的连锁股东中是否为国企性质，如果企业连锁股东中存在国企，则判定其具有国企性质，取值为1，否则，取值为0。

5.3.1.3 连锁股东委派董事（*LS_WP*）

本书借鉴蔡贵龙等（2018）的研究，手工整理了样本期间连锁股东向上市公司委派董事的数量，如果企业连锁股东中存在委派董事，则取值为1，否则，取值为0。

5.3.2 多元回归分析

表5-1为连锁股东是否具有金融背景对企业多元化经营的影响，其中，第（1）至（6）列为连锁股东具有金融背景的样本，第（7）

至（12）列为连锁股东不具有金融背景的样本。从结果可以看出，相比无金融背景的连锁股东，具备金融背景的连锁股东对企业多元化的抑制作用更大［第（1）至（6）列中 *LS* 的回归系数均显著为负，第（7）至（12）列中 *LS* 的回归系数虽为负但不显著］。这表明，具备金融背景的连锁股东表现出更强的资源效应、信息效应和治理效应，有助于企业因融资困境而进行多元化经营的动机，亦能增强对管理层的监督管理，降低管理层基于自利行为而进行多元化经营的动机，进而有助于企业产生更强的"归核效应"，即 H5-1 成立。

表 5-1　　　　　　　　金融背景、连锁股东与多元化经营

变量名	（1）	（2）	（3）	（4）	（5）	（6）
	有金融背景					
	Divnum	*Diventro*	*Divnum*	*Diventro*	*Divnum*	*Diventro*
LSnum	−0.244**	−0.074**				
	(−2.26)	(−2.69)				
LScnum			−0.101**	−0.027**		
			(−2.56)	(−2.78)		
LShhi					−0.493***	−0.123***
					(−2.63)	(−2.58)
Controls	yes	yes	yes	yes	yes	yes
Ind	yes	yes	yes	yes	yes	yes
Year	yes	yes	yes	yes	yes	yes
Constant	−4.012***	−0.444**	−4.083***	−0.454**	−3.996***	−0.427
	(−3.69)	(−2.27)	(−3.75)	(−2.36)	(−3.33)	(−1.39)
Obs	1 644	1 644	1 644	1 644	1 644	1 644
Adj_R^2	0.223	0.175	0.223	0.175	0.225	0.176

变量名	（7）	（8）	（9）	（10）	（11）	（12）
	无金融背景					
	Divnum	*Diventro*	*Divnum*	*Diventro*	*Divnum*	*Diventro*
LSnum	−0.070	−0.016				
	（−1.21）	（−1.15）				
LScnum			−0.042	−0.008		
			（−1.18）	（−0.75）		
LShhi					−0.127	−0.028
					（−1.57）	（−1.09）
Controls	yes	yes	yes	yes	yes	yes
Ind	yes	yes	yes	yes	yes	yes
Year	yes	yes	yes	yes	yes	yes
Constant	−2.011***	−0.017	−2.108	−0.033	−2.062	−0.027
	（−5.91）	（−0.20）	（−1.53）	（−0.13）	（−1.48）	（−0.10）
Obs	19 584	19 584	19 584	19 584	19 584	19 584
*Adj_R*²	0.153	0.106	0.153	0.106	0.153	0.106

注：***、**、*分别代表1%、5%、10%的水平上通过显著性检验，括号内为相应系数 *t* 值，*Controls* 为控制变量，与模型（4-1）一致。

表5-2为连锁股东是否具有国企背景对企业多元化经营的影响，其中，第（1）至（6）列为连锁股东具有国企背景的样本，第（7）至（12）列为连锁股东没有国企背景的样本。从结果可以看出，相比

国企背景的连锁股东，非国企背景的连锁股东对企业多元化经营的抑制作用更大［第（7）至（12）列中 *LS* 的回归系数均显著为负，第（1）至（6）列中 *LS* 的回归系数并不显著］。这意味着，非国企背景的连锁股东更能表现出较强的治理效应和资源信息优势，呈现更强的"归核效应"，即 H5-2 成立。

表 5-2　　　　　　　　**股权性质、连锁股东与多元化经营**

变量名	（1）	（2）	（3）	（4）	（5）	（6）
	有国企背景					
	Divnum	*Diventro*	*Divnum*	*Diventro*	*Divnum*	*Diventro*
LSnum	0.084	0.015				
	（1.23）	（0.95）				
LScnum			0.001	0.002		
			（0.04）	（0.37）		
LShhi					0.006	0.001
					（0.09）	（0.08）
Controls	yes	yes	yes	yes	yes	yes
Ind	yes	yes	yes	yes	yes	yes
Year	yes	yes	yes	yes	yes	yes
Constant	−1.982***	0.200*	−2.061***	0.192*	−2.060***	0.186*
	（−4.29）	（1.83）	（−4.43）	（1.75）	（−4.48）	（1.71）
Obs	9 696	9 696	9 696	9 696	9 696	9 696
Adj_R^2	0.170	0.122	0.170	0.122	0.170	0.122

变量名	（7）	（8）	（9）	（10）	（11）	（12）
	无国企背景					
	Divnum	*Diventro*	*Divnum*	*Diventro*	*Divnum*	*Diventro*
LSnum	−0.184*	−0.045*				
	(−1.73)	(−1.88)				
LScnum			−0.058*	−0.018***		
			(−1.79)	(−2.72)		
LShhi					−0.295***	−0.065***
					(−2.72)	(−2.84)
Controls	yes	yes	yes	yes	yes	yes
Ind	yes	yes	yes	yes	yes	yes
Year	yes	yes	yes	yes	yes	yes
Constant	−2.668***	−0.820***	−2.702***	−0.830***	−2.692***	−0.828***
	(−5.32)	(−5.17)	(−5.37)	(−5.24)	(−5.37)	(−5.22)
Obs	11 532	11 532	11 532	11 532	11 532	11 532
Adj_R^2	0.128	0.094	0.128	0.094	0.128	0.094

注：***、**、*分别代表1%、5%、10%的水平上通过显著性检验，括号内为相应系数 *t* 值，*Controls* 为控制变量，与模型（4-1）一致。

表5-3为连锁股东是否委派董事对企业多元化经营的影响，其中，第（1）至（6）列为连锁股东委派董事时对企业多元化经营的影响，第（7）至（12）列为连锁股东不委派董事时对企业多元化经营的影响。从结果可以看出，相比不委派董事的连锁股东，当连锁股东

委派董事时，对企业多元化的抑制作用更显著［第（1）至（6）列中 *LS* 的系数均显著为负，第（7）至（12）列中 *LS* 的系数虽为负但不显著］。这说明，当连锁股东委派董事时，不仅提升了企业的治理能力，更有助于连锁股东了解企业的经营决策，抑制企业无效的多元化扩张行为，同时也提升了连锁股东为企业提供资源及信息的动力，进而表现出更强的"归核效应"，即 H5-3 成立。

表5-3 委派董事、连锁股东与多元化经营

变量名	（1）	（2）	（3）	（4）	（5）	（6）
	有委派董事					
	Divnum	*Diventro*	*Divnum*	*Diventro*	*Divnum*	*Diventro*
LSnum	−0.702*	−0.206**				
	(−1.87)	(−2.16)				
LScnum			−0.262*	−0.080**		
			(−1.82)	(−2.18)		
LShhi					−1.137***	−0.253***
					(−3.01)	(−2.62)
Controls	yes	yes	yes	yes	yes	yes
Ind	yes	yes	yes	yes	yes	yes
Year	yes	yes	yes	yes	yes	yes
Constant	−15.179***	−2.958***	−15.638***	−3.105***	−16.473***	−3.207***
	(−4.30)	(−3.30)	(−4.39)	(−3.43)	(−4.65)	(−3.55)
Obs	381	381	381	381	381	381
Adj_R²	0.422	0.373	0.422	0.374	0.431	0.377

变量名	（7）	（8）	（9）	（10）	（11）	（12）
	无委派董事					
	Divnum	*Diventro*	*Divnum*	*Diventro*	*Divnum*	*Diventro*
LSnum	−0.106	−0.021				
	（−0.80）	（−0.62）				
LScnum			−0.053	−0.009		
			（−1.23）	（−0.83）		
LShhi					−0.160	−0.033
					（−1.32）	（−1.06）
Controls	yes	yes	yes	yes	yes	yes
Ind	yes	yes	yes	yes	yes	yes
Year	yes	yes	yes	yes	yes	yes
Constant	−2.328***	−0.099	−2.429***	−0.114	−2.366***	−0.108
	（−2.79）	（−0.48）	（−2.89）	（−0.55）	（−2.85）	（−0.53）
Obs	21 292	21 292	21 292	21 292	21 292	21 292
Adj_R²	0.151	0.100	0.152	0.100	0.152	0.100

注：***、**、*分别代表1%、5%、10%的水平上通过显著性检验，括号内为相应系数 *t* 值，*Controls* 为控制变量，与模型（4-1）一致。

5.4 稳健性检验

5.4.1 Heckman检验

为排除样本自选择所引起的估计偏误，本书采用Heckman检验加以解释。在第一阶段回归中，借鉴潘越等（2020）的研究，构建Probit回归模型（5-1），以考察公司上一期的财务变量和公司治理变量与其下一期是否存在连锁股东（*LSdum*）之间的相关性，具体模型如下：

$$LSdum_{i,t} = \beta_0 + \beta_j Control_{i,t-1} + \varepsilon_{i,t} \tag{5-1}$$

式中：*LSdum* 为是否存在连锁股东的虚拟变量；*Control* 为模型（4-1）中滞后一期的控制变量；ε 为残差。

之所以选择滞后一期的控制变量，主要是因为股东投资与否主要取决于企业上一期的经营状况，判断企业的财务及治理情况，在此基础上构建逆米尔斯比率（*IMR*）。在第二阶段回归中，将 *IMR* 作为控制变量加入基本回归，以纠正潜在的选择性偏差对研究结论的干扰。金融背景的回归结果见表5-4，股权性质的回归结果见表5-5，委派董事的回归结果见表5-6。从结果可以看出，即使考虑样本自选择的问题，与前文回归结果依然保持一致。

表5-4　Heckman检验：金融背景、连锁股东与多元化经营

变量名	（1）	（2）	（3）	（4）	（5）	（6）
	有金融背景					
	Divnum	*Diventro*	*Divnum*	*Diventro*	*Divnum*	*Diventro*
LSnum	−0.265**	−0.054*				
	（−2.26）	（−1.80）				
LScnum			−0.094**	−0.020*		
			（−2.28）	（−1.84）		
LShhi					−0.500**	−0.109*
					（−2.34）	（−1.96）
IMR	−0.499	−0.130	−0.530	−0.137	−0.477	−0.126
	（−0.48）	（−0.59）	（−0.51）	（−0.62）	（−0.62）	（−0.63）
Controls	yes	yes	yes	yes	yes	yes
Ind	yes	yes	yes	yes	yes	yes

变量名	（1）	（2）	（3）	（4）	（5）	（6）
	有金融背景					
	Divnum	*Diventro*	*Divnum*	*Diventro*	*Divnum*	*Diventro*
Year	yes	yes	yes	yes	yes	yes
Constant	−0.907	−0.295	−0.748	−0.264	−0.986	−0.316
	（−0.13）	（−0.21）	（−0.11）	（−0.19）	（−0.20）	（−0.24）
Obs	1 234	1 234	1 234	1 234	1 234	1 234
Adj_R²	0.227	0.127	0.227	0.128	0.229	0.129

变量名	（7）	（8）	（9）	（10）	（11）	（12）
	无金融背景					
	Divnum	*Diventro*	*Divnum*	*Diventro*	*Divnum*	*Diventro*
LSnum	−0.070	−0.017				
	（−1.17）	（−1.09）				
LScnum			−0.045	−0.009		
			（−1.13）	（−0.82）		
LShhi					−0.120	−0.027
					（−1.26）	（−1.03）
IMR	−0.879***	−0.201***	−0.877**	−0.201*	−0.882**	−0.202*
	（−3.13）	（−2.80）	（−2.31）	（−1.86）	（−2.33）	（−1.88）
Controls	yes	yes	yes	yes	yes	yes
Ind	yes	yes	yes	yes	yes	yes
Year	yes	yes	yes	yes	yes	yes
Constant	3.540*	0.760	3.413*	0.736	3.514*	0.756
	（1.91）	（1.60）	（1.97）	（1.21）	（1.96）	（1.20）
Obs	16 460	16 460	16 460	16 460	16 460	16 460
Adj_R²	0.155	0.043	0.155	0.043	0.155	0.043

注：***、**、*分别代表1%、5%、10%的水平上通过显著性检验，括号内为相应系数*t*值，*Controls*为控制变量，与模型（4-1）一致。

表 5-5　　Heckman检验：股权性质、连锁股东与多元化经营

变量名	（1）	（2）	（3）	（4）	（5）	（6）
	有国企背景					
	Divnum	*Diventro*	*Divnum*	*Diventro*	*Divnum*	*Diventro*
LSnum	0.105	0.020				
	(1.42)	(1.17)				
LScnum			0.004	0.001		
			(0.18)	(0.25)		
LShhi					0.028	0.005
					(0.41)	(0.31)
IMR	−1.287***	−0.358***	−1.283***	−0.358***	−1.282***	−0.357***
	(−2.75)	(−3.26)	(−2.74)	(−3.25)	(−2.74)	(−3.25)
Controls	yes	yes	yes	yes	yes	yes
Ind	yes	yes	yes	yes	yes	yes
Year	yes	yes	yes	yes	yes	yes
Constant	6.166**	1.926***	6.049**	1.907***	6.044**	1.903***
	(2.02)	(2.69)	(1.98)	(2.66)	(1.98)	(2.65)
Obs	8 142	8 142	8 142	8 142	8 142	8 142
Adj_R²	0.178	0.044	0.178	0.044	0.178	0.044

变量名	（7）	（8）	（9）	（10）	（11）	（12）
	无国企性质					
	Divnum	*Diventro*	*Divnum*	*Diventro*	*Divnum*	*Diventro*
LSnum	-0.197^{**}	-0.041				
	(-2.04)	(-1.55)				
LScnum			-0.065^{***}	-0.017^{**}		
			(-2.58)	(-2.44)		
LShhi					-0.242^{**}	-0.062^{**}
					(-2.03)	(-2.47)
IMR	-0.114	0.045	-0.113	0.045	0.540^{*}	0.045
	(-0.60)	(0.85)	(-0.59)	(0.86)	(1.65)	(0.87)
Controls	yes	yes	yes	yes	yes	yes
Ind	yes	yes	yes	yes	yes	yes
Year	yes	yes	yes	yes	yes	yes
Constant	-2.548^{*}	-1.573^{***}	-2.582^{*}	-1.587^{***}	-6.202^{***}	-1.585^{***}
	(-1.93)	(-4.38)	(-1.95)	(-4.42)	(-2.84)	(-4.41)
Obs	9 193	9 193	9 193	9 193	9 193	9 193
Adj_R²	0.111	0.069	0.112	0.070	0.123	0.070

注：***、**、*分别代表1%、5%、10%的水平上通过显著性检验，括号内为相应系数*t*值，*Controls*为控制变量，与模型（4-1）一致。

表5-6 Heckman检验：委派董事、连锁股东与多元化经营

变量名	（1）	（2）	（3）	（4）	（5）	（6）
	有委派董事					
	Divnum	*Diventro*	*Divnum*	*Diventro*	*Divnum*	*Diventro*
LSnum	-0.724**	-0.178*				
	（-2.04）	（-1.83）				
LScnum			-0.366***	-0.050*		
			（-2.86）	（-1.70）		
LShhi					-1.002**	-0.236**
					（-2.56）	（-2.33）
IMR		-0.032	-1.478	-0.362	-0.459	-0.022
		（-0.06）	（-1.23）	（-1.32）	（-0.22）	（-0.04）
Controls	yes	yes	yes	yes	yes	yes
Ind	yes	yes	yes	yes	yes	yes
Year	yes	yes	yes	yes	yes	yes
Constant	-9.303***	-3.623	0.000	0.969	-14.680	-4.052
	（-2.67）	（-1.03）	（0.00）	（0.50）	（-1.08）	（-1.15）
Obs	313	313	313	313	313	313
Adj_R²	0.419	0.421	0.348	0.243	0.511	0.426

变量名	（7）	（8）	（9）	（10）	（11）	（12）
	无委派董事					
	Divnum	*Diventro*	*Divnum*	*Diventro*	*Divnum*	*Diventro*
LSnum	−0.094	−0.017				
	(−1.58)	(−1.17)				
LScnum			−0.049	−0.009		
			(−1.35)	(−0.95)		
LShhi					−0.147	−0.029
					(−1.54)	(−1.26)
IMR	−1.639***	−0.397***	−1.635**	−0.396**	−1.647**	−0.399**
	(−6.54)	(−6.42)	(−2.76)	(−2.14)	(−2.80)	(−2.16)
Controls	yes	yes	yes	yes	yes	yes
Ind	yes	yes	yes	yes	yes	yes
Year	yes	yes	yes	yes	yes	yes
Constant	7.834***	1.915***	7.709**	1.892*	7.843**	1.916*
	(4.89)	(4.85)	(2.42)	(1.78)	(2.50)	(1.81)
Obs	17 381	17 381	17 381	17 381	17 381	17 381
Adj_R^2	0.151	0.044	0.151	0.044	0.151	0.044

注：***、**、*分别代表1%、5%、10%的水平上通过显著性检验，括号内为相应系数 t 值，*Controls* 为控制变量，与模型（4-1）一致。

5.4.2 考虑时变行业影响

由于煤炭、钢铁、新媒体等行业在样本期间可能具有周期性规律，加之企业多元化经营可能因各年度出台的产业及货币政策而产生迥异的变化，这些影响因子也会使投资者改变其持股选择或调仓意向。因此，这些影响因素的存在使本书的估计可能是有偏的，为了控制宏观经济政策等外界影响因素，本书借鉴潘越等（2020）的研究，在模型（4-3）的基础上进一步控制行业乘以年度的固定效应，从而尽可能地消除宏观因素对研究结果的影响。金融背景的回归结果见表5-7，股权性质的回归结果见表5-8，委派董事的回归结果见表5-9。从结果可以看出，即使考虑宏观经济政策的问题，与前文回归结果依然保持一致。

表5-7　控制行业年度：金融背景、连锁股东与多元化经营

变量名	（1）	（2）	（3）	（4）	（5）	（6）
	有金融背景					
	Divnum	*Diventro*	*Divnum*	*Diventro*	*Divnum*	*Diventro*
LSnum	−0.226*	−0.064*				
	（−1.90）	（−1.99）				
LScnum			−0.093**	−0.023*		
			（−2.19）	（−2.10）		
LShhi					−0.439**	−0.115**
					（−2.27）	（−2.27）
Controls	yes	yes	yes	yes	yes	yes
Ind	yes	yes	yes	yes	yes	yes
Year	yes	yes	yes	yes	yes	yes
Ind_Year	yes	yes	yes	yes	yes	yes

变量名	（1）	（2）	（3）	（4）	（5）	（6）
	有金融背景					
	Divnum	*Diventro*	*Divnum*	*Diventro*	*Divnum*	*Diventro*
Constant	−1.815	−0.012	−1.874	−0.018	−1.793	−0.000
	(−1.51)	(−0.04)	(−1.55)	(−0.07)	(−0.29)	(−0.00)
Obs	1 644	1 644	1 644	1 644	1 644	1 644
Adj_R^2	0.280	0.197	0.280	0.197	0.281	0.198

变量名	（7）	（8）	（9）	（10）	（11）	（12）
	无金融背景					
	Divnum	*Diventro*	*Divnum*	*Diventro*	*Divnum*	*Diventro*
LSnum	−0.087	−0.020				
	(−1.57)	(−1.40)				
LScnum			−0.053	−0.010		
			(−1.43)	(−0.96)		
LShhi					−0.136	−0.031
					(−1.57)	(−1.23)
Controls	yes	yes	yes	yes	yes	yes
Ind	yes	yes	yes	yes	yes	yes
Year	yes	yes	yes	yes	yes	yes
Ind_Year	yes	yes	yes	yes	yes	yes
Constant	−1.678***	−0.641***	−1.797	−0.661**	−1.717	−0.650**
	(−3.29)	(−4.90)	(−1.23)	(−2.30)	(−1.16)	(−2.23)
Obs	20 029	20 029	20 029	20 029	20 029	20 029
Adj_R^2	0.163	0.051	0.163	0.051	0.163	0.051

注：***、**、*分别代表1%、5%、10%的水平上通过显著性检验，括号内为相应系数*t*值，*Controls*为控制变量，与模型（4-1）一致。

表 5-8　控制行业年度：股权性质、连锁股东与多元化经营

变量名	（1）	（2）	（3）	（4）	（5）	（6）
	有国企背景					
	Divnum	Diventro	Divnum	Diventro	Divnum	Diventro
LSnum	0.082	0.014				
	（1.20）	（0.85）				
LScnum			−0.002	0.001		
			（−0.08）	（0.14）		
LShhi					0.002	−0.001
					（0.03）	（−0.04）
Controls	yes	yes	yes	yes	yes	yes
Ind	yes	yes	yes	yes	yes	yes
Year	yes	yes	yes	yes	yes	yes
Ind_Year	yes	yes	yes	yes	yes	yes
Constant	−0.489	−0.189	−0.573	−0.199	−0.565	−0.202
	（−0.64）	（−1.05）	（−0.75）	（−1.11）	（−0.75）	（−1.13）
Obs	9 696	9 696	9 696	9 696	9 696	9 696
Adj_R^2	0.181	0.049	0.181	0.049	0.181	0.049

变量名	（7）	（8）	（9）	（10）	（11）	（12）
	无国企背景					
	Divnum	Diventro	Divnum	Diventro	Divnum	Diventro
LSnum	−0.196**	−0.043*				
	（−2.26）	（−1.86）				
LScnum			−0.072***	−0.019***		
			（−3.00）	（−3.00）		

变量名	（7）	（8）	（9）	（10）	（11）	（12）
	无国企背景					
	$Divnum$	$Diventro$	$Divnum$	$Diventro$	$Divnum$	$Diventro$
$LShhi$					−0.283***	−0.065***
					（−2.60）	（−2.92）
$Controls$	yes	yes	yes	yes	yes	yes
Ind	yes	yes	yes	yes	yes	yes
$Year$	yes	yes	yes	yes	yes	yes
Ind_Year	yes	yes	yes	yes	yes	yes
$Constant$	−6.830	0.184	−6.908	0.169	−3.364	0.180
	（−1.16）	（0.12）	（−1.17）	（0.11）	（−0.00）	（0.12）
Obs	11 532	11 532	11 532	11 532	11 532	11 532
Adj_R^2	0.118	0.076	0.123	0.076	0.141	0.076

注：***、**、*分别代表1%、5%、10%的水平上通过显著性检验，括号内为相应系数 t 值，$Controls$ 为控制变量，与模型（4-1）一致。

表5-9　**控制行业年度：委派董事、连锁股东与多元化经营**

变量名	（1）	（2）	（3）	（4）	（5）	（6）
	有委派董事					
	$Divnum$	$Diventro$	$Divnum$	$Diventro$	$Divnum$	$Diventro$
$LSnum$	−1.012***	−0.193*				
	（−2.81）	（−1.92）				
$LScnum$			−0.371***	−0.062*		
			（−2.63）	（−2.07）		
$LShhi$					−1.031**	−0.219**
					（−2.39）	（−2.07）

变量名	（1）	（2）	（3）	（4）	（5）	（6）
	有委派董事					
	Divnum	*Diventro*	*Divnum*	*Diventro*	*Divnum*	*Diventro*
Controls	yes	yes	yes	yes	yes	yes
Ind	yes	yes	yes	yes	yes	yes
Year	yes	yes	yes	yes	yes	yes
Ind_Year	yes	yes	yes	yes	yes	yes
Constant	−2.184	−1.640*	0.000	−1.807**	−12.451***	−1.977**
	（−0.46）	（−1.75）	（0.00）	（−2.31）	（−3.21）	（−2.08）
Obs	381	381	381	381	381	381
Adj_R²	0.459	0.466	0.462	0.462	0.555	0.467
变量名	（7）	（8）	（9）	（10）	（11）	（12）
	无委派董事					
	Divnum	*Diventro*	*Divnum*	*Diventro*	*Divnum*	*Diventro*
LSnum	−0.104	−0.022				
	（−0.85）	（−1.63）				
LScnum			−0.057	−0.010		
			（−1.51）	（−1.17）		
LShhi					−0.157	−0.033
					（−1.65）	（−1.38）
Controls	yes	yes	yes	yes	yes	yes
Ind	yes	yes	yes	yes	yes	yes
Year	yes	yes	yes	yes	yes	yes
Ind_Year	yes	yes	yes	yes	yes	yes
Constant	−1.901	−0.644***	−2.013	−0.663**	−1.935	−0.652**
	（−1.31）	（−5.02）	（−1.41）	（−2.42）	（−1.33）	（−2.33）
Obs	21 292	21 292	21 292	21 292	21 292	21 292
Adj_R²	0.159	0.051	0.159	0.051	0.159	0.051

注：***、**、*分别代表1%、5%、10%的水平上通过显著性检验，括号内为相应系数 t 值，*Controls* 为控制变量，与模型（4-1）一致。

5.5 本章小结

连锁股东与企业多元化经营的关系除受外部制度环境的影响外，连锁股东的异质性分析亦是考虑的重要因素。本章结合连锁股东的特质，考察了连锁股东是否具有金融背景、国企背景以及是否委派董事不同情况下对企业多元化经营的影响。研究发现，在连锁股东具有金融背景、不具备国企性质以及存在委派董事的情况下，对企业多元化经营的影响更大，"归核效应"更显著。具有金融背景的连锁股东在融资渠道方面具有先天优势，在一定程度上缓解了因融资动机而扩张经营的行为。引入国企背景的连锁股东亦附带了一定的政策性负担，对回归主业经营有一定的负向影响。委派董事通过发挥内部治理影响有效缓解了企业的代理问题，同时也抑制了企业多元化经营的动机。

本章的政策启示有：企业因战略发展需要而缔结股东时，不仅需要考虑所处的外部性环境，还应该考虑连锁股东自身的属性，从而最大限度地利用连锁股东的优势提升企业主业竞争力。一方面，连锁股东应该实实在在地参与企业经营管理，而非流于形式，委派董事是参与治理和共享资源的有效途径；另一方面，结合自身资源特征遴选投资者属性，避免不必要的经营负担。

第 6 章

企业特征、连锁股东与企业多元化经营

6.1 引言

企业多元化影响因素方面除了第5章中的连锁股东自身因素以外，企业的特征亦是需要考虑的重要因素。基于我国特殊的制度背景，管理层权力在我国具有较为独特的发展历程。我国改革开放稳步推进与国企改革持续深化的进程中，政府放权让利行为给予企业较高的经营自主权，释放了创新活力，提高了"干事业"的积极性，但是亦产生了管理层权限逐渐积累甚至所有者缺位等新问题，这对国有企业高质量发展而言是存在隐忧的。对于参加政治锦标赛的管理层以及权限过于集中的企业来说，缺乏外部制度制衡的治理机制很容易招致内部腐败问题和过度投资行为，导致国有企业不良资产增加以及收益受损。而民营企业的权力更易集中，民营企业往往是以家族形式存在的，或者是严把企业控制权，这也会导致大股东侵占小股东的不良行为（卢锐，2008）。

国有企业改革大体可分为以下四个过程：第一阶段，放权让利（1978—1984年）。1979年，国务院下发《关于扩大国营工业企业经营管理自主权的若干规定》，此举极大地激发了管理层的工作积极性，初步释放了政府对企业的管制，管理层亦获得了一定的自由裁量权。第二阶段，承包经营制（1985—1992年）。1985年，国务院颁发《关于增强大中型国营企业活力若干问题的暂行规定》，进一步明确了国有企业的法人地位，在一定程度上加强了管理层的经营自主权，初步实现了两权分离的企业经营模式，管理层权力初步形成。第三阶段，建立现代企业制度（1993—2001年）。随着《中华人民共和国公司法》的颁布与实施以及现代企业制度试点的推行，国有企业逐渐进行公司制改革，并积极探索股份制在国有企业中的运行机制，逐渐对管理层的权力有了明确的配置模式。第四阶段，国有资产管理体制深化改革（2002年至今）。2002年以来，国家先后出台了《上市公司治理准则》《董事会试点中央企业职工董事履行职责管理办法》，启动了股份分置改革，完善了董事会机制。2013年通过的《中共中央关于全面深化改革若干重大问题的决定》，明确了混合所有制在我国基本经济制度中的主体地位，在此阶段国有企业的管理层权力全面集中，持续纵深推进。我国民营企业经济发展的历史阶段中，管理层权力亦经历了起步与快速发展：一是起步阶段（1978—1987年）。1978年改革开放以来，我国民营经济正式起步，在此阶段民营企业主要以"个体户"的形态存在，管理层集经营权与管理权于一身，权力高度集中。二是调整阶段（1988—1991年）。面临着严重的经济失衡与严峻的通货膨胀形势，中央强调加强民营企业的监督管理及合法权益保护，在此阶段缓解了管理层权力高度集中的局势。三是快速发展阶段（1992年至今）。在此阶段民营企业经济得到了快速充分的发展，非公有经济逐渐成为我国市场经济中的重要组成部分，在现代企业制度的持续推进中，管理层权力也逐渐成为我国现代企业治理结构中的重要一环。从上述我国两类企业的发展历程来看，随着所有权与经营权的分离，无论是民营企业还是国有企业，其管理层权力都得到了快速发展与强化。代理成本理论认为管理层寻租行为亦可能使企业价值偏离最有效契约路径（杜金柱，2021）。与此同时，管理层权力过高所带来的代理问题成为企业多元化扩张经营的快车道，连锁股东在发挥其治理效应时是否会受管理层权力这一组织内部特征的影响？另外，资源基础观认为企业冗余资源是实施多元化的基础，不同冗余资源的类型对多元化经营的影响亦不相同。基于此，考虑冗余资源对连锁股东之于多元化经营的影响有助于进一步剖析多元化动机以及连锁股东整合配置资源的能力。资产专用性是资源禀赋的典型表现，企业资产专用性的高低会影响其边际收益，从而引致多元化经营决策，资产用途的广泛与否亦决定了企业战略选择。晚于国外研究，我国学者也开始研究特有的制度环境与企业行为之间的关系。袁国良等（1999）认为由于我国特有的国有制度背景，资本市场开放程度较低使企业在融资策略选择时较多地考虑债务融资，虽然股权融资成本非常低，但依然未能得到市场的认可，而股票市场改革等制度变迁使该现状得到缓解。根据北京大学中国经济研究中心宏观组的调查研究发现，企业过度投资行为的主要外部动因是制度环境的不完善引致的政府强制干预。潘敏等（2003）通过构建信息不对称基本模型发现，我国股权分置改革以前，由于同股不同股权等制度的存在引致企业过度投资行为，是因为我国特殊的股权制度安排所带来的信息不对称问题。杨华军等（2007）认为企业充裕的自由现金流是企业过度投资的原动力，也是管理层私利动机的先决条件，并且政府横加干预更是加重了这一后果。魏明海等（2007）通过对国有企业样本研究发现，由于制度原因导致我国国有企业分红比例较低，从而积累大量盈余资金，这就使管理层为获取规模私利而进行的无效投资行为增加，在一定程度上表明政府过度干预对企业投资效率是有害的。

综上，探讨冗余资源、资产专用性、管理层权力、产权性质等企业特征对连锁股东之于多元化经营的影响，在厘清连锁股东治理机制、优化企业组织环境等方面发挥重要作用，并为企业提升内部治理水平、优化资源配置等方面提供相关建议。

6.2 理论分析与研究假设

6.2.1 冗余资源、连锁股东与企业多元化经营

资源依赖理论指出牵制企业经营发展的重要原因之一便是资

源，企业核心竞争力的高低在某种程度上也取决于资源的稀缺性。资源的丰富程度决定了战略的选择空间，资源越丰富，可选择战略的弹性也就越大，越便于企业实现战略转移，但如果资源超过企业实现规模经济效应的最佳规模，便会形成资源冗余。Cyert 和 March（1963）进一步对冗余资源进行了界定，认为企业或组织当前拥有或控制的资源超过其维持经营基本运行的部分为冗余资源。Bourgeois（1981）认为冗余资源是一种超出企业最佳经营规模的、可随意支配的资源，这种资源的存在有助于企业应对其内外部环境不确定性的变化。Bourgeois（1983）又进一步将冗余资源分类为沉淀性资源与非沉淀性资源。沉淀性资源又称可恢复性冗余，是指已经被吸收和转化在经营过程中的可循环使用、使用成本较高的资源。非沉淀性资源又具体分为可利用冗余与潜在冗余。可利用冗余是指企业由于自身资源剩余而尚未投入使用且随时可以提取利用的资源。潜在冗余是指组织通过外部渠道可能取得的资源。Nohria 等（1996）对企业冗余资源提出了相对具体的特征，他指出在生产产出水平一定时，冗余是指超出最低资源投入需求所产生的资源存积，其中不仅包含未使用的资本、非必要的人员和费用，还包含企业可以增加产出水平的机会成本。企业在生产经营过程中总是存在未充分利用的资源，换言之，冗余资源是企业在生产经营过程中普遍存在的。关于冗余资源的作用，既有正面之说，又有负面之谈。持反面观点的学者认为企业冗余资源的存在形同资源浪费，是企业资源配置效率低下甚至无效的一种表现。而亦有学者发现冗余资源在企业生命周期中是至关重要的，较多的冗余资源，可以帮助企业充分把握经营环境中的投资机会，因而拥有更广泛的战略意义。冗余资源有助于企业更好地适应环境不确定性的影响，缓解环境变化所带来的冲击，降低企业所面临的经营风险。

企业多元化战略选择与企业资源也是密切相关的。未充分利用资源的现实情境导致企业具有多元化经营动机，企业多元化战略选择也取决于不同资源的剩余情况。当企业某种资源在当前行业未得到充分利用，而在其他行业具有更高经济效率时，企业便会实施多元化经营。资源基础观认为当企业存在剩余资源时，企业有动机扩展企业边界实现规模经济（Penrose，1959）。国内外学者认为有关冗余资源与多元化经营存在显著联系。Kochharr（1998）认为企业如果拥有自身无法充分利用的剩余资源而在其他行业可加以转化和利用的情形，会引发企业进行多元化经营，即通过对冗余资源的深度利用及重新配置可以带来资源杠杆利益，并形成企业市场优势。刘冰（2011）认为不同种类的冗余资源均与企业多元化行为正相关，但当考虑企业所处的网络位置后，不同种类的冗余资源与多元化经营行为的关系发生改变。贾晓霞（2013）则认为企业多元化行为因冗余资源的类别而有所差异。综上，本书亦采用对冗余资源的详细分类来考察连锁股东之于多元化经营的影响。

资源自身灵活性的不同，也会对企业多元化经营选择产生差异化影响。如果企业拥有较多沉淀性冗余资源，即已被运用到生产经营中的专有资源，譬如管理费用、销售费用等市场交易成本较高的资源，其又称可恢复性冗余资源，企业可能因市场转换成本过高而进行多元化经营。Teece（1982）认为当企业拥有较多此类沉淀性资源时，多元化经营有助于降低市场交易成本，因此，管理层更倾向于多元化投资的经营决策。具体而言，一方面，企业较高的管理费用、销售费用源于管理层的代理问题以及产品推广难度，表明在产品细分市场中已经趋于饱和，很难在该行业中实现突破；另一方面，较高的融资成本（财务费用）也表明企业融资困境，基于行业内发展瓶颈、市场需求弹性不足以及融资约束问题，当企业面临过多的可恢复性冗余资源时，多元化投资适逢其时。连锁股东在行业资源中拥有较多的优势及销售渠道，可以较大程度地整合剩余资源促进主业研发投资，经过行业缔结可以进一步降低企业代理成本及融资成本，降低企业多元化投资动机。简而言之，沉淀性冗余资源越多，连锁股东对多元化经营的缓解作用越大。

如果企业拥有较多的非沉淀性冗余资源，即较多的可利用冗余资源或潜在冗余资源，说明企业尚未开发利用的资源相对较多，也意味着企业长期负债能力较强，企业可以将尚未开发利用的资源运用到核心业务中，提高核心竞争力，进一步扩大原有业务规模。因此，当企业拥有丰富的非沉淀性冗余资源时，相对于多元化经营，更加趋向于专业化经营。具体而言，当可利用冗余资源较多时，企业考虑到冗余资源是企业资源利用效率低下、导致大量资源堆积的表现，过度多元化则会进一步增加资源冗余，因此，企业会降低多元化经营。此外，当企业多元化经营达到一定规模后，规模的进一步扩张未必会增加企业绩效，因此，当存在可利用冗余资源时，企业更倾向于专业化投资，而非涉入更多的领域。反之，当可利用冗余资源较少时，企业为降低市场交易成本、增加可利用性资源并获取范围经济而倾向于多元化经营。另外，当潜在冗余资源较少时，表明企业融资渠道及偿债能力受限，亦有可能是行业内发展遭遇瓶颈而无法取得市场突破。因此，当面临潜在冗余受限困境时，企业进行多元化投资进入新行业的意愿较为强烈。连锁股东的介入，一方面可以通过资源效应缓解潜在冗余受限困境，另一方面可以通过对可利用冗余资源的配置提升企业资源利用效率，从而抑制企业因非沉淀性资源所带来的多元化投资行为。概括而言，非沉淀性冗余资源越少，连锁股东与多元化经营的负向关系越显著。

基于以上理论分析，本书提出如下假设：

H6-1a：连锁股东抑制多元化经营的影响在非沉淀性冗余资源较低的企业中更显著。

H6-1b：连锁股东抑制多元化经营的影响在沉淀性冗余资源较高的企业中更显著。

6.2.2 资产专用性、连锁股东与企业多元化经营

资产专用性是资源禀赋的典型表现，企业资产专用性的高低会影响企业边际收益，从而引致多元化经营决策的改变。Williamson（1971，1975）深入组织内部研究了企业合并与多元化经营的问题，认为合并双方交易费用对契约构建的影响颇大。专用性资产由于自身属性引致交易费用过高，资产专用性越强的企业，越需要紧密的、持久的合作关系，并认为专用性资产有被胁迫的可能性，从而引发企业被"敲竹杠"的风险。政治经济学认为交易费用是在经济分析与经济运行中可以通过契约连接的基本单位，并随着资产专用性的提高，科层治理逐渐替代外部市场治理，以达到节约交易费用、提升经济效率的目的。Sougiannis 等（1996）认为资产专用性的提高有助于提升企业无形资产等创新水平和产品核心竞争力。Collis和 Montgomery（1997）认为由于专用性资产的不可替代性，可以给企业带来大量财富，并且后期投资趋势更倾向于该类资产。公司资本结构应当与治理水平相适应，高负债企业在选择资产特性时，应当尽量选择资产专用性较低的类型，这在一定程度上降低了交易成本，并且拥有较大的财务柔性（Choate，1997）。资产专用性与治理结构的关系，如图 6-1 所示。

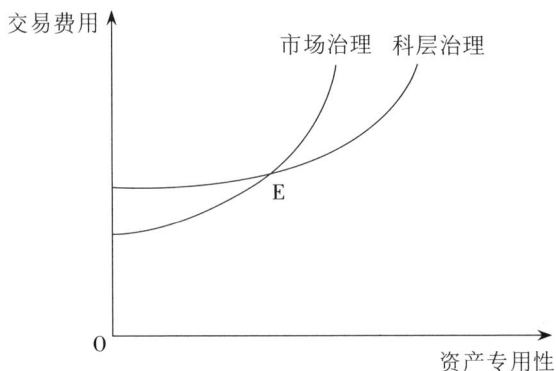

图6-1　资产专用性与资产结构关系图

根据资产专用性理论，专用性资产在使用过程中具有特殊性和局限性，因此改变使用用途或方向将会导致价值减损。在专用性资产较多的企业实施多元化战略会导致过高的交易费用，从而损耗资产价值（杨亦民等，2020）。较高的资产专用性在一定程度上可以提升企业核心竞争力，进而缓解企业融资压力，并且在实施纵向并购时更易提升并购后绩效（李青原等，2011；齐兰、张春杨，2014）。代理成本理论认为两权分离导致管理层通过过度投资等手段获取私人收益，而较低的资产专用性正是管理层进行多元化扩张的路径之一。因此，在资产专用性较低的企业，管理层有动机进行扩张行为。通过行业股东的联结作用，一方面发挥同行业资源优势，实现合作方资源共享，在一定程度上提升资产专用性程度，形成更为紧密的合作关系；另一方面委派董事等治理手段对管理层进行监督制约，能够在很大程度上抑制其代理问题。

基于以上理论分析，本书提出如下假设：

H6-2：连锁股东抑制多元化经营的影响在资产专用性较低的企业中更显著。

6.2.3 管理层权力、连锁股东与企业多元化经营

管理层权力是指在企业存在内部治理漏洞、外部制约机制欠缺的情境下，管理层抵制不同建议，强制执行个人意愿的能力以及展现出的控制力和影响力（Finkelstein，1992；权小锋等，2010；王雄元等，2014）。权力大小反映了企业个体或团体的执行强度，高权限的管理层往往具备超额持现动机，而管理层受内部与外部市场的监督较弱，自利的管理层在进行财务决策时倾向于优先满足自身利益的最大化。另外，管理层权力的扩张导致其有意愿且有能力主导激励薪酬契约，不仅不利于缓解代理问题，反而加重了企业的代理冲突（杨兴全等，2014）。随着我国企业改革的持续推进及放权让利政策的实施，我国的管理层权力不断得到强化。在新兴加转轨经济的特殊时期，我国的公司监管机制环节相对薄弱，外部约束尚待完善，难以有效制约管理层权力扩张行为，加之政府逐渐放松对企业的管制，企业管理层也由委派变为聘任，使管理层在干预董事会决策中更具影响力。从代理成本视角来分析，随着两权分离的推进，由于企业契约制度的不完备，导致管理层具备一定的经营决策权，在给企业带来丰厚收益的同时，亦给企业带来了契约成本与风险。管理层基于自利动机与经理人市场声誉而有意愿进行多元化扩张行为，尽管管理层持股在一定程度上弱化了此种关系，但随着管理层股权份额的提高，管理层权力随之增大，管理层的过度自信导致其乐观估计了项目收益，从而提升了企业多元化水平。另外，管理层在进行决策行为时，不仅要考虑政策负担（国有企业），还要考虑经理人市场声誉以及个人私利，因而权力较大的管理层更有意愿进行非效率扩张的过度投资行为（杨兴全等，2002；韩林静等，2018）。从风险规避视角来分析，出于自身声誉及现有职位安全考虑，管理层权力越大，风险厌恶特征越明显，管理层

有动机进行多元化扩张以规避风险（Amihud and Lev，1981；李海霞、王振山，2015）。具体而言，企业债务融资的还本付息压力会显著提升企业财务风险，亦增加了企业破产清算风险，管理层利用手中权限可以影响企业融资决策，为避免破产风险，管理层会减少债务融资规模，而债务融资限制引发的融资约束问题致使管理层转向构建内部资本市场的多元化行为。

综上，由于企业契约制度的不完备，管理层权力随之成为影响企业多元化战略决策的重要因素。一方面，管理层权力过小，易使企业经营效率低下；另一方面，管理层权力过大，其"话语权"会增大，又会引致权力寻租、过度投资及在职消费动机，而这种动机会降低管理者发挥优秀治理能力的意愿。高权力管理层的自利行为导致资金滥用与非必要投资，减损企业优质投资机会及抵御风险能力。另外，在信息不对称视角下，管理层权限过大还会带来逆向选择的权责失衡及制度约束力下降等问题，导致管理者凌驾于制度之上，损害企业利益。因此，无论是基于信息不对称带来的权责失衡，还是代理动机视角引起的代理问题，管理层权力过大都可能导致多元化经营的扩张行为。前文研究表明连锁股东具备治理效应，可以有效抑制企业高管因帝国构建、风险规避等私利行为而进行的多元化扩张。连锁股东立足自身行业声誉会督促经理人在其岗尽其责，并建立完善的内控机制及监督体系来改善企业治理效率，抑或通过发声干预、退出威胁、委派董监高等方式促使管理层尽职及股东监管效力的提升（Edmans，2018），进而抑制管理层权力扩张带来的无效多元化经营行为，促使企业归核化经营。连锁股东还具备融资优势，有利于抑制管理层权力带来的融资规模限制而形成的多元化行为。连锁股东的介入给予企业更多的社会资本及合作机会，从而拓宽融资渠道，存在连锁股东的企业通过多重联结导致企业之间相互依赖，而此依附关系与不同企业之间的资源承诺程度有着直接关联。另外，连锁股东延展了企业的社会网络，依靠其丰富的信息资源与管理经验建言管理层，有利于降低管理层决策的主观性及管理层自信程度（Armstrong，2010），有效抑制企业多元化扩张。

基于以上理论分析，本书提出如下假设：

H6-3：连锁股东抑制多元化经营的影响在管理层权力较高的企业中更显著。

6.2.4　产权性质、连锁股东与企业多元化经营

我国作为重要的新兴经济体，政府起到了极其关键的作用。制度基础观认为政府掌控了稀缺的资源（土地、补贴、人才等）以及丰富的信息量，这些天然的优势资源影响了国有企业多元化战略决策及市场竞争秩序（North，2005；Peng et al.，2008；Haveman et al.，2017；Gao et al.，2010）。我国特有的制度环境下，公司的权属性质对企业行为决策至关重要。从概念上定义，国有企业是指国务院和地方人民政府（最终控制人）分别代表国家履行出资人职责所建立的国有独资企业、国有独资公司以及国有资本控股公司，政府意志决定了企业的具体行为。除了国有控制以外，以自然人或其他法人单位控股的单位属于民营企业。关于民营与国有的利弊之争，近年来学术界从未停息。一方面，国有企业的最终控制方拥有对资源的配置权与信息的预见性，这也是许多企业寻求政治关联股东的根本原因。现有研究表明，国有企业不仅能够在政府搭建的信贷平台上轻松获得低成本资金，并且还可以获得更多的税收减免政策倾斜（方军雄，2007；于蔚等，2012；余明桂、潘红波，2008；吴文锋等，2009），尤其是在疫情期间，有国资背景的企业抵御风险的能力更强。另一方面，国有企业不仅获得了增益权，而且还要承担更多的政策性负担，比如在抗疫、防疫工作中承担了重要的社会帮扶性职能。柳卸林等（2021）研究发现多元化经营因所有制差异而

不同，国有企业因资源获取、外部支持等因素更易进行多元化扩张行为。除此之外，国有企业决策还受到严重的政府干预。

连锁股东可以通过缓解融资约束和提高公司治理来降低多元化程度，这种抑制作用是否会因产权性质不同而异？前文提及国有企业背负了稳定经济、促进就业等附加职能，那么，其在国有企业中可能会弱化连锁股东带来的公司治理效应。其主要原因如下：一方面，政府在国有企业中具有绝对的控制权，董监高的人事任免权也由各级政府部门把控，国有企业在政府干预下承担过多政策性负担及战略性任务（曾庆生、陈信元，2006；廖冠民、沈红波，2014）；另一方面，在具有中国特色的政企互助关系的影响下，国有企业承担政府分派政策性负担的同时亦给予其相应的政策性扶持；此外，国有企业高管为完成综合政绩考核或实现个人政治升迁目标，往往具有较低的风险承担水平（李文贵、余明桂，2012）。因此，国有企业特有的政策性负担以及企业经营风险的厌恶特征，叠加政府给予的各种政策倾斜，使国有企业有动机和能力进行多元化经营扩张，而连锁股东的"话语权"因受股权所限并未促使国有企业真正放权，从而扭曲连锁股东带来的治理效应。

基于此，本书提出如下假设：

H6-4：与国有企业相比，连锁股东对企业多元化的影响在非国有企业中更显著。

6.3　变量定义及实证检验

6.3.1　企业特征变量定义

6.3.1.1　冗余资源（*RY*）

借鉴陈景仁等（2015）、李晓翔等（2011）的研究，将冗余资源分为沉淀性冗余资源与非沉淀性冗余资源。沉淀性冗余资源（可恢复冗余）为财务费用、管理费用、销售费用之和除以营业总收入；非沉淀性冗余资源包含可利用冗余和潜在冗余，其中，可利用冗余为流动资产与流动负债的比例（流动比率），潜在冗余为所有者权益与负债总额比率（权益乘数）。

6.3.1.2　资产专用性（*ASI*）

在资产专用性的度量上，最为成熟和常见的方法是长期资产法。程宏伟（2004）、雷新途（2010）等都采用了这一指标作为资产专用性的替代变量进行了较为成熟的研究。本书借鉴相关研究，采用固定资产净值、在建工程、无形资产与长期待摊费用之和占企业总资产的比例作为资产专用性（*ASI*）的替代变量。

6.3.1.3　管理层权力（*Power*）

借鉴杨兴全（2017）的研究，若董事长担任企业 CEO，则取值为 1，否则为 0；若董事会规模高于样本中值，则取值为 1，否则为 0；若董事会中独立董事占比高于样本中值，则取值为 1，否则为 0；若 CEO 具有硕士及以上学历，则取值 1，否则为 0；最后将以上四项合成管理层权力（*Power*）指标。

6.3.1.4　产权性质（*State*）

根据企业股权性质，将企业划分为国有企业和非国有企业两大类，国有企业取值为 1，非国有企业取值为 0。

6.3.2　多元回归分析

表 6-1 为可利用冗余资源不同时连锁股东对企业多元化经营的影响，其中，第（1）至（6）列为可利用冗余资源较高组的样本，第（7）至（12）列为可利用冗余资源较低组的样本。从结果可以看出，可利用冗余资源较低时连锁股东对企业多元化的抑制作用更

大〔第（7）至（12）列中 LS 的系数均显著为负，第（1）至（6）列中 LS 的系数虽为负但不显著〕，"归核效应"更加突出，这意味着连锁股东可以有效缓解企业冗余资源较低时进行多元化经营的动机，即假设 H6-1a 成立。

表6-1 冗余资源、连锁股东与多元化经营（1）

变量名	（1）	（2）	（3）	（4）	（5）	（6）
	非沉淀性冗余资源：可利用冗余较高组					
	Divnum	*Diventro*	*Divnum*	*Diventro*	*Divnum*	*Diventro*
LSnum	−0.028	0.016				
	(−0.38)	(0.79)				
LScnum			−0.030	0.004		
			(−1.27)	(0.55)		
LShhi					−0.031	0.021
					(−0.44)	(1.12)
Controls	yes	yes	yes	yes	yes	yes
Ind	yes	yes	yes	yes	yes	yes
Year	yes	yes	yes	yes	yes	yes
Constant	−1.894***	−0.098	−1.966***	−0.100	−1.895***	−0.094
	(−3.71)	(−0.79)	(−3.84)	(−0.81)	(−3.70)	(−0.76)
Obs	10 917	10 917	10 917	10 917	10 917	10 917
Adj_R^2	0.171	0.135	0.171	0.135	0.171	0.135

变量名	（7）	（8）	（9）	（10）	（11）	（12）
	非沉淀性冗余资源：可利用冗余较低组					
	Divnum	*Diventro*	*Divnum*	*Diventro*	*Divnum*	*Diventro*
LSnum	−0.365***	−0.037**				
	（−4.57）	（−1.98）				
LScnum			−0.050*	−0.013**		
			（−1.90）	（−2.13）		
LShhi					−0.238***	−0.066***
					（−3.25）	（−3.93）
Controls	yes	yes	yes	yes	yes	yes
Ind	yes	yes	yes	yes	yes	yes
Year	yes	yes	yes	yes	yes	yes
Constant	−3.884***	−0.145	−2.939***	−0.160	−2.952***	−0.168
	（−8.66）	（−1.34）	（−6.50）	（−1.46）	（−6.60）	（−1.56）
Obs	10 756	10 756	10 756	10 756	10 756	10 756
Adj_R²	0.086	0.085	0.134	0.085	0.134	0.086

注：***、**、*分别代表1%、5%、10%的水平上通过显著性检验，括号内为相应系数 *t* 值，*Controls* 为控制变量，与模型（4-1）一致。

表6-2为潜在冗余资源不同时连锁股东对企业多元化经营的影响，其中，第（1）至（6）列为潜在冗余资源较高组的样本，第（7）至

（12）列为潜在冗余资源较低组的样本。从结果可以看出，相比较高的潜在冗余资源，潜在冗余资源较低时连锁股东对企业多元化的抑制作用更大［第（7）至（12）列中 *LS* 的系数均显著为负，第（1）至（6）列中 *LS* 的系数虽为负但不显著］。这是因为，当企业潜在冗余资源较少时，意味着企业融资渠道及偿债能力受限，企业具备较强的多元化经营动机。而连锁股东的介入，一方面可以通过资源效应缓解潜在冗余资源受限困境，另一方面可以通过对潜在冗余资源的配置提升企业资源利用效率，从而抑制企业多元化投资行为，即假设 H6-1a 成立。

表6-2　　　　　　　　冗余资源、连锁股东与多元化经营（2）

变量名	（1）	（2）	（3）	（4）	（5）	（6）
	非沉淀性冗余资源：潜在冗余较高组					
	Divnum	*Diventro*	*Divnum*	*Diventro*	*Divnum*	*Diventro*
LSnum	−0.078	0.003				
	（−1.05）	（0.16）				
LScnum			−0.040	−0.003		
			（−1.61）	（−0.43）		
LShhi					−0.071	0.012
					（−1.00）	（0.60）
Controls	yes	yes	yes	yes	yes	yes
Ind	yes	yes	yes	yes	yes	yes
Year	yes	yes	yes	yes	yes	yes
Constant	−2.449***	−0.395***	−2.502***	−0.406***	−2.446***	−0.388***
	（−4.72）	（−3.12）	（−4.82）	（−3.19）	（−4.70）	（−3.05）
Obs	10 917	10 917	10 917	10 917	10 917	10 917
*Adj_R*²	0.162	0.135	0.162	0.135	0.162	0.135

变量名	(7)	(8)	(9)	(10)	(11)	(12)
	非沉淀性冗余资源：潜在冗余较低组					
	Divnum	*Diventro*	*Divnum*	*Diventro*	*Divnum*	*Diventro*
LSnum	−0.311***	−0.038**				
	(−3.90)	(−2.06)				
LScnum			−0.054**	−0.012**		
			(−2.10)	(−2.00)		
LShhi					−0.238***	−0.066***
					(−3.29)	(−4.01)
Controls	yes	yes	yes	yes	yes	yes
Ind	yes	yes	yes	yes	yes	yes
Year	yes	yes	yes	yes	yes	yes
Constant	−3.773***	−0.031	−2.682***	−0.042	−2.661***	−0.051
	(−8.42)	(−0.29)	(−5.90)	(−0.38)	(−5.93)	(−0.47)
Obs	10 756	10 756	10 756	10 756	10 756	10 756
*Adj_R*²	0.087	0.090	0.141	0.090	0.141	0.091

注：***、**、*分别代表1%、5%、10%的水平上通过显著性检验，括号内为相应系数 *t* 值，*Controls* 为控制变量，与模型（4-1）一致。

表6-3为可恢复冗余资源不同时连锁股东对企业多元化经营的影响，其中，第（1）至（6）列为可恢复冗余资源较高时的样本，第（7）至（12）列为可恢复冗余资源较低时的样本。从结果可以看出，相比较高的可恢复冗余资源，可恢复冗余资源较低时连锁股东对企业多元化经营所呈现的"归核效应"更显著［第（1）至（6）列中 *LS*

的系数均显著为负，第（7）至（12）列中 *LS* 的系数虽为负但不显著]。这主要是因为可恢复冗余资源较低时，便于企业通过多元化经营摆脱困境、开拓市场，而连锁股东的存在可以有效缓解企业在该动机下进行的多元化经营，即假设 H6-1b 成立。

表6-3　　　　冗余资源、连锁股东与多元化经营（3）

变量名	（1）	（2）	（3）	（4）	（5）	（6）
	沉淀性冗余资源：可恢复冗余较高组					
	Divnum	*Diventro*	*Divnum*	*Diventro*	*Divnum*	*Diventro*
LSnum	−0.194**	−0.043**				
	(−2.46)	(−2.14)				
LScnum			−0.105***	−0.023***		
			(−4.37)	(−3.78)		
LShhi					−0.195**	−0.042**
					(−2.52)	(−2.16)
Controls	yes	yes	yes	yes	yes	yes
Ind	yes	yes	yes	yes	yes	yes
Year	yes	yes	yes	yes	yes	yes
Constant	−3.004***	−0.119	−3.216***	−0.165	−2.972***	−0.112
	(−6.19)	(−1.01)	(−6.58)	(−1.39)	(−6.14)	(−0.95)
Obs	11 022	11 022	11 022	11 022	11 022	11 022
Adj_R^2	0.149	0.114	0.150	0.114	0.149	0.114

变量名	（7）	（8）	（9）	（10）	（11）	（12）
	沉淀性冗余资源：可恢复冗余较低组					
	Divnum	*Diventro*	*Divnum*	*Diventro*	*Divnum*	*Diventro*
LSnum	−0.029	−0.018				
	（−0.36）	（−0.95）				
LScnum			0.006	0.001		
			（0.23）	（0.15）		
LShhi					−0.159	−0.043
					（−1.05）	（−1.14）
Controls	yes	yes	yes	yes	yes	yes
Ind	yes	yes	yes	yes	yes	yes
Year	yes	yes	yes	yes	yes	yes
Constant	−2.136***	−0.241**	−2.077***	−0.218*	−2.269**	−0.266
	（−4.48）	（−2.15）	（−4.34）	（−1.92）	（−2.06）	（−1.00）
Obs	10 651	10 651	10 651	10 651	10 651	10 651
Adj_R²	0.176	0.125	0.176	0.125	0.177	0.125

注：***、**、*分别代表1%、5%、10%的水平上通过显著性检验，括号内为相应系数 *t* 值，*Controls* 为控制变量，与模型（4-1）一致。

表6-4为资产专用性不同时连锁股东对企业多元化经营的影响，其中，第（1）至（6）列为资产专用性较高时的样本，第（7）至

（12）列为资产专用性较低时的样本。从回归结果可以看出，相比较高的资产专有性，资产专用性较低时连锁股东对企业多元化的抑制作用更大［第（7）至（12）列中LS的系数均显著为负，第（1）至（6）列中LS的系数未通过显著性检验］。这主要是因为较低的资产专用性是管理层进行多元化扩张的路径之一，而连锁股东的存在，一方面发挥了同行业资源优势，实现了合作方资源共享，在一定程度上提升了资产专用性程度，形成更为紧密的合作关系；另一方面，委派董事等治理手段对管理层进行了监督制约，在很大程度上抑制了其代理问题。这意味着资产专用性较低时，连锁股东对企业多元化的"归核效应"越显著，即假设H6-2成立。

表6-4　　　　　资产专用性、连锁股东与多元化经营

变量名	（1）	（2）	（3）	（4）	（5）	（6）
	H-ASI					
	Divnum	*Diventro*	*Divnum*	*Diventro*	*Divnum*	*Diventro*
LSnum	−0.021	−0.009				
	(−0.29)	(−0.52)				
LScnum			0.095	0.025		
			(1.26)	(1.36)		
LShhi					0.013	0.003
					(0.53)	(0.45)
Controls	yes	yes	yes	yes	yes	yes
Ind	yes	yes	yes	yes	yes	yes
Year	yes	yes	yes	yes	yes	yes
Constant	−2.646***	−0.174	−2.530***	−0.140	−2.577***	−0.156
	(−5.70)	(−1.59)	(−5.43)	(−1.28)	(−5.51)	(−1.41)
Obs	10 872	10 872	10 872	10 872	10 872	10 872
Adj_R²	0.149	0.114	0.149	0.115	0.149	0.114

变量名	（7）	（8）	（9）	（10）	（11）	（12）
	L-ASI					
	Divnum	*Diventro*	*Divnum*	*Diventro*	*Divnum*	*Diventro*
LSnum	−0.251***	−0.047***				
	（−3.46）	（−2.62）				
LScnum			−0.215***	−0.050**		
			（−2.59）	（−2.46）		
LShhi					−0.086***	−0.014**
					（−3.33）	（−2.11）
Controls	yes	yes	yes	yes	yes	yes
Ind	yes	yes	yes	yes	yes	yes
Year	yes	yes	yes	yes	yes	yes
Constant	−3.165***	−0.290**	−3.135***	−0.294**	−3.262***	−0.300**
	（−6.34）	（−2.40）	（−6.31）	（−2.42）	（−6.52）	（−2.45）
Obs	10 801	10 801	10 801	10 801	10 801	10 801
Adj_R^2	0.175	0.123	0.175	0.123	0.175	0.123

注：***、**、*分别代表1%、5%、10%的水平上通过显著性检验，括号内为相应系数 *t* 值，*Controls* 为控制变量，与模型（4-1）一致。

表6-5为管理层权力不同时连锁股东对企业多元化经营的影响，其中，第（1）至（6）列为管理层权力较高时的检验结果，第（7）至（12）列为管理层权力较低时的检验结果。从结果可以看出，管理层权力越大，连锁股东对企业多元化的抑制作用越显著［第（1）至（6）列中 *LS* 的系数均显著为负，第（7）至（12）列中 *LS* 的系数虽为负但不显著］。这说明，较高的管理层权力更有动机和能力进行多元

化经营以谋取更大的利益，降低自身的风险，而连锁股东所产生的资源效应、治理效应可以有效抑制管理层权力过高而产生的负面影响，即假设H6-3成立。

表6-5 管理层权力、连锁股东与多元化经营

变量名	（1）	（2）	（3）	（4）	（5）	（6）
	H-Power					
	Divnum	*Diventro*	*Divnum*	*Diventro*	*Divnum*	*Diventro*
LSnum	−0.274***	−0.062***				
	（−3.17）	（−2.81）				
LScnum			−0.106***	−0.022***		
			（−4.00）	（−3.18）		
LShhi					−0.337***	−0.070***
					（−3.49）	（−2.88）
Controls	yes	yes	yes	yes	yes	yes
Ind	yes	yes	yes	yes	yes	yes
Year	yes	yes	yes	yes	yes	yes
Constant	−3.307***	−0.228	−3.348***	−0.242*	−3.492***	−0.265*
	（−5.71）	（−1.62）	（−5.78）	（−1.71）	（−6.00）	（−1.85）
Obs	9 352	9 352	9 352	9 352	9 352	9 352
Adj_R²	0.159	0.119	0.159	0.119	0.160	0.119

变量名	（7）	（8）	（9）	（10）	（11）	（12）
	L-Power					
	Divnum	Diventro	Divnum	Diventro	Divnum	Diventro
LSnum	0.003	−0.001				
	(0.04)	(−0.07)				
LScnum			−0.010	−0.001		
			(−0.41)	(−0.25)		
LShhi					−0.076	−0.020
					(−1.24)	(−1.32)
Controls	yes	yes	yes	yes	yes	yes
Ind	yes	yes	yes	yes	yes	yes
Year	yes	yes	yes	yes	yes	yes
Constant	−1.862***	−0.060	−1.778***	−0.041	−1.822***	−0.045
	(−4.38)	(−0.60)	(−4.18)	(−0.40)	(−4.27)	(−0.44)
Obs	12 321	12 321	12 321	12 321	12 321	12 321
Adj_R²	0.153	0.104	0.153	0.104	0.153	0.104

注：***、**、*分别代表1%、5%、10%的水平上通过显著性检验，括号内为相应系数 t 值，Controls 为控制变量，与模型（4-1）一致。

表6-6为不同产权性质下连锁股东对企业多元化经营的影响。从结果可以看出，第（1）至（6）列连锁股东的数量（LSnum）、连锁股东持股公司的数量（LScnum）及市场势力（LShhi）回归系数为正

但未通过显著性检验，第（7）至（12）列中的 *LSnum*、*LScnum* 及 *LShhi* 回归系数均显著为负，表明连锁股东对企业多元化经营的抑制作用主要源于对非国有企业多元化经营的抑制，而在国有企业中并未产生显著的抑制效应。这是因为国有企业在政府干预下承担过多政策性负担及战略性任务的同时，也获得了政府给予的各种政策倾斜，使连锁股东在国有企业中拥有较低的"话语权"，难以改变国有企业因"政治"目的而进行多元化经营的动机。而在非国有企业中，不仅可以发挥其资源效应、信息效应，还有助于优化企业的治理结构，降低企业无效的多元化经营行为，即假设H6-4成立。

表6-6　　　　　　　　产权性质、连锁股东与多元化经营

变量名	（1）	（2）	（3）	（4）	（5）	（6）
	国有企业					
	Divnum	*Diventro*	*Divnum*	*Diventro*	*Divnum*	*Diventro*
LSnum	0.100	0.017				
	（1.34）	（0.96）				
LScnum			0.022	0.006		
			（0.89）	（0.99）		
LShhi					0.024	0.005
					（0.35）	（0.31）
Controls	yes	yes	yes	yes	yes	yes
Year/Ind	yes	yes	yes	yes	yes	yes
Constant	−1.905***	0.296**	−1.918***	0.301***	−1.980***	0.284**
	（−3.83）	（2.55）	（−3.83）	（2.58）	（−4.00）	（2.46）
Obs	8 718	8 718	8 718	8 718	8 718	8 718
Adj_R^2	0.153	0.112	0.153	0.112	0.153	0.112

变量名	（7）	（8）	（9）	（10）	（11）	（12）
	非国有企业					
	Divnum	*Diventro*	*Divnum*	*Diventro*	*Divnum*	*Diventro*
LSnum	−0.201**	−0.047*				
	(−2.18)	(−1.94)				
LScnum			−0.091***	−0.021***		
			(−3.12)	(−2.70)		
LShhi					−0.296***	−0.068***
					(−2.95)	(−2.60)
Controls	yes	yes	yes	yes	yes	yes
Year/Ind	yes	yes	yes	yes	yes	yes
Constant	−2.998***	−0.475***	−3.104***	−0.499***	−3.006***	−0.477***
	(−6.18)	(−3.74)	(−6.37)	(−3.91)	(−6.22)	(−3.77)
Obs	12 046	12 046	12 046	12 046	12 046	12 046
Adj_R^2	0.133	0.102	0.133	0.102	0.133	0.102

注：***、**、*分别代表1%、5%、10%的水平上通过显著性检验，括号内为相应系数t值，*Controls*为控制变量，与模型（4-1）一致。

6.4 稳健性检验

6.4.1 Heckman检验

为排除样本自选择所引起的估计偏误，本书采用Heckman检验加以解释。在第一阶段回归中，借鉴潘越等（2020）的研究，构建

Probit回归模型（6-1），以考察公司上一期的财务变量和公司治理变量与其下一期是否存在连锁股东（*LSdum*）之间的相关性，具体模型如下：

$$LSdum_{i,\,t} = \beta_0 + \beta_1 Size_{i,\,t-1} + \beta_2 Age_{i,\,t-1} + \beta_3 Lev_{i,\,t-1} + \beta_4 CF_{i,\,t-1} +$$
$$\beta_5 Roe_{i,\,t-1} + \beta_6 Growth_{i,\,t-1} + \beta_7 Dn_{i,\,t-1} + \beta_8 Dir_{i,\,t-1} + \tag{6-1}$$
$$\beta_9 Sn_{i,\,t-1} + \beta_{10} HHI_{i,\,t-1} + \beta_{11} RD_{i,\,t-1} + \beta_{12} Indroa + \varepsilon_{i,\,t}$$

式中：*LSdum* 为是否存在连锁股东的虚拟变量；ε 为残差。

之所以选择滞后一期的控制变量，主要是因为股东投资与否主要取决于企业上一期的经营状况，判断企业的财务及治理情况，在此基础上构建逆米尔斯比率（*IMR*）。在第二阶段回归中，将 *IMR* 作为控制变量加入基本回归，以纠正潜在的选择性偏差对研究结论的干扰。冗余资源的回归结果分别见表6-7、表6-8和表6-9，资产专用性的回归结果见表6-10，管理层权力的回归结果见表6-11，产权性质的回归结果见表6-12。从结果可以看出，即使考虑样本自选择的问题，与前文回归结果依然保持一致。

表6-7　Heckman检验：冗余资源、连锁股东与多元化经营（1）

变量名	（1）	（2）	（3）	（4）	（5）	（6）
	非沉淀性冗余资源：可利用冗余较高组					
	Divnum	*Diventro*	*Divnum*	*Diventro*	*Divnum*	*Diventro*
LSnum	0.030	0.032				
	(0.36)	(1.42)				
LScnum			−0.021	0.006		
			(−0.81)	(0.79)		
LShhi					0.021	0.035
					(0.27)	(1.02)
IMR	−0.669**	−0.077	−0.673**	−0.078	−0.669**	−0.076
	(−2.36)	(−1.00)	(−2.37)	(−1.01)	(−2.36)	(−0.58)
Controls	yes	yes	yes	yes	yes	yes

变量名	（1）	（2）	（3）	（4）	（5）	（6）
	非沉淀性冗余资源：可利用冗余较高组					
	Divnum	*Diventro*	*Divnum*	*Diventro*	*Divnum*	*Diventro*
Ind	yes	yes	yes	yes	yes	yes
Year	yes	yes	yes	yes	yes	yes
Constant	2.294	0.514	2.218	0.506	2.282	0.507
	（1.25）	（1.03）	（1.21）	（1.02）	（1.24）	（0.63）
Obs	8 596	8 596	8 596	8 596	8 596	8 596
Adj_R²	0.173	0.131	0.173	0.131	0.173	0.131

变量名	（7）	（8）	（9）	（10）	（11）	（12）
	非沉淀性冗余资源：可利用冗余较低组					
	Divnum	*Diventro*	*Divnum*	*Diventro*	*Divnum*	*Diventro*
LSnum	−0.389***	−0.041**				
	（−4.50）	（−2.07）				
LScnum			−0.052*	−0.014**		
			（−1.80）	（−2.11）		
LShhi					−0.256***	−0.069***
					（−3.26）	（−3.89）
IMR	−0.430	−0.086	−0.333	−0.087	−0.337	−0.088
	（−1.19）	（−1.09）	（−0.94）	（−1.10）	（−0.95）	（−1.11）
Controls	yes	yes	yes	yes	yes	yes
Ind	yes	yes	yes	yes	yes	yes
Year	yes	yes	yes	yes	yes	yes
Constant	−1.363	0.424	−0.882	0.416	−0.885	0.413
	（−0.60）	（0.85）	（−0.40）	（0.83）	（−0.40）	（0.83）
Obs	9 098	9 098	9 098	9 098	9 098	9 098
Adj_R²	0.083	0.084	0.136	0.084	0.137	0.085

注：***、**、*分别代表1%、5%、10%的水平上通过显著性检验，括号内为相应系数 *t* 值，*Controls* 为控制变量，与模型（4-1）一致。

表 6-8 Heckman检验：冗余资源、连锁股东与多元化经营（2）

变量名	（1）	（2）	（3）	（4）	（5）	（6）
	非沉淀性冗余资源：潜在冗余较高组					
	Divnum	*Diventro*	*Divnum*	*Diventro*	*Divnum*	*Diventro*
LSnum	−0.018	0.019				
	（−0.22）	（0.83）				
LScnum			−0.030	−0.001		
			（−1.10）	（−0.14）		
LShhi					−0.017	0.027
					（−0.22）	（1.28）
IMR	−0.323	0.054	−0.324	0.054	−0.323	0.055
	（−1.13）	（0.70）	（−1.13）	（0.70）	（−1.13）	（0.72）
Controls	yes	yes	yes	yes	yes	yes
Ind	yes	yes	yes	yes	yes	yes
Year	yes	yes	yes	yes	yes	yes
Constant	−0.402	−0.622	−0.473	−0.639	−0.398	−0.621
	（−0.22）	（−1.24）	（−0.25）	（−1.27）	（−0.21）	（−1.24）
Obs	8 602	8 602	8 602	8 602	8 602	8 602
Adj_R^2	0.163	0.129	0.163	0.129	0.163	0.130

变量名	(7)	(8)	(9)	(10)	(11)	(12)
	非沉淀性冗余资源：潜在冗余较低组					
	Divnum	*Diventro*	*Divnum*	*Diventro*	*Divnum*	*Diventro*
LSnum	−0.307***	−0.037*				
	(−3.54)	(−1.83)				
LScnum			−0.050*	−0.011*		
			(−1.80)	(−1.73)		
LShhi					−0.236***	−0.067***
					(−3.02)	(−3.78)
IMR	−0.908***	−0.210***	−0.627*	−0.210***	−0.635*	−0.213***
	(−2.59)	(−2.74)	(−1.82)	(−2.74)	(−1.85)	(−2.78)
Controls	yes	yes	yes	yes	yes	yes
Ind	yes	yes	yes	yes	yes	yes
Year	yes	yes	yes	yes	yes	yes
Constant	1.894	1.367***	1.331	1.360***	1.387	1.365***
	(0.84)	(2.77)	(0.60)	(2.76)	(0.63)	(2.77)
Obs	9 092	9 092	9 092	9 092	9 092	9 092
Adj_R^2	0.084	0.089	0.142	0.089	0.142	0.090

注：***、**、*分别代表1%、5%、10%的水平上通过显著性检验，括号内为相应系数*t*值，*Controls*为控制变量，与模型（4-1）一致。

表 6-9 Heckman 检验：冗余资源、连锁股东与多元化经营（3）

变量名	（1）	（2）	（3）	（4）	（5）	（6）
	沉淀性冗余资源：可恢复冗余较高组					
	Divnum	*Diventro*	*Divnum*	*Diventro*	*Divnum*	*Diventro*
LSnum	−0.173**	−0.041*				
	（−2.01）	（−1.87）				
LScnum			−0.102***	−0.024***		
			（−3.98）	（−3.72）		
LShhi					−0.187**	−0.043**
					（−2.27）	（−2.04）
IMR	−0.406	−0.019	−0.415	−0.021	−0.409	−0.019
	（−1.24）	（−0.23）	（−1.27）	（−0.25）	（−1.25）	（−0.24）
Controls	yes	yes	yes	yes	yes	yes
Ind	yes	yes	yes	yes	yes	yes
Year	yes	yes	yes	yes	yes	yes
Constant	−0.285	0.130	−0.473	0.086	−0.241	0.141
	（−0.13）	（0.24）	（−0.22）	（0.16）	（−0.11）	（0.26）
Obs	9 032	9 032	9 032	9 032	9 032	9 032
Adj_R^2	0.148	0.107	0.149	0.108	0.148	0.107

	（7）	（8）	（9）	（10）	（11）	（12）
变量名	沉淀性冗余资源：可恢复冗余较低组					
	Divnum	*Diventro*	*Divnum*	*Diventro*	*Divnum*	*Diventro*
LSnum	0.013	−0.004				
	（0.15）	（−0.17）				
LScnum			0.024	0.006		
			（0.81）	（0.87）		
LShhi					−0.116	−0.031
					（−0.71）	（−0.77）
IMR	−0.745**	−0.212***	−0.742**	−0.211***	−0.756**	−0.215***
	（−2.45）	（−3.04）	（−2.44）	（−3.02）	（−2.24）	（−2.69）
Controls	yes	yes	yes	yes	yes	yes
Ind	yes	yes	yes	yes	yes	yes
Year	yes	yes	yes	yes	yes	yes
Constant	2.526	1.186***	2.598	1.210***	2.456	1.173**
	（1.29）	（2.64）	（1.33）	（2.69）	（1.04）	（2.13）
Obs	8 662	8 662	8 662	8 662	8 662	8 662
Adj_R²	0.174	0.121	0.174	0.121	0.174	0.122

注：***、**、*分别代表1%、5%、10%的水平上通过显著性检验，括号内为相应系数 *t* 值，*Controls* 为控制变量，与模型（4-1）一致。

表 6-10 Heckman检验：资产专用性、连锁股东与多元化经营

变量名	（1）	（2）	（3）	（4）	（5）	（6）
	低资产专用性					
	Divnum	*Diventro*	*Divnum*	*Diventro*	*Divnum*	*Diventro*
LShhi	-0.215***	-0.039**				
	（-2.75）	（-1.97）				
LSnum			-0.197**	-0.044**		
			（-2.15）	（-1.97）		
LScnum					-0.081***	-0.013*
					（-2.89）	（-1.82）
IMR	-1.135***	-0.303***	-1.126***	-0.301***	-1.126***	-0.302***
	（-3.79）	（-4.32）	（-3.77）	（-4.29）	（-3.77）	（-4.30）
Controls	yes	yes	yes	yes	yes	yes
Ind	yes	yes	yes	yes	yes	yes
Year	yes	yes	yes	yes	yes	yes
Constant	4.107**	1.747***	4.064**	1.729***	3.929**	1.722***
	（2.11）	（3.84）	（2.09）	（3.80）	（2.02）	（3.78）
Obs	8 748	8 748	8 748	8 748	8 748	8 748
Adj_R²	0.172	0.117	0.171	0.117	0.172	0.117

变量名	（7）	（8）	（9）	（10）	（11）	（12）
	高资产专用性					
	Divnum	*Diventro*	*Divnum*	*Diventro*	*Divnum*	*Diventro*
LShhi	0.002	−0.003				
	（0.03）	（−0.18）				
LSnum			0.143	0.037		
			（0.59）	（0.67）		
LScnum					0.028	0.006
					（1.01）	（0.89）
IMR	−0.059	0.054	−0.049	0.057	−0.054	0.055
	（−0.17）	（0.65）	（−0.10）	（0.41）	（−0.16）	（0.67）
Controls	yes	yes	yes	yes	yes	yes
Ind	yes	yes	yes	yes	yes	yes
Year	yes	yes	yes	yes	yes	yes
Constant	−2.509	−0.473	−2.420	−0.448	−2.436	−0.456
	（−1.15）	（−0.89）	（−1.01）	（−0.57）	（−1.12）	（−0.86）
Obs	8 946	8 946	8 946	8 946	8 946	8 946
Adj_R²	0.149	0.110	0.149	0.111	0.149	0.111

注：***、**、*分别代表1%、5%、10%的水平上通过显著性检验，括号内为相应系数 *t* 值，*Controls* 为控制变量，与模型（4-1）一致。

表6-11 Heckman检验：管理层权力、连锁股东与多元化经营

变量名	（1）	（2）	（3）	（4）	（5）	（6）
	低管理层权力					
	Divnum	*Diventro*	*Divnum*	*Diventro*	*Divnum*	*Diventro*
LShhi	−0.055	−0.018				
	(−0.83)	(−1.13)				
LSnum			0.025	−0.001		
			(0.31)	(−0.04)		
LScnum					−0.003	−0.002
					(−0.12)	(−0.27)
IMR	−0.918***	−0.170**	−0.916***	−0.169**	−0.916***	−0.169**
	(−3.26)	(−2.36)	(−3.25)	(−2.35)	(−3.25)	(−2.35)
Controls	yes	yes	yes	yes	yes	yes
Ind	yes	yes	yes	yes	yes	yes
Year	yes	yes	yes	yes	yes	yes
Constant	4.049**	1.131**	4.125**	1.147**	4.084**	1.141**
	(2.23)	(2.45)	(2.27)	(2.49)	(2.25)	(2.47)
Obs	10 295	10 295	10 295	10 295	10 295	10 295
Adj_R²	0.154	0.100	0.153	0.100	0.153	0.100
F	44.495	29.631	44.613	29.645	44.473	29.619

变量名	（7）	（8）	（9）	（10）	（11）	（12）
	高管理层权力					
	Divnum	*Diventro*	*Divnum*	*Diventro*	*Divnum*	*Diventro*
LShhi	−0.305***	−0.055**				
	(−2.91)	(−2.09)				
LSnum			−0.254***	−0.049**		
			(−2.62)	(−1.98)		
LScnum					−0.102***	−0.019***
					(−3.54)	(−2.60)
IMR	−0.035	−0.032	−0.035	−0.032	−0.042	−0.034
	(−0.10)	(−0.39)	(−0.10)	(−0.39)	(−0.12)	(−0.41)
Controls	yes	yes	yes	yes	yes	yes
Ind	yes	yes	yes	yes	yes	yes
Year	yes	yes	yes	yes	yes	yes
Constant	−3.418	−0.004	−3.469	−0.015	−3.588	−0.037
	(−1.49)	(−0.01)	(−1.51)	(−0.03)	(−1.56)	(−0.07)
Obs	7 399	7 399	7 399	7 399	7 399	7 399
Adj_R²	0.156	0.110	0.156	0.110	0.156	0.110
F	32.273	23.407	32.160	23.354	32.411	23.452

注：***、**、*分别代表1%、5%、10%的水平上通过显著性检验，括号内为相应系数 *t* 值，*Controls* 为控制变量，与模型（4-1）一致。

表6-12　　Heckman检验：产权性质、连锁股东与多元化经营

变量名	（1）	（2）	（3）	（4）	（5）	（6）
	国有企业					
	Divnum	*Diventro*	*Divnum*	*Diventro*	*Divnum*	*Diventro*
LSnum	0.122	0.020				
	（1.50）	（1.08）				
LScnum			0.027	0.006		
			（1.06）	（0.92）		
LShhi					0.041	0.008
					（0.57）	（0.47）
IMR	−1.375**	−0.211*	−1.369**	−0.210*	−1.371**	−0.211*
	（−2.57）	（−1.70）	（−2.56）	（−1.69）	（−2.56）	（−1.69）
Controls	yes	yes	yes	yes	yes	yes
Year/Ind	yes	yes	yes	yes	yes	yes
Constant	6.798**	1.611**	6.750**	1.606**	6.691*	1.594**
	（1.98）	（2.02）	（1.97）	（2.01）	（1.95）	（2.00）
Obs	7 334	7 334	7 334	7 334	7 334	7 334
Adj_R^2	0.162	0.119	0.161	0.119	0.161	0.119
	（7）	（8）	（9）	（10）	（11）	（12）
变量名	非国有企业					
	Divnum	*Diventro*	*Divnum*	*Diventro*	*Divnum*	*Diventro*
LSnum	−0.185*	−0.036				
	（−1.77）	（−1.66）				
LScnum			−0.090***	−0.019**		
			（−2.77）	（−2.20）		

变量名	（7）	（8）	（9）	（10）	（11）	（12）
	非国有企业					
	Divnum	*Diventro*	*Divnum*	*Diventro*	*Divnum*	*Diventro*
LShhi					-0.274^{**}	-0.058^{**}
					（-2.48）	（-1.99）
IMR	0.272	0.076	0.276	0.077	0.273	0.077
	（0.93）	（0.88）	（0.95）	（1.00）	（0.94）	（1.00）
Controls	yes	yes	yes	yes	yes	yes
Year/Ind	yes	yes	yes	yes	yes	yes
Constant	-4.729^{**}	-0.839	-4.878^{**}	-0.874^{*}	-4.740^{**}	-0.845
	（-2.42）	（-1.45）	（-2.50）	（-1.70）	（-2.43）	（-1.64）
Obs	9 513	9 513	9 513	9 513	9 513	9 513
Adj_R^2	0.129	0.092	0.129	0.093	0.129	0.093

注：$***$、$**$、$*$分别代表1%、5%、10%的水平上通过显著性检验，括号内为相应系数t值，*Controls*为控制变量，与模型（4-1）一致。

6.4.2 考虑时变行业影响

由于煤炭、钢铁、新媒体等行业在样本期间可能具有周期性规律，加之企业多元化经营可能因各年度出台的产业及货币政策而产生迥异的变化，这些影响因子也会使投资者改变其持股选择或调仓意向。因此，这些影响因素的存在使本书的估计可能是有偏的，为了控制宏观经济政策等外界影响因素，本书借鉴潘越等（2020）的研究，在模型（4-3）的基础上进一步控制行业乘以年度的固定效应，从而尽可能地消除宏观因素对研究结果的影响。冗余资源、资产专用性、管理层权力的回归结果见表6-13至表6-17。从结果可以看出，即使考虑宏观经济政策的问题，研究结论与前文依然保持一致，此部分不再详细赘述。

表6-13 控制行业年度：冗余资源、连锁股东与多元化经营（1）

变量名	（1）	（2）	（3）	（4）	（5）	（6）
	非沉淀性冗余资源：可利用冗余较高组					
	Divnum	*Diventro*	*Divnum*	*Diventro*	*Divnum*	*Diventro*
LSnum	−0.017	0.019				
	（−0.23）	（0.95）				
LScnum			−0.030	0.004		
			（−1.26）	（0.60）		
LShhi					−0.019	0.026
					（−0.27）	（1.34）
Controls	yes	yes	yes	yes	yes	yes
Ind	yes	yes	yes	yes	yes	yes
Year	yes	yes	yes	yes	yes	yes
Ind_Year	yes	yes	yes	yes	yes	yes
Constant	−1.939**	−0.246	−2.013**	−0.249	−1.939**	−0.242
	（−2.25）	（−1.38）	（−2.34）	（−1.39）	（−2.25）	（−1.35）
Obs	10 917	10 917	10 917	10 917	10 917	10 917
Adj_R^2	0.186	0.149	0.186	0.149	0.186	0.149

变量名	(7)	(8)	(9)	(10)	(11)	(12)
	非沉淀性冗余资源：可利用冗余较低组					
	Divnum	*Diventro*	*Divnum*	*Diventro*	*Divnum*	*Diventro*
LSnum	−0.140*	−0.040**				
	(−1.71)	(−2.15)				
LScnum			−0.059**	−0.016**		
			(−2.21)	(−2.55)		
LShhi					−0.250***	−0.070***
					(−3.40)	(−4.16)
Controls	yes	yes	yes	yes	yes	yes
Ind	yes	yes	yes	yes	yes	yes
Year	yes	yes	yes	yes	yes	yes
Ind_Year	yes	yes	yes	yes	yes	yes
Constant	−2.628***	0.271	−2.724***	0.250	−2.719***	0.247
	(−4.01)	(1.38)	(−4.15)	(1.27)	(−4.16)	(1.26)
Obs	10 756	10 756	10 756	10 756	10 756	10 756
Adj_R²	0.150	0.102	0.150	0.102	0.151	0.103

注：***、**、*分别代表1%、5%、10%的水平上通过显著性检验，括号内为相应系数 t 值，*Controls* 为控制变量，与模型（4-1）一致。

表6-14 控制行业年度：冗余资源、连锁股东与多元化经营（2）

变量名	（1）	（2）	（3）	（4）	（5）	（6）
	非沉淀性冗余资源：潜在冗余较高组					
	Divnum	*Diventro*	*Divnum*	*Diventro*	*Divnum*	*Diventro*
LSnum	−0.073	0.004				
	(−0.98)	(0.22)				
LScnum			−0.043	−0.004		
			(−0.99)	(−0.55)		
LShhi					−0.067	0.013
					(−0.94)	(0.68)
Controls	yes	yes	yes	yes	yes	yes
Ind	yes	yes	yes	yes	yes	yes
Year	yes	yes	yes	yes	yes	yes
Ind_Year	yes	yes	yes	yes	yes	yes
Constant	1.391	0.441*	1.325	0.428	1.393	0.447*
	(0.79)	(1.67)	(0.89)	(1.63)	(0.79)	(1.70)
Obs	10 917	10 917	10 917	10 917	10 917	10 917
Adj_R^2	0.180	0.151	0.180	0.151	0.180	0.151

变量名	（7）	（8）	（9）	（10）	（11）	（12）
	非沉淀性冗余资源：潜在冗余较低组					
	Divnum	*Diventro*	*Divnum*	*Diventro*	*Divnum*	*Diventro*
LSnum	−0.137*	−0.041**				
	（−1.68）	（−2.20）				
LScnum			−0.061**	−0.014**		
			（−2.31）	（−2.31）		
LShhi					−0.247***	−0.069***
					（−3.37）	（−4.16）
Controls	yes	yes	yes	yes	yes	yes
Ind	yes	yes	yes	yes	yes	yes
Year	yes	yes	yes	yes	yes	yes
Ind_Year	yes	yes	yes	yes	yes	yes
Constant	−2.132***	0.193	−2.957***	0.179	−2.924***	0.174
	（−2.85）	（0.79）	（−4.35）	（0.73）	（−4.32）	（0.71）
Obs	10 756	10 756	10 756	10 756	10 756	10 756
Adj_R^2	0.152	0.104	0.152	0.104	0.153	0.105

注：***、**、*分别代表1%、5%、10%的水平上通过显著性检验，括号内为相应系数 *t* 值，*Controls* 为控制变量，与模型（4-1）一致。

表6-15 控制行业年度：冗余资源、连锁股东与多元化经营（3）

变量名	（1）	（2）	（3）	（4）	（5）	（6）
	沉淀性冗余资源：可恢复冗余较高组					
	Divnum	*Diventro*	*Divnum*	*Diventro*	*Divnum*	*Diventro*
LSnum	−0.186**	−0.043**				
	（−2.35）	（−2.11）				
LScnum			−0.109***	−0.025***		
			（−4.48）	（−3.97）		
LShhi					−0.189**	−0.042**
					（−2.42）	（−2.13）
Controls	yes	yes	yes	yes	yes	yes
Ind	yes	yes	yes	yes	yes	yes
Year	yes	yes	yes	yes	yes	yes
Ind_Year	yes	yes	yes	yes	yes	yes
Constant	−1.608*	0.178	−1.841**	0.126	−1.576*	0.186
	（−1.75）	（0.70）	（−2.00）	（0.50）	（−1.72）	（0.73）
Obs	11 022	11 022	11 022	11 022	11 022	11 022
Adj_R²	0.163	0.128	0.164	0.129	0.163	0.128

变量名	（7）	（8）	（9）	（10）	（11）	（12）
	沉淀性冗余资源：可恢复冗余较低组					
	Divnum	*Diventro*	*Divnum*	*Diventro*	*Divnum*	*Diventro*
LSnum	−0.024	−0.018				
	（−0.30）	（−0.95）				
LScnum			0.005	0.001		
			（0.20）	（0.11）		
LShhi					−0.151	−0.042
					（−0.97）	（−1.11）
Controls	yes	yes	yes	yes	yes	yes
Ind	yes	yes	yes	yes	yes	yes
Year	yes	yes	yes	yes	yes	yes
Ind_Year	yes	yes	yes	yes	yes	yes
Constant	−1.726**	−0.143	−1.681**	−0.122	−1.840	−0.164
	（−2.30）	（−0.90）	（−2.23）	（−0.76）	（−1.50）	（−0.57）
Obs	10 651	10 651	10 651	10 651	10 651	10 651
Adj_R^2	0.192	0.138	0.192	0.138	0.192	0.139

注：***、**、*分别代表1%、5%、10%的水平上通过显著性检验，括号内为相应系数t值，*Controls*为控制变量，与模型（4-1）一致。

表6-16 控制行业年度：资产专用性、连锁股东与多元化经营

变量名	（1）	（2）	（3）	（4）	（5）	（6）
	低资产专用性					
	Divnum	*Diventro*	*Divnum*	*Diventro*	*Divnum*	*Diventro*
LShhi	−0.239***	−0.043**				
	(−3.25)	(−2.33)				
LSnum			−0.206**	−0.046**		
			(−2.45)	(−2.22)		
LScnum					−0.090***	−0.014**
					(−3.40)	(−2.09)
Controls	yes	yes	yes	yes	yes	yes
Ind	yes	yes	yes	yes	yes	yes
Year	yes	yes	yes	yes	yes	yes
Ind_Year	yes	yes	yes	yes	yes	yes
Constant	−2.627***	−0.288	−2.601***	−0.292	−2.758***	−0.304*
	(−3.45)	(−1.61)	(−3.42)	(−1.63)	(−3.61)	(−1.69)
Obs	10 801	10 801	10 801	10 801	10 801	10 801
Adj_R²	0.188	0.134	0.187	0.134	0.188	0.134

变量名	(7)	(8)	(9)	(10)	(11)	(12)
	高资产专用性					
	Divnum	*Diventro*	*Divnum*	*Diventro*	*Divnum*	*Diventro*
LShhi	−0.027	−0.013				
	(−0.37)	(−0.77)				
LSnum			0.090	0.021		
			(1.18)	(1.12)		
LScnum					0.009	0.001
					(0.35)	(0.09)
Controls	yes	yes	yes	yes	yes	yes
Ind	yes	yes	yes	yes	yes	yes
Year	yes	yes	yes	yes	yes	yes
Ind_Year	yes	yes	yes	yes	yes	yes
Constant	−2.500***	−0.024	−2.397***	0.006	−2.446***	−0.011
	(−3.43)	(−0.12)	(−3.25)	(0.03)	(−3.34)	(−0.06)
Obs	10 872	10 872	10 872	10 872	10 872	10 872
Adj_R^2	0.161	0.130	0.161	0.130	0.161	0.130

注：***、**、*分别代表1%、5%、10%的水平上通过显著性检验，括号内为相应系数t值，*Controls* 为控制变量，与模型（4-1）一致。

表 6-17　控制行业年度：管理层权力、连锁股东与多元化经营

变量名	（1）	（2）	（3）	（4）	（5）	（6）
	低管理层权力					
	Divnum	*Diventro*	*Divnum*	*Diventro*	*Divnum*	*Diventro*
LShhi	−0.079	−0.022				
	（−1.28）	（−1.47）				
LSnum			−0.003	−0.005		
			（−0.04）	（−0.26）		
LScnum					−0.016	−0.003
					（−0.64）	（−0.58）
Controls	yes	yes	yes	yes	yes	yes
Ind	yes	yes	yes	yes	yes	yes
Year	yes	yes	yes	yes	yes	yes
Ind_Year	yes	yes	yes	yes	yes	yes
Constant	−1.230*	0.159	−1.169*	0.173	−1.225*	0.164
	（−1.89）	（1.15）	（−1.78）	（1.22）	（−1.87）	（1.16）
Obs	12 321	12 321	12 321	12 321	12 321	12 321
Adj_R^2	0.165	0.116	0.165	0.116	0.165	0.116

变量名	（7）	（8）	（9）	（10）	（11）	（12）
	高管理层权力					
	Divnum	*Diventro*	*Divnum*	*Diventro*	*Divnum*	*Diventro*
LShhi	−0.314***	−0.066***				
	（−3.24）	（−2.69）				
LSnum			−0.257***	−0.057**		
			（−2.95）	（−2.56）		
LScnum					−0.104***	−0.021***
					（−3.87）	（−3.01）
Controls	yes	yes	yes	yes	yes	yes
Ind	yes	yes	yes	yes	yes	yes
Year	yes	yes	yes	yes	yes	yes
Ind_Year	yes	yes	yes	yes	yes	yes
Constant	−2.595***	−0.128	−2.631***	−0.139	−2.787***	−0.164
	（−3.36）	（−0.70）	（−3.41）	（−0.76）	（−3.60）	（−0.89）
Obs	9 352	9 352	9 352	9 352	9 352	9 352
Adj_R^2	0.178	0.140	0.178	0.140	0.179	0.140

注：***、**、*分别代表1%、5%、10%的水平上通过显著性检验，括号内为相应系数t值，*Controls*为控制变量，与模型（4-1）一致。

6.5 本章小结

连锁股东与企业多元化经营的关系除受股东特质影响外，企业特征亦是考虑的重要因素。本章结合企业内部组织特征，考察了不同冗余资源类型、企业管理层权力等特征对连锁股东之于企业多元化经营的影响。研究发现，当沉淀性冗余资源较高、非沉淀性冗余资源较低时，连锁股东对企业多元化经营的影响更大，"归核效应"更显著。连锁股东一方面可以抑制管理层权力带来的融资规模限制及代理问题而形成的多元化行为；另一方面可以通过资源效应缓解潜在冗余受限困境，对可利用冗余资源的配置提升企业资源利用效率，从而抑制企业因非沉淀性资源所带来的多元化投资行为。此外，连锁股东对多元化经营的影响亦受企业资产专用程度的影响，在资产专用程度较低的企业中，连锁股东资源及治理效应的发挥更为显著。连锁股东在管理层权力较高的情况下，对企业多元化经营的影响更大，"归核效应"更显著。与国有企业相比，连锁股东对企业多元化的影响在非国有企业中更显著，主要源于国有企业得天独厚的资源优势，从而缓解企业融资难题，且受政府摊派各种社会职能的影响，连锁股东难以具有决策"话语权"，因此对企业多元化经营未有显著影响，而对民营企业而言，连锁股东可以产生明显的资源及治理效应，促进了企业聚焦主业发展。

本章的政策启示有：企业因战略发展需要而缔结股东时，不仅需要考虑联结股东特质，还应当充分考虑自身所处的资源环境以及管理层权限的配置模式。冗余资源的另一角度就是代理问题与融资约束问题，从不同样本的检验可以发现，代理问题和融资约束问题仍是企业多元化经营的重要起因。因此，在此情境下，更应该引入关联股东，着重发挥其资源效应及治理效应。企业应当在治理中合理配置管理层权力，提升资源利用效率，防止管理层权力过大所带来的多元化经营扩张行为。再者，资产属性亦是企业战略选择的重要依据，专用性资产是企业归核化经营的重要前提，剥离非相关的资源是企业主业经营的主要路径。另外，在引入连锁股东的同时，应当注重自身的产权属性。政府应当进一步降低企业负担，引导国有企业通过聚焦主业来提升核心竞争力，促进企业健康良性发展。民营企业连锁股东的效果更为明显，这就在提示有关民营企业的管理，需要加速商业合作，发挥连锁股东的"桥梁"作用。

第 7 章

制度环境、连锁股东与企业多元化经营

7.1　引言

在第4章中，连锁股东与企业多元化经营的基本关系经过检验是成立的，并且已经明晰了其影响路径。但是，研究该课题必须建立在已有的制度环境中，这是连锁股东影响企业多元化经营不可忽视的基础性因素。企业所处的制度环境，诸如劳动力、原材料、地区发展等因素始终处于动态变化之中，企业的各项行为都必须与其所处的环境相适应（夏立军等，2007）。从宏观角度来看，制度环境是一个国家经济发展的重要体现，也是国家进行上层规制的基本指南，国家针对当前经济发展局势对弱势产业进行扶持以优化产业结构和实现经济高质量发展。从微观角度来看，制度环境是企业经营发展所依赖的基础环境（North，2009）。制度环境的优劣直接影响了社会的基础性地位、经济发展进度、企业业绩与成长等方面。程仲鸣等（2008）认为地方政府干预举措导致企业过度投资行为，但是具有金字塔层级的股权结构对该关系具有缓解作用，表明了内部股权结构可以在一定程度上减少外部政府干预。胡国柳等（2006）研究发现宏观经济周期是企业投资水平的重要影响因素，管理层持股行为会促进企业对外投资规模，但是第一大股东的股权集中度过高会负向抑制企业的资本投资水平。对市场主体而言，制度环境作为一种外部特征影响了市场秩序构建及运行效率，同时亦会对企业投融资带来深远影响。以制度环境作为调节变量，对于连锁股东来说是很有必要的。一是能够为企业之间的股东联结提供适用环境引导，充分发挥制度环境优势或者缓解制度环境劣势；二是利用宏观环境的顶层设计来指导微观企业行为实践，也有助于进一步反向优化制度环境。

制度环境作为一种宏观体系，其量化方法亦多种多样，并且难度较大。国外学者主要采用地区市场化指数、法治化进程以及政府干预指数等指标进行测度。关于制度环境的经济后果，国外研究也大多认为可以有效提高企业内部治理水平。Gugler等（2003）在世界范围内考察了不同制度环境的多家跨国企业，研究了两权分离度（SEP）与企业收益之间的关联，认为高质量的制度环境可以显著提高企业的收益水平，对企业的投资效率亦有较大提升。Gugler等（2007）研究发现市场主体所处的法律建设水平可以显著优化企业的会计制度，使之更贴合当地经济发展水平。Karuna（2008）认为政府干预与市场化水平是相互替代的关系，当政府放松市场干预时，市场化水平显著提高，并且在一定程度上有助于提升公司治理水平。Albuquerque和Wang（2008）研究认为地区的法律规制水平与企业的非效率投资正相关，并且抑制了监管层的监督职能，同时激化了管理层的私人收益动机。此外，在市场化水平较低的环境中，企业与政府人员形成政治关联的可能性提高，主要源于企业寻租骗补的动机（Faccio et al.，2002）。经济政策不确定性是制度环境的综合反映和识别企业风险的重要工具，关于经济政策不确定性对企业微观行为的影响，主要集中在财务决策、企业价值及资本配置等方面，而关于连锁股东的经济后果，鲜有文献提及。

我国当前处于新兴加转轨的特殊时期，各地区的营商环境、法治化建设及政府干预程度都存在较大差异，这种差异同样也会影响企业股东的联结动机及多元化水平，因此，如何根据不同的制度环境来规范和引导股东的投资行为是亟待解决的问题。虽然当前对于制度环境已经获得了一定的研究进展，但是鲜有研究将连锁股东与多元化经营同时纳入该框架内。因此，本章将从制度环境中的产业政策、市场化进程及经济政策不确定性三个方面考察不同环境下连锁股东对企业多元化经营的影响，并提出有针对性的政策建议。

7.2　理论分析与研究假设

产业政策是企业多元化的重要影响因素，亦是我国企业经济后果考察避不开的现实情境。市场化进程是我国企业发展的重要外部环境，其发达程度亦是企业进行战略选择与治理方式的考量因素。经济政策不确定性是新兴市场的重要外部表现。因此，从产业政策、市场化进程、经济政策不确定性三个方面进行制度环境分析，有助于厘清企业内部正式制度建设与外部市场制约对多元化行为的影响。

7.2.1　产业政策、连锁股东与企业多元化经营

产业政策是指为达到一定的经济目标或社会目标对特定行业的发展进行政策干预的重要方式。我国的产业政策是一系列有选择性、有针对性的扶持性政策，国家及各地方政府根据未来行业的发展前景及产业结构的调整需求，对符合政策要求的产业给予一定的财政优惠，譬如财政补贴、税收优惠、政策性贷款、行政审批、土地划拨等（Neary and Leahy，2000；Musacchio et al.，2016；黎文靖、郑曼妮，2016；王克敏等，2017；蔡庆丰、田霖，2019）。政府通过直接或间接的方式为支持行业提供发展资源、改善发展环境的同时，亦对产业政策非支持行业提出了信贷融资、行政审批等方面的限制。例如，提高非支持行业准入门槛、强化非支持行业行政审批和土地划拨标准、为支持行业提供政策性贷款而非支持行业面临更高的审批要求，进而使非支持行业面临更高的融资约束、更少的资源分配（江飞涛、李晓萍，2010；祝继高等，2015a；祝继高等，2015b；杨兴全等，2018；杨兴全、王丽丽，2020）。此外，相比支持性行业，非支持性行业向外界传递出行业前景不佳的信号，将进一步强化企业融资约束，提高

外部融资成本。为适应外界制度环境的要求，降低外界融资成本，多元化经营便成为非支持性行业的应对性策略。一方面，基于市场势力理论，企业会将剩余资源发挥最大效用，通过多元化经营提高企业竞争力；另一方面，为响应国家经济政策，非支持性行业会将更多的资源投入到支持性行业中，以谋取更多的资源优势和投资机会，进而缓解自身融资难、融资贵之困境。因此，相比产业政策支持性行业，非支持性行业中的企业更倾向于多元化经营，以期通过涉入支持性行业获得政策倾斜。而连锁股东的存在，改变了依附产业政策所产生的差异性影响。一方面，连锁股东可以将支持性行业的资源引入到企业中，优化企业的资源配置，降低企业为获取支持性补贴而进行的多元化经营；另一方面，连锁股东本身所具有的资源优势、信息优势以及治理优势可以缓解企业融资约束，提高资源利用效率，促使企业向主业靠拢。产业政策的影响逻辑，如图7-1所示。

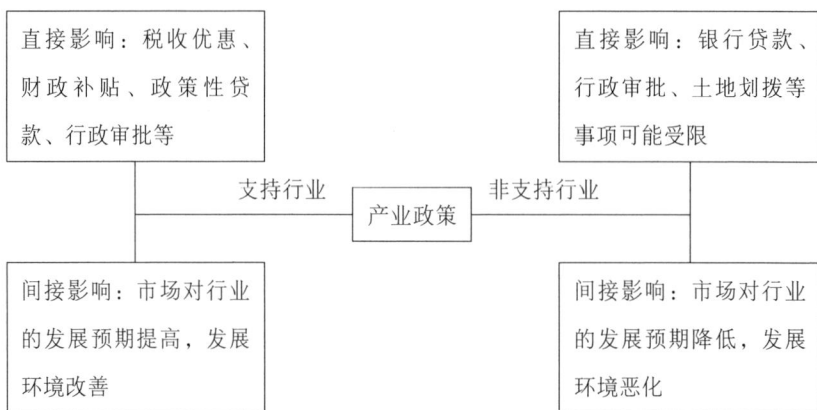

图7-1 产业政策影响逻辑图

基于此，本书提出如下假设：

H7-1：与产业政策支持行业相比，连锁股东对企业多元化的影响在非支持行业中更显著。

7.2.2　市场化进程、连锁股东与企业多元化经营

经过多年来经济的持续积累，我国市场化水平日渐走高，但由于我国地域广阔、经济发展存在区域性差异，因此市场化水平亦有所不同，而企业的生存与运转都必须在相关区域内完成。市场化水平较高的区域，其要素流动更为充分，地区的法治建设与企业保护机制更为完善，良性的竞争氛围在一定程度上亦可以减少垄断的发生。较高的市场化水平要求企业对自身资源进行更为合理的配置，以适应高水平的市场化竞争和资源配置模式。市场化进程主要通过要素市场影响企业竞争战略，推动市场化进程有利于降低政府干预程度，提升市场信息透明度，增强区域与企业的创新水平，而创新水平是多元化战略选择的重要依据（Burks et al.，2018；庄旭东，2021）。市场化水平还与企业治理行为息息相关，较高的市场化水平可以显著提高企业的信息透明度，外部制约亦可以缓解企业管理层的代理问题，这些都有助于提升企业投资效率（Bushman and Smith，2001；夏立军、方轶强，2005）。同时，Leuz（2003）认为早期资本发迹的西方国家拥有较为完善的外部市场环境，对企业管理层的私利行为亦有显著抑制作用，这也解释了为何新兴市场国家存在着较为严重的代理问题。Karuna（2007）研究认为高市场化水平可以完善企业内部控制制度，亦可以优化企业治理体系。我国关于市场化进程方面，也进行了大量的研究。朱红军等（2006）认为随着我国市场化进程的推进，企业的外部融资约束问题逐渐得到缓解，资源配置能力也有所提升。伊志宏等（2011）研究认为市场化进程的外部治理作用还体现在高市场化水平的地区，机构投资者可以显著提升高管薪酬与业绩的敏感性。同时，市场化进程的发展还具有有效促进媒体等外部监管的作用，也说明了外部法治缺陷会对媒体治理功能造成一定的影响。市场化进程的发展

释放了民营企业的生存空间，激发了创新活力，同时对消除政企绑定、建立新型政商关系都大有裨益（黄毅，2021）。综上，市场化进程可以在企业融资、资源配置、创新能力、内部治理等方面发挥优势作用。前述研究已经表明连锁股东具有一定的公司治理优势，当企业的外部治理缺失时，其委派董事的职能及资源获取优势的发挥更为显著，从而达到与外部治理相互替代的效果。

基于此，本书提出如下假设：

H7-2：与高市场化进程的地区相比，连锁股东对企业多元化的影响在低市场化进程的地区更显著。

7.2.3 经济政策不确定性、连锁股东与企业多元化经营

经济政策不确定性是指各类经济主体对政府各种宏观政策何时出台或变更的时间无法有效推定的不确定性程度。近些年，学者们主要围绕经济政策不确定性的宏观和微观后果进行了广泛研究。在宏观方面，经济政策不确定性主要对宏观经济波动、地方债务水平以及进出口业务产生影响（杨海生等，2014；田磊等，2017；张夏等，2019）。在微观方面，多数学者主要围绕企业投融资决策展开研究。经济政策不确定性由于代理问题而增加了企业无效投资行为，进一步加剧了融资约束难题与现金持有水平及价值影响（宫晓莉等，2021；才国伟，2018；王红建，2014）。叶德珠（2020）认为企业在经济不确定性较高的环境下，出于效率投资及抗风险需求而降低了企业多元化经营程度。一方面，在经济政策不确定性较高的情况下，企业面临的投资风险及融资约束程度加大（陈胜蓝、刘晓玲，2018；宋全云等，2019）。多元化的投资组合理论认为现金流不一致的项目之间进行组合投资，可以有效分散经营风险。同时，融资约束的程度也使企业有动机构建内部资本市场以缓解融资困难。另一方面，经济政策不确定性带来的

委托代理问题亦是企业多元化扩张的重要动因。连锁股东对经济不确定性所带来的扩张行为具有一定的缓解作用。一是连锁股东的资源效应有助于缓解企业融资难题，丰富的投资经验亦可以降低企业经营风险。二是连锁股东通过治理举措可以有效发挥对管理层的监督效应，在一定程度上抑制了管理层"帝国构造"的扩张动机。连锁股东还可以与外部经济政策实现协同，当外部经济政策不确定性较低时，企业所面临的融资约束程度较低，企业所面临的经营与财务风险都较小，而连锁股东在此情境下亦更能发挥其资源优势，加快企业剥离无效资产，共同促进企业主业经营。然而，在经济不确定性较高的环境下，连锁股东与企业之间可能进行合谋抑或进行行业互补以"抱团取暖"，进一步扩张经营以期获得规模经济和超额收益。

基于此，本书提出如下假设：

H7-3a：与高经济不确定性的环境相比，连锁股东对企业多元化的影响在低经济不确定性的环境下更显著。

H7-3b：与低经济不确定性的环境相比，连锁股东对企业多元化的影响在高经济不确定性的环境下更显著。

7.3 变量定义及实证检验

7.3.1 制度环境变量定义

7.3.1.1 产业政策（IP）

对于产业政策的衡量，本书参考杨兴全等（2018）的研究设计，根据产业发展规划中的描述判断是否属于支持性行业，如果明确提出需要重点鼓励支持的行业，那么，该行业属于产业政策支持性行业，IP 取值为 1；反之，则属于非产业政策支持性行业，IP 取值为 0。值得注意的是，此处的行业根据《上市公司行业分类指引》（2012年修订）中的三级代码进行设置。

7.3.1.2 市场化进程（*Mark*）

市场化进程主要源于樊纲在《中国市场化指数——各地区市场化相对进程报告》中指出的市场化进程总指数，并根据市场化总指数的均值，将其分为高市场化进程和低市场化进程两组。当市场化总指数高于其均值时，则取值为1，即高市场化进程；反之，则取值为0，即低市场化进程。

7.3.1.3 经济政策不确定性（*EPU*）

对于经济政策不确定性的衡量，本书使用Baker等（2016）开发的基于中国经济政策指数进行衡量，该指数已被我国众多学者所采用。由于本书采用的是年度数据，因此，依照已有研究（顾夏铭等，2018）将经济政策不确定性一年中12个月度的数据进行算术平均以求出年度均值。该指数越大，说明当年经济政策不确定性水平越高。

7.3.2 多元回归分析

表7-1为是否产业政策扶持行业下连锁股东对企业多元化经营的影响。从结果可以看出，第（1）至（6）列连锁股东的数量（*LSnum*）、连锁股东持股公司的数量（*LScnum*）及市场势力（*LShhi*）均显著为负，而在产业政策扶持行业下，第（7）至（12）列中的*LSnum*、*LScnum*及*LShhi*的回归系数均不显著。这意味着，在非产业政策扶持行业下，连锁股东通过发挥资源优势、信息优势及治理优势，优化企业的资源配置，提高资源利用效率，降低企业为获取支持性补贴而进行的多元化经营，促使企业向主业靠拢，即假设H7-1成立。

表7-1   **产业政策、连锁股东与多元化经营**

变量名	（1）	（2）	（3）	（4）	（5）	（6）
	产业政策扶持行业					
	Divnum	*Diventro*	*Divnum*	*Diventro*	*Divnum*	*Diventro*
LSnum	−0.179**	−0.032*				
	（−2.28）	（−1.74）				
LScnum			−0.070**	−0.014**		
			（−2.35）	（−2.14）		
LShhi					−0.217***	−0.038**
					（−2.99）	（−2.18）
Controls	yes	yes	yes	yes	yes	yes
Year/Ind	yes	yes	yes	yes	yes	yes
Constant	−1.899**	−0.907***	−1.924**	−0.993***	−1.917**	−0.866***
	（−2.28）	（−6.61）	（−2.31）	（−4.87）	（−2.31）	（−4.39）
Obs	10 868	10 868	10 868	10 868	10 868	10 868
Adj_R^2	0.213	0.038	0.213	0.051	0.214	0.078
变量名	（7）	（8）	（9）	（10）	（11）	（12）
	非产业政策扶持行业					
	Divnum	*Diventro*	*Divnum*	*Diventro*	*Divnum*	*Diventro*
LSnum	−0.021	−0.023				
	（−0.27）	（−1.30）				

变量名	（7）	（8）	（9）	（10）	（11）	（12）
	非产业政策扶持行业					
	Divnum	*Diventro*	*Divnum*	*Diventro*	*Divnum*	*Diventro*
LScnum			−0.015	−0.010		
			（−0.52）	（−0.96）		
LShhi					−0.088	−0.031
					（−1.21）	（−1.05）
Controls	yes	yes	yes	yes	yes	yes
Year/Ind	yes	yes	yes	yes	yes	yes
Constant	−1.336***	−0.469***	−1.372***	−0.484	−1.406***	−0.474
	（−2.67）	（−3.99）	（−2.73）	（−1.66）	（−2.81）	（−1.55）
Obs	10 805	10 805	10 805	10 805	10 805	10 805
Adj_R²	0.105	0.049	0.105	0.049	0.105	0.049

注：***、**、*分别代表1%、5%、10%的水平上通过显著性检验，括号内为相应系数 *t* 值，*Controls* 为控制变量，与模型（4-1）一致。

表7-2为不同市场化进程下连锁股东对企业多元化经营的影响。从结果可以看出，第（1）至（6）列连锁股东的数量（*LSnum*）、连锁股东持股公司的数量（*LScnum*）及市场势力（*LShhi*）的系数为负但未通过显著性检验，而在低市场化进程地区，第（7）至（12）列中的 *LSnum*、*LScnum* 及 *LShhi* 的系数显著为负。这表明连锁股东可以有效弥补低市场化进程地区的企业融资难、资源少、治理差等问题，

降低企业缓解融资约束、管理层自利行为而进行多元化经营的动机，促使企业进行归核化经营，即假设 H7-2 成立。

表 7-2 　　　　　　**市场化进程、连锁股东与多元化经营**

变量名	（1）	（2）	（3）	（4）	（5）	（6）
	高市场化进程					
	Divnum	*Diventro*	*Divnum*	*Diventro*	*Divnum*	*Diventro*
LSnum	−0.133	−0.037				
	（−0.78）	（−0.84）				
LScnum			−0.033	−0.007		
			（−0.53）	（−0.46）		
LShhi					−0.158	−0.035
					（−1.04）	（−0.87）
Controls	yes	yes	yes	yes	yes	yes
Year/Ind	yes	yes	yes	yes	yes	yes
Constant	−2.260*	−0.161	−2.248*	−0.149	−2.270*	−0.154
	（−1.92）	（−0.57）	（−1.90）	（−0.52）	（−1.94）	（−0.55）
Obs	12 215	12 215	12 215	12 215	12 215	12 215
Adj_R²	0.199	0.138	0.199	0.138	0.200	0.138
变量名	（7）	（8）	（9）	（10）	（11）	（12）
	低市场化进程					
	Divnum	*Diventro*	*Divnum*	*Diventro*	*Divnum*	*Diventro*
LSnum	−0.178**	−0.023*				
	（−2.20）	（−1.91）				

变量名	（7）	（8）	（9）	（10）	（11）	（12）
	低市场化进程					
	Divnum	*Diventro*	*Divnum*	*Diventro*	*Divnum*	*Diventro*
LScnum			−0.082***	−0.012***		
			(−4.89)	(−3.50)		
LShhi					−0.302***	−0.060***
					(−3.91)	(−3.13)
Controls	yes	yes	yes	yes	yes	yes
Year/Ind	yes	yes	yes	yes	yes	yes
Constant	−2.214***	0.112	−2.349***	0.091	−2.283***	0.087
	(−4.62)	(1.59)	(−5.90)	(1.22)	(−4.79)	(0.74)
Obs	8 472	8 472	8 472	8 472	8 472	8 472
Adj_R²	0.129	0.095	0.129	0.095	0.130	0.096

注：***、**、*分别代表1%、5%、10%的水平上通过显著性检验，括号内为相应系数 *t* 值，*Controls* 为控制变量，与模型（4-1）一致。

表7-3为经济政策不确定性下连锁股东对企业多元化经营的影响，其中，*EPU*=0代表经济政策不确定性程度较低的样本，*EPU*=1代表经济政策不确定性程度较高的样本。从结果可以看出，第（1）至（6）列连锁股东的数量（*LSnum*）、连锁股东持股公司的数量（*LScnum*）及市场势力（*LShhi*）的系数为负且在1%、5%、10%水平上通过显著性检验，第（7）至（12）列中的 *LSnum*、*LScnum* 及 *LShhi* 的系数均没有通过显著性检验。这表明连锁股东在经济政

策不确定性较低的环境中可以显著抑制企业多元化经营程度，即假设H7-3a成立。这一结果也说明连锁股东"归核效应"的产生，需要外部经济政策的支持和协同。当外部经济政策不确定性较低时，企业所面临的融资约束程度较低，企业所面临的经营与财务风险都较小，而连锁股东在此情境下更能发挥其资源优势，加快企业剥离无效资产，共同促进企业主业经营。

表7-3　　　　经济政策不确定性、连锁股东与多元化经营

变量名	（1）	（2）	（3）	（4）	（5）	（6）
	EPU=0					
	Divnum	Diventro	Divnum	Diventro	Divnum	Diventro
LSnum	−0.187***	−0.036**				
	（−2.60）	（−1.97）				
LScnum			−0.075***	−0.012*		
			（−2.63）	（−1.69）		
LShhi					−0.201***	−0.040**
					（−3.09）	（−2.48）
Controls	yes	yes	yes	yes	yes	yes
Ind	yes	yes	yes	yes	yes	yes
Constant	−3.349***	−0.186*	−3.401***	−0.189*	−3.350***	−0.187*
	（−7.65）	（−1.78）	（−7.75）	（−1.80）	（−7.65）	（−1.79）
Obs	11 766	11 766	11 766	11 766	11 766	11 766
Adj_R²	0.151	0.101	0.151	0.101	0.151	0.101

变量名	（7）	（8）	（9）	（10）	（11）	（12）
	EPU=1					
	Divnum	*Diventro*	*Divnum*	*Diventro*	*Divnum*	*Diventro*
LSnum	0.001	−0.011				
	(0.01)	(−0.51)				
LScnum			−0.031	−0.009		
			(−0.74)	(−0.89)		
LShhi					−0.093	−0.026
					(−1.11)	(−1.27)
Controls	yes	yes	yes	yes	yes	yes
Ind	yes	yes	yes	yes	yes	yes
Constant	−2.312***	−0.289**	−2.477***	−0.321	−2.423***	−0.305**
	(−4.10)	(−2.12)	(−2.62)	(−1.40)	(−4.30)	(−2.25)
Obs	9 907	9 907	9 907	9 907	9 907	9 907
Adj_R²	0.153	0.109	0.153	0.109	0.153	0.109

注：***、**、*分别代表1%、5%、10%的水平上通过显著性检验，括号内为相应系数 *t* 值，*Controls* 为控制变量，与模型（4-1）一致。

7.4 稳健性检验

7.4.1 Heckman检验

为排除样本自选择所引起的估计偏误，本书采用 Heckman 检验加以解释。在第一阶段回归中，借鉴潘越等（2020）的研究，构建

Probit回归模型（7-1），以考察公司上一期的财务变量和公司治理变量与其下一期是否存在连锁股东（*LSdum*）之间的相关性，具体模型如下：

$$LSdum_{i,\,t} = \beta_0 + \beta_j Control_{i,\,t-1} + \varepsilon_{i,\,t} \tag{7-1}$$

式中：*LSdum* 为是否存在连锁股东的虚拟变量；*Control* 为模型（4-1）中滞后一期的控制变量；*ε* 为残差。

之所以选择滞后一期的控制变量，主要是因为股东投资与否主要取决于企业上一期的经营状况，判断企业的财务及治理情况，在此基础上构建逆米尔斯比率（*IMR*）。在第二阶段回归中，将 *IMR* 作为控制变量加入基本回归，以纠正潜在的选择性偏差对研究结论的干扰。产业政策的回归结果见表7-4，市场化进程的回归结果见表7-5，经济不确定性的回归结果见表7-6。从结果可以看出，即使考虑样本自选择的问题，与前文回归结果依然保持一致。

表7-4　Heckman检验：产业政策、连锁股东与多元化经营

变量名	（1）	（2）	（3）	（4）	（5）	（6）
	非产业政策扶持行业					
	Divnum	*Diventro*	*Divnum*	*Diventro*	*Divnum*	*Diventro*
LSnum	−0.167*	−0.039*				
	(−1.95)	(−1.92)				
LScnum			−0.064**	−0.014*		
			(−1.96)	(−1.79)		
LShhi					−0.187**	−0.032*
					(−2.40)	(−1.70)
IMR	−2.011***	−0.410***	−2.011***	−0.411***	−2.014***	−0.399***
	(−6.10)	(−5.14)	(−6.10)	(−5.15)	(−6.11)	(−5.09)
Controls	yes	yes	yes	yes	yes	yes
Ind	yes	yes	yes	yes	yes	yes

变量名	（1）	（2）	（3）	（4）	（5）	（6）
	非产业政策扶持行业					
	Divnum	*Diventro*	*Divnum*	*Diventro*	*Divnum*	*Diventro*
Year	yes	yes	yes	yes	yes	yes
Constant	8.243***	1.593***	8.218***	1.595***	8.262***	1.772***
	（3.92）	（3.20）	（3.91）	（3.20）	（3.93）	（3.55）
Obs	8 830	8 830	8 830	8 830	8 830	8 830
Adj_R^2	0.213	0.087	0.213	0.087	0.213	0.140

变量名	（7）	（8）	（9）	（10）	（11）	（12）
	产业政策扶持行业					
	Divnum	*Diventro*	*Divnum*	*Diventro*	*Divnum*	*Diventro*
LSnum	0.011	−0.015				
	（0.13）	（−0.74）				
LScnum			−0.005	−0.008		
			（−0.17）	（−0.64）		
LShhi					−0.073	−0.028
					（−0.93）	（−0.90）
IMR	−0.913**	−0.281***	−0.914**	−0.281	−0.921**	−0.283
	（−2.36）	（−2.88）	（−2.36）	（−1.00）	（−2.38）	（−1.01）
Controls	yes	yes	yes	yes	yes	yes
Ind	yes	yes	yes	yes	yes	yes
Year	yes	yes	yes	yes	yes	yes
Constant	4.307*	1.495**	4.278*	1.479	4.260*	1.494
	（1.75）	（2.42）	（1.74）	（0.92）	（1.72）	（0.93）
Obs	8 864	8 864	8 864	8 864	8 864	8 864
Adj_R^2	0.106	0.082	0.106	0.082	0.106	0.082

注：***、**、*分别代表1%、5%、10%的水平上通过显著性检验，括号内为相应系数 *t* 值，*Controls* 为控制变量，与模型（4-1）一致。

表7-5　Heckman检验：市场化进程、连锁股东与多元化经营

变量名	(1)	(2)	(3)	(4)	(5)	(6)
	低市场化进程					
	Divnum	*Diventro*	*Divnum*	*Diventro*	*Divnum*	*Diventro*
LSnum	−0.133*	−0.037*				
	(−2.10)	(−1.66)				
LScnum			−0.069***	−0.009**		
			(−3.78)	(−2.54)		
LShhi					−0.260***	−0.052**
					(−3.05)	(−2.47)
IMR	−0.325	−0.136	−0.326	−0.171*	−0.325	−0.171*
	(−0.69)	(−1.37)	(−0.70)	(−1.88)	(−0.82)	(−1.76)
Controls	yes	yes	yes	yes	yes	yes
Ind	yes	yes	yes	yes	yes	yes
Year	yes	yes	yes	yes	yes	yes
Constant	−0.267	0.851	−0.417	1.222**	−0.340	1.218**
	(−0.09)	(1.37)	(−0.14)	(2.29)	(−0.14)	(2.00)
Obs	6 599	6 599	6 599	6 599	6 599	6 599
Adj_R²	0.135	0.037	0.136	0.101	0.136	0.102

变量名	（7）	（8）	（9）	（10）	（11）	（12）
	高市场化进程					
	Divnum	*Diventro*	*Divnum*	*Diventro*	*Divnum*	*Diventro*
LSnum	−0.118	−0.036				
	（−0.64）	（−0.75）				
LScnum			−0.030	−0.008		
			（−0.44）	（−0.46）		
LShhi					−0.128	−0.030
					（−0.79）	（−0.69）
IMR	−0.879***	−0.201***	−0.877**	−0.201*	−0.882**	−0.202*
	（−3.13）	（−2.80）	（−2.31）	（−1.86）	（−2.33）	（−1.88）
Controls	yes	yes	yes	yes	yes	yes
Ind	yes	yes	yes	yes	yes	yes
Year	yes	yes	yes	yes	yes	yes
Constant	−1.493***	−0.385***	−1.489***	−0.385***	−1.500***	−0.387***
	（−2.90）	（−3.25）	（−2.91）	（−3.25）	（−2.90）	（−3.26）
Obs	9 926	9 926	9 926	9 926	9 926	9 926
Adj_R²	0.197	0.131	0.197	0.131	0.197	0.131

注：***、**、*分别代表1%、5%、10%的水平上通过显著性检验，括号内为相应系数 t 值，*Controls* 为控制变量，与模型（4-1）一致。

表7-6 Heckman检验：经济不确定性、连锁股东与多元化经营

变量名	(1)	(2)	(3)	(4)	(5)	(6)
			EPU=0			
	Divnum	*Diventro*	*Divnum*	*Diventro*	*Divnum*	*Diventro*
LSnum	−0.171**	−0.043**				
	(−2.13)	(−2.14)				
LScnum			−0.059*	−0.012*		
			(−1.90)	(−1.69)		
LShhi					−0.187***	−0.035*
					(−2.60)	(−1.94)
IMR	−1.744***	−0.265***	−1.725***	−0.260***	−1.757***	−0.334***
	(−6.61)	(−4.40)	(−6.55)	(−4.32)	(−6.65)	(−5.19)
Controls	yes	yes	yes	yes	yes	yes
Ind	yes	yes	yes	yes	yes	yes
Year	yes	yes	yes	yes	yes	yes
Constant	7.744***	1.251***	7.603***	1.219***	7.826***	1.981***
	(4.40)	(3.15)	(4.32)	(3.07)	(4.44)	(4.65)
Obs	9 275	9 275	9 275	9 275	9 275	9 275
Adj_R²	0.160	0.064	0.160	0.064	0.160	0.105

变量名	（7）	（8）	（9）	（10）	（11）	（12）
	EPU=1					
	Divnum	*Diventro*	*Divnum*	*Diventro*	*Divnum*	*Diventro*
LSnum	0.013	−0.013				
	(0.14)	(−0.56)				
LScnum			−0.028	−0.009		
			(−0.63)	(−0.89)		
LShhi					−0.085	−0.027
					(−0.96)	(−1.25)
IMR	−0.732**	−0.182**	−0.736*	−0.182**	−0.735**	−0.182**
	(−2.30)	(−2.43)	(−1.83)	(−2.13)	(−2.30)	(−2.43)
Controls	yes	yes	yes	yes	yes	yes
Ind	yes	yes	yes	yes	yes	yes
Year	yes	yes	yes	yes	yes	yes
Constant	2.584	1.084**	2.432	1.051*	2.479	1.068**
	(1.21)	(2.14)	(0.90)	(1.78)	(1.16)	(2.11)
Obs	8 419	8 419	8 419	8 419	8 419	8 419
Adj_R^2	0.144	0.095	0.144	0.096	0.144	0.096

注：***、**、*分别代表1%、5%、10%的水平上通过显著性检验，括号内为相应系数t值，*Controls*为控制变量，与模型（4-1）一致。

7.4.2 考虑时变行业影响

由于煤炭、钢铁、新媒体等行业在样本期间可能具有周期性规律，加之企业多元化经营可能因各年度出台的产业及货币政策而产生迥异的变化，这些影响因子也会使投资者改变其持股选择或调仓意向。因此，这些影响因素的存在使本书的估计可能是有偏的，为了控制宏观经济政策等外界影响因素，本书借鉴潘越等（2020）的研究，在模型（4-3）的基础上进一步控制行业乘以年度的固定效应，从而尽可能地消除宏观因素对研究结果的影响。产业政策的回归结果见表7-7，市场化进程的回归结果见表7-8，经济不确定性的回归结果见表7-9。从结果可以看出，即使考虑宏观经济政策的影响因素，与前文回归结果依然保持一致。

表7-7　控制行业年度：产业政策、连锁股东与多元化经营

变量名	（1）	（2）	（3）	（4）	（5）	（6）
	产业政策扶持行业					
	Divnum	*Diventro*	*Divnum*	*Diventro*	*Divnum*	*Diventro*
LSnum	−0.021	−0.023				
	(−0.28)	(−1.30)				
LScnum			−0.019	−0.011		
			(−0.66)	(−1.04)		
LShhi					−0.085	−0.030
					(−1.18)	(−1.03)
Controls	yes	yes	yes	yes	yes	yes
Ind	yes	yes	yes	yes	yes	yes
Year	yes	yes	yes	yes	yes	yes
Ind_Year	yes	yes	yes	yes	yes	yes
Constant	−1.037	−0.400***	−1.089*	−0.417	−1.101*	−0.404
	(−1.59)	(−2.64)	(−1.67)	(−1.32)	(−1.69)	(−1.23)
Obs	10 805	10 805	10 805	10 805	10 805	10 805
Adj_R^2	0.115	0.057	0.115	0.057	0.115	0.057

变量名	（7）	（8）	（9）	（10）	（11）	（12）
	非产业政策扶持行业					
	Divnum	*Diventro*	*Divnum*	*Diventro*	*Divnum*	*Diventro*
LSnum	−0.184**	−0.027				
	（−2.33）	（−1.48）				
LScnum			−0.074**	−0.012*		
			（−2.47）	（−1.93）		
LShhi					−0.222***	−0.038**
					（−3.03）	（−2.23）
Controls	yes	yes	yes	yes	yes	yes
Ind	yes	yes	yes	yes	yes	yes
Year	yes	yes	yes	yes	yes	yes
Ind_Year	yes	yes	yes	yes	yes	yes
Constant	−2.565	−0.531	−2.586	−1.198***	−2.575	−0.257
	（−0.75）	（−1.02）	（−0.75）	（−8.03）	（−0.75）	（−0.32）
Obs	10 868	10 868	10 868	10 868	10 868	10 868
Adj_R^2	0.223	0.095	0.223	0.094	0.223	0.092

注：***、**、*分别代表1%、5%、10%的水平上通过显著性检验，括号内为相应系数 *t* 值，*Controls* 为控制变量，与模型（4-1）一致。

表7-8　控制行业年度：市场化进程、连锁股东与多元化经营

变量名	（1）	（2）	（3）	（4）	（5）	（6）
	高市场化进程					
	Divnum	*Diventro*	*Divnum*	*Diventro*	*Divnum*	*Diventro*
LSnum	−0.128	−0.038				
	（−0.74）	（−0.86）				
LScnum			−0.038	−0.009		
			（−0.59）	（−0.58）		
LShhi					−0.148	−0.035
					（−0.97）	（−0.86）

变量名	（1）	（2）	（3）	（4）	（5）	（6）
	高市场化进程					
	Divnum	*Diventro*	*Divnum*	*Diventro*	*Divnum*	*Diventro*
Controls	yes	yes	yes	yes	yes	yes
Ind	yes	yes	yes	yes	yes	yes
Year	yes	yes	yes	yes	yes	yes
Ind_Year	yes	yes	yes	yes	yes	yes
Constant	−1.393	−0.284	−1.399	−0.277	−1.396	−0.275
	（−0.56）	（−0.60）	（−0.56）	（−0.59）	（−0.56）	（−0.59）
Obs	12 215	12 215	12 215	12 215	12 215	12 215
Adj_R²	0.210	0.149	0.210	0.148	0.210	0.149

变量名	（7）	（8）	（9）	（10）	（11）	（12）
	低市场化进程					
	Divnum	*Diventro*	*Divnum*	*Diventro*	*Divnum*	*Diventro*
LSnum	−0.145*	−0.021				
	（−2.15）	（−1.78）				
LScnum			−0.081***	−0.013***		
			（−3.86）	（−3.39）		
LShhi					−0.256***	−0.055***
					（−3.20）	（−2.75）
Controls	yes	yes	yes	yes	yes	yes
Ind	yes	yes	yes	yes	yes	yes
Year	yes	yes	yes	yes	yes	yes
Ind_Year	yes	yes	yes	yes	yes	yes
Constant	−1.440***	0.071	−1.608***	0.194**	−1.492**	0.204
	（−3.22）	（0.89）	（−3.55）	（2.70）	（−2.22）	（1.23）
Obs	8 043	8 043	8 043	8 043	8 043	8 043
Adj_R²	0.146	0.099	0.147	0.112	0.147	0.113

注：***、**、*分别代表1%、5%、10%的水平上通过显著性检验，括号内为相应系数t值，*Controls*为控制变量，与模型（4-1）一致。

表7-9 控制行业年度：经济不确定性、连锁股东与多元化经营

变量名	（1）	（2）	（3）	（4）	（5）	（6）
	EPU=0					
	Divnum	Diventro	Divnum	Diventro	Divnum	Diventro
LSnum	−0.196***	−0.038**				
	(−2.71)	(−2.07)				
LScnum			−0.077***	−0.013*		
			(−2.70)	(−1.75)		
LShhi					−0.219***	−0.044***
					(−3.34)	(−2.71)
Controls	yes	yes	yes	yes	yes	yes
Ind	yes	yes	yes	yes	yes	yes
Year	yes	yes	yes	yes	yes	yes
Ind_Year	yes	yes	yes	yes	yes	yes
Constant	−2.726***	−0.110	−2.784***	−0.115	−2.730***	−0.113
	(−4.52)	(−0.77)	(−4.61)	(−0.80)	(−4.53)	(−0.79)
Obs	11 766	11 766	11 766	11 766	11 766	11 766
Adj_R^2	0.163	0.112	0.163	0.112	0.164	0.112

变量名	（7）	（8）	（9）	（10）	（11）	（12）
			$EPU=1$			
	Divnum	Diventro	Divnum	Diventro	Divnum	Diventro
LSnum	0.009	−0.009				
	（0.11）	（−0.43）				
LScnum			−0.027	−0.008		
			（−0.64）	（−0.81）		
LShhi					−0.088	−0.025
					（−1.05）	（−1.23）
Controls	yes	yes	yes	yes	yes	yes
Ind	yes	yes	yes	yes	yes	yes
Year	yes	yes	yes	yes	yes	yes
Ind_Year	yes	yes	yes	yes	yes	yes
Constant	−2.193***	−0.237	−2.342**	−0.268	−2.293***	−0.252
	（−2.97）	（−1.05）	（−2.21）	（−0.93）	（−3.11）	（−1.12）
Obs	9 907	9 907	9 907	9 907	9 907	9 907
Adj_R^2	0.155	0.111	0.155	0.111	0.155	0.111

注：***、**、*分别代表1%、5%、10%的水平上通过显著性检验，括号内为相应系数t值，Controls为控制变量，与模型（4-1）一致。

7.5 本章小结

制度环境是国家经济发展的重要体现，也是国家进行上层规制的基本指南。从微观角度来看，制度环境是企业经营发展所依赖的基础环境（North，2009）。制度环境的优劣直接影响了社会的基础性地位、经济发展进度、企业业绩与成长等方面。不同的制度环境对连锁股东与多元化经营关系的影响也会存在差异。本章结合中观的产业政策、宏观的市场化进程以及经济不确定性三个方面考察了制度环境的影响。研究发现，一方面，产业政策作为扶持产业发展的重要经济手段，对企业经营战略有着至关重要的影响，相比产业政策扶持行业，连锁股东对企业多元化的影响在非产业政策扶持行业中更显著，主要是因为在非产业政策扶持行业中，连锁股东的资源效应、融资优势更有助于发挥。另一方面，转型经济下的外部性制度特征是影响公司多元化战略的重要因素，随着市场化进程的推进，企业融资约束逐渐得到缓解，公司治理水平也得到提高，多元化公司的内部资本市场对外部资本市场的替代效用弱化。实证检验表明，连锁股东在低市场化进程地区更能发挥有效的治理效应和资源效应，进而抑制企业多元化经营的程度更为显著。此外，经济政策不确定性作为企业融资的重要外部环境，经过检验其影响发现，连锁股东在经济不确定性程度较低的外部环境下更有利于发挥资源效应，进而促进企业归核化经营，即实现了连锁股东与外部经济政策的治理协同。

本章的政策启示有：企业在选择联结股东时需要考虑自身所处的行业是否具有政策扶持，多元化经营亦不是非扶持企业的必由之路。在推进市场化进程的同时，需要注意外部治理与企业内部治理的替代机制。当市场化进程较低时，连锁股东的"归核效应"更明显，这是因为市场欠发达、法律不完善，因此需要借助一些非正式的连锁股东网络以弥补正式制度的不足。但同时，需要强化金融市场、法律制度建设，促进正式制度与非正式制度共同引导公司回归主业，促进企业经营可持续性发展。再者，连锁股东并不能有效缓解外部经济政策不确定性所带来的压力，而在外部经济政策不确定性较低的环境下可以发挥与连锁股东的协同治理作用。

第 8 章

连锁股东与企业多元化经营：经营后果分析

8.1 引言

后金融时代以来，全球经济触底，企业亟待转型发展以求突破市场竞争僵局，多元化与专业化之争又重新走进视野，其是否可以给企业带来利好亦开始热议。从 20 世纪 50 年代的伊始到 60 年代的崛起，多元化的发展可谓高歌猛进。20 世纪 80 年代以后，多元化经营迅速降温，归核化和专业化主导了整个企业的发展。由此可见，多元化业务的取舍有其非常重要的时代背景，究其经济后果可能亦不相同。基于投资组合的理论，学者们大多认为多元化经营是分散经营风险的一剂"良药"，然而，金融危机尤其是美国的次贷危机直接表明企业遭遇发展困境的局面与企业扩张行为息息相关。从 Amihud 和 Lev（1981）为代表的"折价论"到 Arter（1997）及 Stulz（1990）为代表的"溢价论"再到复杂多变的"中性论"，多元化经营的经济后果是非常丰富且充满矛盾的。这些不同观点主要是因经济主体、市场环境等客观因素所导致的，全面考察多元化经营在我国的经济后果，有助于厘清新兴市场下多元化经营的价值表现。"去产提质"是党的十九大以后新的经济发展趋势，面临发展困境，剥离不良资产对提升企业的发展质量十分重要，因此，在关注企业专业化发展的同时亦要强调资产的剥离与否。企业多元化经营并不是无序可言的。Peters 和 Waterman（1982）认为向着核心业务方向发展的多元化才是有价值的，偏离企业主营业务无法有效改善企业绩效。多元化进入"冷却期"之后，Porter（1985）对多元化的发展提出了三条思路：一是选择具有发展前景的行业扩张；二是延伸主营业务；三是坚持内部垂直发展和业内并购活动。之所以对相关多元化趋之若鹜，是因为纵向扩张一方面有助于企业快速获得规模经济，另一方面亦降低了企业交易费用。经济的发展离不开企业的高质量发展，全要素生产率作为企业高质量发展的重要参考指标，多年来被广泛研究。我国作为典型的新兴市场国家，市场不均衡发展是导致全要素生产率走低的主要原因。因此，考察全要素生产率影响路径已经成为业界与学术界亟待探讨的重要话题。

前文研究发现连锁股东具有资源与信息效应，可以缓解企业融资约束水平，同时也具有治理效应，可以有效抑制管理层私利行为，进而降低企业多元化经营程度，促进企业向专业化程度转型。那么，连锁股东的"归核效应"具体表现在哪些方面？连锁股东又是如何影响多元化经营价值的？对以上问题的回答，有助于厘清连锁股东影响多元化经营的具体形式，并且有利于全面分析连锁股东的经济价值。

8.2 理论分析与研究假设

8.2.1 连锁股东与企业非相关资产剥离程度

基于我国经济运行中供给侧结构性矛盾的现实背景及巩固"三去一降一补"成果的发展需求，继续推进产能出清仍是当前改革的重要任务。同时，党的十九大报告中提出，我国经济已由高速增长阶段转向高质量发展阶段，正处于转变发展方式、优化经济结构、转换增长动力的攻关期。因此，淘汰落后产能、促进企业转型升级已是企业发展的关键所在。资产剥离作为仅次于并购的第二大重组手段，其重要性也显而易见。专业化经营是资产剥离的主要动因，通过资产剥离可以突出主业优势，从而强化了企业的产品核心竞争力并最终导致企业财务绩效的增加（郭伟、郭泽光，2020）。在资源硬约束的状况下，企业通过资产剥离获得了大量资金并将其配置到更有价值的投资中，从而实现资源有效再配置，为企业进行相关多元化经营提供了条件。

学术界对资产剥离动因的研究相对统一，学者们认为公司绩效不佳、降低多元化水平、调整企业战略、提高管理效率等是企业进行资产剥离的主要动机。一方面，企业资产剥离的自身特点（如剥离形式、交易过程等）对其结果会产生不同影响，恰当的资产剥离方式可以专注于不同形式且具有比较优势的领域。另一方面，许多研究表明资产剥离受外部和内部的其他因素影响。比如，学者们对宏观影响因素的研究通常集中在国家层面，政治法律制度、市场规模、文化属性等外部环境特征往往为许多公司共有，但某些方面的环境异质性同样可能对战略产生影响。总体来说，宏观环境的不确定性会增加或降低企业资产剥离的可能性，其中政治因素对资产剥离的影响尤为明显。Blake 和 Moschier（2017）对作为战略反应的资产剥离进行研究，发现当企业所在地的政策环境发生负面变化，由于政策不利变化引起公司和政府之间的纷争后，资产剥离的可能性有所增加。与外部环境相比，股东和管理者对内部因素拥有更大的控制权。战略领域的学者们一直认为资源相关性可以通过促进范围经济和协同效应，帮助企业提升竞争优势。由于业务的相关性，使企业有较长的存续期间，因此，企业有动力去剥离非相关部门和业务。相较于自身发展的非相关部门，从外部市场并购的业务部门更容易实现剥离和业务重组（Karim，2006）。母公司对于剥离后的企业发展可能不具有预见性，对其未来发展也有可能处于观望状态，但是，如果企业内部管理人员具备丰富的行业经验或者有过该项剥离经验，是有利于企业重组价值提升的（Moschieri and Mair，2017；Kolev，2016）。连锁股东作为一种特殊的存在方式，既具有股东的理性，又拥有强大的资源效应。那么，连锁股东的存在是否可以有效增加企业无关资产的剥离程度，有待进一步探究。

基于此，本书提出如下假设：

H8-1a：连锁股东会促进资产剥离。

H8-1b：连锁股东会抑制资产剥离。

8.2.2 连锁股东与企业相关/非相关多元化经营方式

多元化经营程度与多元化经营方式的概念截然不同。相关多元化指的是对原有产品技术、消费群体等方面进行拓展的经营方式。相关性的测度方式有两种：一是指数测度。根据企业所在行业的标准代码（SIC）来确定，如果企业新产品与主营业务具有相同的母代码，则认为两种产品同时具有类似的资源投入与生产机制，否则为非相关性产品。二是主观推定。Rumelt（1974）通过对美国企业多元化经营进行研究发现，相关多元化经营样本无论在企业价值还是在主观评价方面都超越了非相关多元化企业。企业部门业务之间在资源、技能、目标群体等方面实现共享时，才具有相关性。而相关多元化战略选择主要源于企业对产品细分市场的追逐，实行此战略有助于提升业务边界及产品创新能力，最终实现与主业相互促进和互补的产品布局，亦成为时下企业扩张的第一选择。现有研究结论基本已经证实了相关多元化要比非相关多元化更有优势。对多元化盛行期间（20世纪60至70年代）的企业进行调研发现，围绕主营业务展开的纵向延伸是企业获得良好绩效的主要原因，并探讨其具体的理论机制，认为相关多元化经营有助于降低企业交易费用以及快速获得规模经济，还认为企业的关键技术是企业的核心生产力。相关多元化还可以通过部门之间的资源协同效应提升企业核心竞争力与市场影响力。非相关多元化亦有自身的优势，可以帮助企业把握最新市场动向与盈利模式，同时也可以通过内部不同的现金流缓解资金压力，但其劣势也很明显，无法将原有创新技术进行外溢，其涉入其他领域会耗费较高的时间成本。连锁股东通过共享行业间的资源及信息，提升了企业在行业内的竞争力。行业间实现联结可以有效分享核心产品技术，更有利于双方围绕主营业务进行创新与拓展，同时对于熟悉的领域，其供产销各阶段都比较通畅，有助于快速获得生产力。前文研究发现连锁股东具有资源效应、信息效应及治理效应，能够抑制企业多元化经营程度。那么，在抑制横向多元的同时是否有助于企业提升相关多元化水平？或者是，连锁股东的出现能否帮助企业加速剥离非相关资产，降低非相关多元化经营程度？

基于此，本书提出如下假设：

H8-2a：连锁股东会提升相关多元化水平。

H8-2b：连锁股东会抑制非相关多元化水平。

8.2.3 连锁股东、多元化经营与全要素生产率

新古典经济增长理论将全要素生产率（Total Factor Productivity，TFP）的增长视为经济持续增长的唯一源泉。而今我国的经济发展已由高速发展转为高质量发展，提升全要素生产率已经成为促进经济活力的重要手段。因此，考察全要素生产率的影响因素有助于国家有效提高资源配置效率，进而促进经济高质量发展。连锁股东所带来的资源优势与治理优势在促进企业"归核化"的同时是否有益于提升企业全要素生产率？影响全要素生产率的主要因素为要素配置效率、技术创新和内部要素的交易成本等（许坚、沙添越，2022）。在我国的要素市场中，由于我国的金融市场尚存在不完善机制，外加银行对企业的歧视与区别对待，导致我国要素错配水平处于高位（王林辉、袁礼，2014）。在金融要素分配不均的情境下，民间金融克服了我国银行的结构性垄断，为企业融资开辟了新渠道（李健、卫平，2015），并有效降低了资本成本。前述的机制研究表明连锁股东具有一定的融资优势，可以在一定程度上增强资本的流动性，降低企业融资约束水平。除了融资问题以外，企业创新要素也是重要影响因子之一。内生增长理论认为，在其他投入条件不变

的情境下，创新是企业成长的重要内生性动力，是企业产品竞争力的核心，亦是推动企业高质量发展的核心驱动力。但在现实条件下，创新不仅受制于资源禀赋，还具有一定的商业壁垒。面临研发失败的风险，许多企业望而却步，从而掣肘企业长效发展。行业间股东联结破除了"同业相仇"的竞争模式，使不同竞品之间实现了战略开发联盟，在一定程度上降低了研发失败风险，在引入新技术的同时也提升了企业参与创新的积极性（严苏艳，2019）。此外，连锁股东通过委派董事不仅为企业技术创新提供了扶持，更优化了企业要素配置比例，促进了生产要素在企业内的均衡分配，在资本劳动配置比例上达到一个最优均衡，从而进一步改善了企业的全要素生产率。在疫情期间，需求侧的持续低迷导致企业发展受阻，只有提升企业要素配置水平，在"质"和"价"方面持续改进，才能促使企业可持续发展。综上，连锁股东的资源优势在一定程度上促进了要素市场的充分流动，增加了企业产品活力。

基于此，本书提出如下假设：

H8-3：连锁股东有助于提升企业全要素生产率。

8.2.4　连锁股东与企业多元化经营价值

多元化经营作为企业发展战略的重要组成部分，其扩张或者收缩战略到底会对企业价值产生何种影响？多元化的发展经历了从无序多元化到"归核化"再到有序相关多元化，这表明了多元化经营有着很强的时代印记。作为这轮竞赛的"裁判"，从"溢价论"到"折价论"都在多元化的进程中做出了应有的评价。尤其是在我国特殊的制度背景下，过度多元化虽然一时给企业带来了现金流补偿，但远期来看依然饱受代理问题和效率损失困扰。时至今日，围绕多元化价值的研究仍在继续，多元化的战略选择亦存在争议。恒大地产的"多元化之殇"已经成为后金融时代的缩影，要想完全避免多元化经营并不具备现实条件。因此，寻求解决监管企业多元化扩张、抑制无效多元化行为途径来制定科学可行的企业战略以提升企业价值是亟待研究的重要问题。跨行业经营的多元化行为，不仅无法使原有技术获得溢价，还会徒增无效资源，因此，这种无效扩张行为筑起的商业帝国只不过是"空中楼阁"。与此同时，管理学中的能力匹配理论或许给出了一个较好的解决方案，多元化的战略制定一定要和企业资源配置能力相协调，否则对企业价值提高是无益的。股东作为企业的掌舵者，有效改善多元化现状责无旁贷。本书认为连锁股东的"归核化"行为对于提升企业多元化经营价值是有益的。第一，前文研究已经证实连锁股东的治理效应占据了主导地位，通过缓解企业代理问题促进了产品间的信息协作，进而可以促进企业价值的提升（周泰云，2021）。除此之外，高效的治理措施将管理层与企业的利益进行捆绑，通过合理的股权激励等行为以及监督大股东的"掏空行为"，能够推动企业发展。第二，连锁股东通过内部资源配置提升了企业相关多元化水平，而相关多元化的提升亦是提升价值的重要渠道。同时，通过行业信息共享降低了企业信息不对称程度，可以在一定程度上增强投资者的信心。第三，连锁股东通过剥离非相关资产，回归核心业务，使企业可以拿出更多的时间和空间将其做大做强，这也是企业高质量发展的必由之路。第四，连锁股东有利于提升企业的社会声誉和信用评级水平，而社会综合信任在一定程度上缓解了多元化的负面效应（申丹琳等，2022）。综上，无论是基于连锁股东纵深检验的资源效应、信息效应及治理效应，还是基于资产剥离和相关多元化发展的外在表现形式，都是可以显著提升企业价值的。

基于此，本书提出如下假设：

H8-4：连锁股东有助于多元化经营价值的提升。

8.3 实证检验结果与分析

8.3.1 模型构建与变量定义

为验证连锁股东对多元化经营类型和多元化经营价值的影响，本书借鉴陈信元和黄俊（2007）、杨兴全等（2020）的研究设计构建了模型（8-1）、模型（8-2）和模型（8-3），以验证上述关系。

$$\frac{RDT}{UDT}_{BL_{i,\,t}} = \beta_0 + \beta_1 LS_{i,\,t} + \beta_j Control_{i,\,t} + \sum Year + \sum Industry + \varepsilon_{i,\,t} \qquad (8-1)$$

$$TQ_{i,\,t} = \beta_0 + \beta_1 Div_{i,\,t} \times LS_{i,\,t} + \beta_2 LS_{i,\,t} + \beta_j Control + \sum Year + \sum Industry + \varepsilon_{i,\,t} \qquad (8-2)$$

$$Tfp_{i,\,t} = \beta_0 + \beta_1 Div_{i,\,t} \times LS_{i,\,t} + \beta_2 LS_{i,\,t} + \beta_j Control + \sum Year + \sum Industry + \varepsilon_{i,\,t} \qquad (8-3)$$

式中：i 和 t 分别为公司和年份；ε 为模型残差；Div 为多元化经营类型的代理变量；TQ 为多元化经营价值的代理变量；Tfp 为企业全要素生产率的代理变量；LS 为连锁股东的代理变量；$Control$ 为相关的控制变量，和前述模型一致；$Div \times LS$ 为多元化经营与连锁股东的交乘项。

各指标的具体构建方法如下：

（1）多元化经营价值（TQ）：参考现有研究，用市值除以资产总额作为多元化经营的代理变量。

（2）资产剥离（BL）：借鉴郭伟等（2020）的研究方法构建资产剥离指标（BL），其衡量方式为企业各年资产剥离交易总额取自然对数。

（3）相关多元化（RDT）/非相关多元化（UDT）：借鉴 Alonso 等（2010）的做法建立模型（8-4）和模型（8-5）。

$$RDT = \sum_{j=1}^{m} p_j \sum_{i \in j} \left[\left(\frac{p_i}{p_j} \right) \ln \left(\frac{p_i}{p_j} \right) \right] \qquad (8-4)$$

$$UDT = \sum_{j=1}^{m} p_j \ln\left(\frac{p_i}{p_j}\right) \tag{8-5}$$

式中：P_i 为每个企业中第 i 个主营业务收入占总营业收入的比例；P_j 为每个企业中第 j 行业的营业收入占总营业收入的比例，根据 2012 年修订的《上市公司行业分类指引》，除制造业外，同属一类字母的行业视为相关多元化，制造业中同属一类字母加 1 位数字的行业视为相关多元化；m 为企业经营行业的个数；RDT 为企业相关多元化；UDT 为企业非相关多元化；企业多元化经营价值（TQ）为企业托宾 Q 值。

（4）全要素生产率（Tfp）：借鉴鲁晓东和连玉君（2012）、杨兴全（2021）的方法构建模型（8-6）求出残差来测度全要素生产率。

$$\ln sales_{i,t} = \beta_0 + \beta_1 \ln PPE_{i,t} + \beta_2 \ln Employee + \sum Year + \sum Industry + \varepsilon_{i,t} \tag{8-6}$$

式中：$sales$ 为企业的营业收入总额；PPE 为固定资产净值；$Employee$ 为企业雇佣的员工总数。

8.3.2　多元回归分析

表 8-1 中，第（1）至（3）列为连锁股东与资产剥离的回归结果，从中可以看出连锁股东的数量（$LSnum$）、连锁股东持股公司的数量（$LScnum$）及市场势力（$LShhi$）系数显著为正，表明连锁股东可以有效促进企业资产剥离。第（4）至（9）列为连锁股东与多元化经营类型的回归结果，从中可以看出连锁股东的数量（$LSnum$）、连锁股东持股公司的数量（$LScnum$）及市场势力（$LShhi$）系数显著为正，表明连锁股东可以有效提升企业相关多元化程度。第（4）至（6）列为连锁股东与相关多元化的回归结果，从中可以看出连锁股东回归系数显著为负，表明连锁股东降低了企业非相关多元化程度。该结果也说明连锁股东对企业多元化经营的降低主要表现为资产的有效剥离和对非相关多元化的有效降低，即假设 H8-1a 和假设 H8-2 成立。

表 8-1

连锁股东与多元化经营表现形式

变量名	(1)	(2)	(3)	(4)	(5)	(6)	(7)	(8)	(9)
	资产剥离			相关多元化			非相关多元化		
	BL	BL	BL	RDT	RDT	RDT	UDT	UDT	UDT
LSnum	0.322*** (2.92)			0.130*** (3.23)			-0.045*** (-3.44)		
LScnum		0.061* (1.87)			0.024* (1.76)			-0.019*** (-4.25)	
LShhi			0.340*** (3.13)			0.060* (2.17)			-0.046*** (-3.51)
Size	1.133*** (42.92)	1.137*** (43.22)	1.132*** (42.92)	0.092*** (9.55)	0.094*** (9.67)	0.096*** (17.60)	0.034*** (10.89)	0.035*** (11.10)	0.034*** (10.90)
Age	0.035*** (8.36)	0.036*** (8.87)	0.035*** (8.25)	0.008*** (5.07)	0.008*** (5.20)	0.005*** (5.81)	0.010*** (20.57)	0.010*** (20.59)	0.010*** (20.62)
Lev	1.063*** (6.59)	1.061*** (6.24)	1.068*** (6.61)	0.112* (1.91)	0.111* (1.89)	-0.001 (-0.03)	-0.035* (-1.84)	-0.037* (-1.91)	-0.036* (-1.87)

236 连锁股东与企业多元化经营研究

变量名	资产剥离			相关多元化			非相关多元化		
	(1)	(2)	(3)	(4)	(5)	(6)	(7)	(8)	(9)
	BL	BL	BL	RDT	RDT	RDT	UDT	UDT	UDT
CF	2.211**	2.221***	2.207***	-0.472***	-0.469***	-0.359*	-0.467***	-0.466***	-0.466***
	(5.91)	(5.35)	(5.89)	(-3.46)	(-3.43)	(-2.13)	(-10.44)	(-10.42)	(-10.43)
Roe	-0.123	-0.127	-0.124	-0.037	-0.038	-0.093*	-0.040*	-0.040**	-0.040**
	(-0.76)	(-0.67)	(-0.76)	(-0.62)	(-0.65)	(-2.01)	(-2.07)	(-2.03)	(-2.07)
Growth	-0.341***	-0.342***	-0.341***	-0.016	-0.016	-0.022	-0.002	-0.002	-0.002
	(-5.22)	(-4.56)	(-5.21)	(-0.67)	(-0.68)	(-1.06)	(-0.26)	(-0.29)	(-0.27)
DSize	-0.158	-0.149	-0.141	0.007	0.010	0.057	-0.050*	-0.050**	-0.053***
	(-0.91)	(-0.84)	(-0.81)	(0.10)	(0.16)	(1.72)	(-2.43)	(-2.39)	(-2.56)
Dir	-0.681	-0.682	-0.659	-0.429**	-0.430**	-0.422***	-0.096	-0.092	-0.099
	(-1.27)	(-1.26)	(-1.23)	(-2.19)	(-2.19)	(-3.61)	(-1.49)	(-1.43)	(-1.54)
SSize	0.250*	0.266**	0.254*	-0.001	0.005	0.070*	0.009	0.010	0.009
	(1.88)	(2.05)	(1.90)	(-0.02)	(0.11)	(1.83)	(0.58)	(0.61)	(0.54)

变量名	资产剥离			相关多元化			非相关多元化		
	(1)	(2)	(3)	(4)	(5)	(6)	(7)	(8)	(9)
	BL	BL	BL	RDT	RDT	RDT	UDT	UDT	UDT
HHI	0.822	0.815	0.838	-0.219	-0.222	-0.093	-0.026	-0.022	-0.028
	(1.46)	(1.39)	(1.49)	(-1.07)	(-1.08)	(-1.27)	(-0.39)	(-0.33)	(-0.42)
RD	2.534***	2.505***	2.554***	0.428**	0.417**	0.786***	0.586***	0.591***	0.583***
	(5.01)	(4.46)	(5.05)	(2.33)	(2.27)	(5.08)	(9.72)	(9.80)	(9.68)
$Indroa$	6.486	6.536	6.506	-0.345	-0.324	3.836***	-0.155	-0.158	-0.159
	(1.56)	(1.32)	(1.56)	(-0.23)	(-0.21)	(5.08)	(-0.31)	(-0.32)	(-0.32)
$Year/Ind$	yes	yes	yes	yes	yes	yes	yes	yes	yes
$Constant$	-24.883***	-25.010***	-24.924***	-1.606***	-1.657***	-1.890***	-0.115	-0.140*	-0.108
	(-35.93)	(-34.40)	(-36.18)	(-6.34)	(-6.49)	(-8.35)	(-1.39)	(-1.68)	(-1.31)
Obs	20 976	20 976	20 976	21 673	21 673	21 673	21 673	21 673	21 673
Adj_R^2	0.164	0.164	0.164	0.030	0.029	0.016	0.102	0.102	0.102

注：***、**、*分别代表1%、5%、10%的水平上通过显著性检验，括号内为相应系数 t 值，$Controls$ 为控制变量，与模型（4-1）一致。

表8-2为连锁股东、企业多元化经营与全要素生产率的检验结果，从结果可以看出，多元化经营（Div）与全要素生产率（Tfp）均显著为负，表明企业进行多元化扩张行为有损企业全要素生产率，这在一定程度上佐证了多元化经营价值的"折价论"。同时，连锁股东（LS）与多元化经营（Div）的各个交乘项均在1%水平上为正，说明连锁股东对企业多元化的"归核效应"有助于提高企业的资源配置效率，提升企业的全要素生产率水平，即假设H8-3成立。

表8-2　　　　　　　**连锁股东、多元化经营与全要素生产率**

变量名	（1）	（2）	（3）	（4）	（5）	（6）
	Tfp	Tfp	Tfp	Tfp	Tfp	Tfp
Divnum×LSnum	0.037***					
	(3.88)					
Divnum	−0.006**		−0.007**		−0.006**	
	(−1.97)		(−2.30)		(−2.16)	
LSnum	−0.031	0.008				
	(−0.89)	(0.28)				
Diventro×LSnum		0.143***				
		(3.34)				
Diventro		−0.089***		−0.094***		−0.087***
		(−7.67)		(−8.13)		(−7.58)
Divnum×LScnum			0.015***			
			(4.92)			
LScnum			−0.038***	−0.025***		
			(−3.67)	(−2.84)		

变量名	（1）	（2）	（3）	（4）	（5）	（6）
	Tfp	*Tfp*	*Tfp*	*Tfp*	*Tfp*	*Tfp*
Diventro×LScnum				0.066***		
				（4.97）		
Divnum×LShhi					0.048***	
					（4.60）	
LShhi					−0.023	0.042
					（−0.68）	（1.45）
Diventro×LShhi						0.147***
						（3.29）
Size	0.177***	0.180***	0.179***	0.182***	0.175***	0.178***
	（33.86）	（34.62）	（34.10）	（34.81）	（33.71）	（34.53）
Age	0.005***	0.005***	0.005***	0.006***	0.005***	0.005***
	（5.60）	（6.30）	（5.79）	（6.52）	（5.38）	（6.06）
Lev	0.440***	0.438***	0.439***	0.438***	0.444***	0.441***
	（12.91）	（12.88）	（12.89）	（12.86）	（13.03）	（12.97）
CF	−0.683***	−0.717***	−0.677***	−0.711***	−0.689***	−0.721***
	（−7.35）	（−7.72）	（−7.28）	（−7.66）	（−7.41）	（−7.77）
Roe	1.884***	1.862***	1.882***	1.862***	1.882***	1.861***
	（22.06）	（21.83）	（22.05）	（21.83）	（22.05）	（21.81）
Growth	0.199***	0.201***	0.199***	0.200***	0.200***	0.201***
	（12.17）	（12.32）	（12.17）	（12.31）	（12.23）	（12.36）

变量名	（1）	（2）	（3）	（4）	（5）	（6）
	Tfp	*Tfp*	*Tfp*	*Tfp*	*Tfp*	*Tfp*
DSize	-0.317***	-0.320***	-0.314***	-0.316***	-0.312***	-0.316***
	(-9.40)	(-9.48)	(-9.29)	(-9.34)	(-9.22)	(-9.35)
Dir	-0.369***	-0.376***	-0.367***	-0.373***	-0.361***	-0.367***
	(-3.77)	(-3.84)	(-3.76)	(-3.81)	(-3.69)	(-3.75)
SSize	-0.082***	-0.082***	-0.077***	-0.078***	-0.084***	-0.083***
	(-3.23)	(-3.22)	(-3.04)	(-3.07)	(-3.30)	(-3.28)
HHI	-0.474***	-0.482***	-0.472***	-0.481***	-0.470***	-0.478***
	(-4.09)	(-4.15)	(-4.07)	(-4.13)	(-4.05)	(-4.11)
RD	-1.668***	-1.622***	-1.681***	-1.631***	-1.662***	-1.616***
	(-15.26)	(-14.93)	(-15.40)	(-15.04)	(-15.20)	(-14.87)
Indroa	-2.011***	-1.994***	-1.974***	-1.954***	-1.994***	-1.983***
	(-2.91)	(-2.88)	(-2.85)	(-2.81)	(-2.89)	(-2.86)
Year/Ind	yes	yes	yes	yes	yes	yes
Constant	-2.927***	-2.947***	-2.987***	-3.006***	-2.905***	-2.929***
	(-21.76)	(-21.93)	(-22.08)	(-22.23)	(-21.81)	(-21.99)
Obs	21 167	21 167	21 167	21 167	21 167	21 167
Adj_R²	0.202	0.204	0.202	0.204	0.203	0.204

注：***、**、*分别代表1%、5%、10%的水平上通过显著性检验，括号内为相应系数t值，*Controls* 为控制变量，与模型（4-1）一致。

表8-3为连锁股东与企业多元化经营价值的回归结果，从结果可以看出，多元化经营（*Div*）的回归系数均在1%水平上显著为负，说

明我国企业多元化经营行为会降低企业价值，即"折价观"成立。而连锁股东（*LS*）与多元化经营（*Div*）交乘项的回归系数均显著为正，表明连锁股东的存在可以降低企业多元化经营程度，进而有效提升企业多元化经营价值，即假设H8-4成立。

表8-3　　　　　　　　　连锁股东与多元化经营价值

变量名	（1）	（2）	（3）	（4）	（5）	（6）
	Tobin's Q	*Tobin's Q*	*Tobin's Q*	*Tobin's Q*	*Tobin's Q*	*Tobin's Q*
Divnum×LSnum	0.107***					
	(4.19)					
Divnum	−0.040***		−0.036***		−0.038***	
	(−5.87)		(−5.48)		(−5.87)	
LSnum	0.074	0.326***				
	(1.09)	(4.80)				
Diventro×LSnum		0.223***				
		(2.67)				
Diventro		−0.147***		−0.139***		−0.151***
		(−5.56)		(−5.35)		(−5.72)
Divnum×LScnum			0.027***			
			(3.32)			
LScnum			0.088***	0.153***		
			(3.38)	(5.46)		
Diventro×LScnum	—			0.057**		
				(2.21)		

变量名	（1） Tobin's Q	（2） Tobin's Q	（3） Tobin's Q	（4） Tobin's Q	（5） Tobin's Q	（6） Tobin's Q
Divnum×LShhi					0.104***	
					(4.03)	
LShhi					−0.009	0.210***
					(−0.13)	(3.69)
Diventro×LShhi						0.286***
						(3.25)
Size	−0.614***	−0.614***	−0.620***	−0.621***	−0.610***	−0.610***
	(−9.20)	(−9.19)	(−9.17)	(−9.17)	(−9.20)	(−9.19)
Age	0.003	0.003	0.003	0.003	0.003	0.003
	(0.71)	(0.65)	(0.66)	(0.62)	(0.71)	(0.65)
Lev	−1.209***	−1.221***	−1.204***	−1.215***	−1.209***	−1.219***
	(−8.97)	(−9.11)	(−8.87)	(−9.01)	(−8.95)	(−9.09)
CF	0.757**	0.744**	0.762**	0.745**	0.756**	0.745**
	(2.33)	(2.32)	(2.36)	(2.33)	(2.33)	(2.33)
Roe	7.717***	7.683***	7.689***	7.662***	7.708***	7.683***
	(10.10)	(10.05)	(10.12)	(10.06)	(10.11)	(10.05)
Growth	0.158*	0.160*	0.160*	0.163*	0.157*	0.160*
	(1.82)	(1.84)	(1.86)	(1.88)	(1.81)	(1.83)
DSize	−0.228	−0.227	−0.238	−0.236	−0.204	−0.209
	(−1.58)	(−1.58)	(−1.64)	(−1.64)	(−1.44)	(−1.48)

变量名	（1） *Tobin's Q*	（2） *Tobin's Q*	（3） *Tobin's Q*	（4） *Tobin's Q*	（5） *Tobin's Q*	（6） *Tobin's Q*
Dir	1.582***	1.588***	1.551***	1.558***	1.614***	1.613***
	（7.27）	（7.29）	（7.14）	（7.16）	（7.41）	（7.39）
SSize	0.121**	0.118**	0.115**	0.110**	0.134**	0.130**
	（2.16）	（2.10）	（2.06）	（1.98）	（2.35）	（2.28）
HHI	0.291	0.326	0.264	0.295	0.310	0.343
	（1.08）	（1.21）	（0.98）	（1.09）	（1.15）	（1.26）
RD	0.144	0.181	0.112	0.160	0.144	0.182
	（0.43）	（0.53）	（0.33）	（0.47）	（0.43）	（0.54）
Indroa	−0.585	−0.166	−0.496	−0.111	−0.530	−0.129
	（−0.27）	（−0.08）	（−0.23）	（−0.05）	（−0.25）	（−0.06）
Year/Ind	yes	yes	yes	yes	yes	yes
Constant	16.229***	16.093***	16.388***	16.287***	16.052***	15.951***
	（10.34）	（10.34）	（10.29）	（10.29）	（10.40）	（10.37）
Obs	21 649	21 649	21 649	21 649	21 649	21 649
Adj_R^2	0.261	0.261	0.262	0.262	0.261	0.261

注：***、**、*分别代表1%、5%、10%的水平上通过显著性检验，括号内为相应系数 *t* 值，*Controls* 为控制变量，与模型（4-1）一致。

8.4　本章小结

多元化的经济后果尤其是在多元化经营价值方面，国内外学者并未达成一致意见，因此，引入连锁股东后重新考虑其经济后果显得十分必要。前文研究表明连锁股东可以有效抑制企业多元化经营，具有"归核效应"，并且主要依赖路径为缓解融资约束以及提高公司治理、信息水平。那么，连锁股东的"归核效应"具体表现在哪些方面？连锁股东又是如何影响多元化经营价值的？通过本章检验，厘清了连锁股东影响多元化经营的具体形式，并且有利于全面分析连锁股东所产生的经济后果。为此，本书以2007—2019年沪深两市A股上市公司为研究样本，从资产剥离、多元化经营类型、全要素生产率及价值方面考察了连锁股东对多元化经营经济后果的影响。经验证据表明，连锁股东对企业多元化经营的影响的主要表现形式是对无关资产的剥离和对非相关多元化的抑制，并最终带来企业全要素生产率以及多元化经营价值的提升。

本章的政策启示有：多元化的经济后果在以往研究中大多以"折价论"为核心，而本章则是以多元化动因为切入点，通过降低企业多元化程度，使企业获得良好业绩表现。因此，在企业多元化实践中，需要紧紧围绕"聚焦主业"的发展思路，引入符合行业需求的股东，是提升多元化经营财务表现的重要一环。在多元化浪潮热度减退的现实情境下，加快资产剥离程度、聚焦主业及相关多元化发展，有助于经营效率和企业价值的提升。

第 9 章

研究结论与未来展望

9.1 研究结论与政策启示

9.1.1 研究结论

本书通过回顾多元化的经典文献和发展历程，在国内外实证研究与理论分析的基础上，结合我国特殊的制度背景与企业微观特征，深入探讨了连锁股东对企业多元化经营的影响，并且纵深检验了其影响机制及经济后果，研究结论如下：

第一，总体而言，连锁股东与企业多元化经营负相关。无论是连锁股东的数量、持股公司的数量还是市场势力，都对多元化的抑制效果有显著影响，且这一效应在经过 DID、PSM-DID、Heckman 内生性检验以及替换衡量指标等系列稳健性检验之后，依旧保持不变。

第二，进一步探究了连锁股东影响企业多元化经营的具体作用路径。研究发现，连锁股东不仅具有资源效应可以缓解企业融资约束，进而抑制企业多元化经营的动机，而且具有治理效应可以抑制管理层的私利动机，同时还可以有效提升企业的信息透明度，进而降低企业多元化经营程度。

第三，不同特性的连锁股东对企业多元化经营将产生不同的作用效果。本书从连锁股东金融背景、国企背景以及是否委派董事的视角考察了不同类型的连锁股东对企业多元化经营的影响。研究发现，连锁股东在具有金融背景、不具备国企性质以及存在委派董事的情况下，对企业多元化经营的影响更大，"归核效应"更显著。

第四，除股东特质外，不同的企业特征亦会影响连锁股东的抑制作用。本书从冗余资源、资产专用性、管理层权力以及产权性质四个方面考察了不同企业情境下连锁股东对企业多元化经营的影响。研究发现，连锁股东通过资源效应缓解了潜在冗余受限困境，对可利用冗余资源的配置提升了企业资源利用效率，从而抑制了企业因非沉淀性资源所带来的多元化投资行为。具体而言，当沉淀性冗余资源较高、非沉淀性冗余资源较低时，连锁股东对企业多元化经营的影响更大，"归核效应"更显著。再者，连锁股东对多元化经营的影响亦受企业资产专用程度的影响。在资产专用程度较低的企业中，连锁股东的资源与治理效应的发挥更显著。另外，连锁股东可以抑制管理层权力带来的融资规模限制以及代理问题而形成的多元化行为。连锁股东在管理层权力较高的情况下，对企业多元化经营的影响更大，"归核效应"更显著。最后，企业产权性质也会对连锁股东的影响产生差异性。相比国有企业，连锁股东更能弥补民营企业融资难、融资贵、资源受限等问题，即连锁股东对企业多元化经营的影响在民营企业中更显著。

第五，连锁股东对企业多元化经营的影响内生于我国的制度环境。本书从产业政策、市场化进程以及宏观经济不确定性等现实情境进一步考察了连锁股东的差异化影响。研究发现，相比产业政策支持的行业，在非支持行业中连锁股东对企业多元化经营的影响更显著，这表明连锁股东有助于抑制企业为获取政策补贴而进行多元化经营的动机。另外，随着市场化进程的推进，企业融资约束逐渐得到缓解，公司治理水平也得到提高，多元化公司的内部资本市场对外部资本市场的替代效用弱化，连锁股东对企业多元化经营的抑制作用存在于市场化程度较低的企业。这进一步表明连锁股东具有资源效应和融资效应，可以弥补市场化进程较低的地区所产生的制度缺陷，减少企业无关多元化经营的动机。再者，经济不确定性是新兴市场的典型特征，连锁股东在经济不确定性较低的情境下可以显著抑制企业多元化经营程度。

第六，对连锁股东的经济后果进行检验。检验结果表明，连锁股东通过对企业资产的剥离，进而促进企业的相关多元化经营，达到突出主业经营的目的，并最终带来企业全要素生产率及多元化经营价值的提高。

9.1.2 政策启示

本书研究结果有助于完善连锁股东与多元化经营理论，同时可以给企业多元化实践带来一定的启示和借鉴作用。

第一，企业间股东相互缔结逐步成为同行业抑或资本市场中普遍存在的经济现象。一方面，提升了企业在行业内的话语权及议价能力，降低了行业内的竞争程度，同时降低了企业对投资机会的敏感程度，导致行业产量及价格失衡，从而降低了企业资源配置效率及社会贡献度；另一方面，在企业决策中体现了更为有效的监督职能，并依托丰富的行业经验及信息优势，降低了企业信息不对称程度及代理成本，从而提升了企业投资效率及绩效。因此，企业在引入战略投资者时，不能只注重连锁股东产生的经济效益，亦不能盲目追求投资者的资源多元化，更重要的是要对股东间相互缔结目的、影响因素以及可能产生的经济影响进行全面甄别，谨慎取舍。

第二，股东因其权属性质、能力及经验的不同会产生差异性的资源禀赋，因此，吸纳股东形成缔结时要对股东的性质、能力、资源、资信等情况进行全面了解，将股东优势资源集中到重点行业中，发挥主业优势，实现资源效率最大化。譬如，企业在聚焦主业、实施专业化发展战略时，可以吸纳具备金融背景的连锁股东，此类股东在拓宽融资渠道、规范资本投资方面具有重要作用；也可以吸纳私有性质的连锁股东，此类股东有助于降低企业政策性负担，积极发挥连锁股东的资源、治理、信息沟通效用；实际参与企业经营管理的股东，便于企业形成规范的公司治理体系，同时也会对管理层行为进行有效监督，因此，企业可以选择通过委派董事等方式参与公司管理、规范企业多元化投资战略的连锁股东。

第三，企业应当建立合理的治理机制与监督激励体系，提高企业的信息透明度，积极减少两类代理问题；引入具有金融背景的联结股东，拓宽融资渠道，抑制多元化经营的动机；培育科学的投资战略理念，聚焦主业发展；增加企业主业创新投入，提升核心竞争力，促进企业发展行稳致远。

第四，证监会等政府监管部门应当对股东间相互缔结的行为以明文法规的形式加以规范，对资本市场中股东相关信息的披露进行严格核查和监督。具体而言，政府应当通过法律法规的方式明确连锁股东的形成细则，譬如，明确大股东的界定、规范连锁股东的投资比例、明晰连锁股东的背景性质、披露连锁股东缔结企业个数及名称等情况；同时，也应建立完善的信息披露机制，对连锁股东的行业背景、资源能力、权属性质、社会信用、违法违规等信息进行详细披露，以供投资者进行信息查询，以此来降低信息不对称程度，提高企业及投资者的决策效率。

第五，制度环境是国家经济发展的重要体现，也是国家进行上层规制的基本指南。从微观角度来看，制度环境是企业经营发展所依赖的基础环境。制度环境的优劣直接影响了社会的基础性地位、经济发展进度、企业业绩与成长等方面。对市场主体而言，制度环境作为一种外部特征，影响了市场秩序构建及运行效率，同时亦会给企业投融资带来深远影响。我国在经济发展中，制度环境仍存在一定的缺陷，譬如，产业政策导致行业与行业之间资源分配不均、银行贷款差别对待等情况，东西部地区存在科技水平与经济水平不平衡、政府干预力度不一等问题。这一系列的制度问题也会影响连锁股东经济效应的发挥。因此，在经济发展中，应当注意国有企业与民营企业、大企业与小企业之间的公平性问题，扫清体制机制障碍；同时，进一步优化东西部地区的经济发展环境，缩小经济差距，促使企业聚焦主业经营，提升主业价值；此外，可以增加连锁股东在国有企业中的"话语权"，利用股东联结所带来的信息及资源优势助力国有企业"破局蜕变"。

第六，我国当前正处于经济转轨的关键阶段，"聚焦特色，深耕主业"是当下企业高质量发展的内在需求。针对疫情所带来的严重的社会经济挑战，企业的复工复产及经营战略规划应当确定主攻方向，剥离非相关业务，收缩战线，瘦身精简，在细分市场中实现战略聚焦。

9.2　研究局限与未来展望

本书有关连锁股东与多元化经营的研究仍存在难点和待突破领域，亟待在后续的研究中予以推进。由于作者能力有限，在写作中难免存在一些问题及不足。

其一，本书在多元化经营指标衡量的方面需要进一步完善。现有研究中，主要以《上市公司行业分类指引》（2012年修订）中前三位行业代码为主构造企业多元化经营的衡量指标，即多元化经营虚拟变量、多元化经营行业个数、多元化经营赫芬达尔指数、多元化经营熵指数。本书在主检验和稳健性检验中，亦采用了这四种衡量方法进行度量，但这种度量方法也存在一定的局限性，该方法未对多元化经营的动态变化影响加以考虑。当一个公司的经营业务发生动态变化时，其多元化经营程度也会发生一定程度的变化。譬如，某企业上一年的主要经营范围是纺织、食品加工、房地产、住宿等行业，而在年初，该企业从食品加工转入餐饮行业，虽然业务比例、行业个数并未发生变化，但企业实际经营结构发生了较大变化，企业可能从横向多元化转变为纵向多元化，此时，企业经营战略发生了较大转变，对企业生存发展将产生重要影响。限于数据收集的难度、指标构建的复杂性，现有指标无法对该实质性变化加以衡量。因此，在今后的研究中，需要注重多元化经营实质的动态变化，构建更加完善的指标，以对该现象进行说明。

其二，本书在主检验和稳健性检验中将连锁股东定义为持股比例在5%或10%以上的大股东，且仅限于企业在财务报告中所披露的前十大股东，而对于企业中其他股东是否与同行业或资本市场中其他企业进行缔结构成连锁股东，因企业全部股东持股比例、股东名称、股东性质等信息的可得性，本书尚无法进行数据收集和验证。此外，如果上市企业的股东持有资本市场中非上市企业的股份，此类股东亦属于连锁股东范畴，同样因非上市企业数据较难获得，本书也无法进行收集和验证。本书在度量连锁股东时，会因这两类问题的存在而造成连锁股东数量的低估，虽然对研究结果并未产生重大影响，但在未来的研究中，应对该指标的衡量进行完善。

其三，本书在构建连锁股东时，并未考虑股东之间是否具有相同的实际控制人。如果不同企业股东具有共同的实际控制人，虽然股东名称不同，但也应该属于连锁股东范畴，这种情况会为企业带来资源、信息等各方面的优势，对企业的经营决策产生一定的影响。但因在数据统计上存在一定的难度，本书并未将此类情况考虑在内，亦会造成连锁股东数量的低估，在后期的研究中，应对该情况加以考虑，完善连锁股东指标的构建。

其四，本书主要验证了连锁股东具有资源效应、信息效应及治理效应，会给企业带来诸多的发展优势。但事实上，股东之间的缔结还存在合谋和逐利的动机，这类现象也会对公司的经营发展产生影响，同样也是值得关注的重要话题。目前，相关研究相对较少，未来可以从关联交易、企业违规、供应链发展等方面深入探究连锁股东所带来的经济效应，为学术界和理论界全面了解和分析连锁股东的影响奠定基础，也为政府等相关政策制定部门完善信息披露机制、股东规范机制提供有价值的经验借鉴。

其五，连锁股东除了具有资源与治理效应以外，还具有一定的垄断隐患，因此，应该如何利用连锁股东所带来的优势，又该如何防范企业之间的联结垄断？在制度建设方面，应该如何界定连锁股东的垄断地位，又该如何消除妨碍公平竞争的影响因素？针对此类问题进行研究，可以为国家防范垄断风险提供一定的经验与理论参考。

其六，面对转型经济所带来的机遇与挑战，面对常态化的疫情防控，企业在遭遇主业滑铁卢之后，又该如何做出调整？而连锁股东的介入是否能够一改颓势？这些问题都需要随着时间的推移而逐渐展开研究与验证。

参考文献

[1] 陈运森，谢德仁. 网络位置、独立董事治理与投资效率 [J]. 管理世界，2011（7）：113-127.

[2] 陈仕华，姜广省，卢昌崇. 董事联结、目标公司选择与并购绩效——基于并购双方之间信息不对称的研究视角 [J]. 管理世界，2013（12）：117-132；187-188.

[3] 陆贤伟，王建琼，董大勇. 董事网络、信息传递与债务融资成本 [J]. 管理科学，2013（3）：55-64.

[4] 杨德明，毕建琴. "互联网+"、企业家对外投资与公司估值 [J]. 中国工业经济，2019（6）：136-153.

[5] 李善民，周小春. 公司特征、行业特征和并购战略类型的实证研究 [J]. 管理世界，2007（3）：130-137.

[6] 吴国鼎，张会丽. 多元化经营是否降低了企业的财务风险？——来自中国上市公司的经验证据 [J]. 中央财经大学学报，2015（8）：94-101.

[7] 王大树. 关于范围经济的几个问题 [J]. 管理世界，2004（3）：135-1136.

[8] 张辑. 企业多元化经营的范围经济策略探析 [J]. 企业经济，2008（12）：5-7.

[9] 刘傲琼，刘新宇. 多元化经营企业的范围经济与利润增益研究 [J]. 管理学刊，2018（2）：12-23.

[10] 曾伏娥，王克卫，虞晋钧. 产品多元化与服务质量关系研究：范围经济视角 [J]. 管理评论，2017（10）：157-167.

[11] 李军林，朱沛华. 范围经济效应与商业银行的风险防范 [J]. 中州学刊，2018（6）：21-30.

[12] 姜付秀，陆正飞. 多元化与资本成本的关系——来自中国股票市场的证据 [J]. 会计研究，2006（6）：48-55；97.

[13] 杨照江，蔡正毅. 多元化经营对公司资本成本的影响——基于盈余质量的分析 [J]. 云南财经大学学报，2011（1）：139-146.

[14] 万亮，吴琼. 企业多元化、融资约束与资本成本的关系研究——基于对中国A股市场的数据分析 [J]. 价格理论与实践，2017（8）：84-87.

[15] 林钟高，郑军，卜继栓. 环境不确定性、多元化经营与资本成本 [J]. 会计研究，2015（2）：36-43；93.

[16] 杨兴全，刘颖. 纵向高管兼任与企业多元化经营：抑制还是促进？[J]. 新疆农垦经济，2021（12）：60-73；93.

[17] 申丹琳，文雯，靳毓. 社会信任与企业多元化经营 [J]. 财经问题研究，2022（1）：80-90.

[18] 叶德珠，王梓峰，李鑫. 经济政策不确定性与企业多元化程度选择 [J]. 产经评论，2020（2）：34-54.

[19] 徐高彦，王晶. 多元化程度与盈余持续性：机会抑或威胁？[J]. 审计与经济研究，2020（4）：105-115.

[20] 魏锋，陈丽蓉. 业务多元化、国际多元化与公司业绩 [J]. 山西财经大学学报，2011（9）：83-89.

[21] 秦彬，肖坤. 中国上市公司多元化经营与公司业绩之间关系的实证分析 [J]. 经济问题，2013（1）：82-86.

[22] 苏昕，刘昊龙. 多元化经营对研发投入的影响机制研究——基于组织冗余的中介作用 [J]. 科研管理，2018（1）：126-134.

[23] 林晓辉，吴世农. 股权结构、多元化与公司绩效关系的研究 [J]. 证券市场导报，2008 (1)：56-63.

[24] 张纯，高吟. 多元化经营与企业经营业绩——基于代理问题的分析 [J]. 会计研究，2010 (9)：73-77.

[25] 曾春华，杨兴全. 多元化经营、财务杠杆与过度投资 [J]. 审计与经济研究，2012 (6)：83-91.

[26] 游家兴，邹雨菲. 社会资本、多元化战略与公司业绩——基于企业家嵌入性网络的分析视角 [J]. 南开管理评论，2014 (4)：91-101.

[27] 岑维，童娜琼. 管理层过度自信、多元化经营和公司业绩 [J]. 当代经济管理，2015 (9)：14-19.

[28] 任天龙，陈志军. 国企高管政治晋升、公司多元化与绩效——基于倾向得分匹配法（PSM）的实证研究 [J]. 东岳论丛，2017 (3)：155-160.

[29] 景辛辛，杨福明. 多元化战略变革是促进还是抑制了企业绩效？——基于我国上市房地产企业的实证分析 [J]. 中国流通经济，2018 (9)：65-73.

[30] 阮珂，何永芳，刘丹萍. 公司治理结构、多元化经营与绩效——基于我国上市商业银行2004—2013年面板数据的实证研究 [J]. 宏观经济研究，2015 (11)：142-151.

[31] 邓新明. 我国民营企业政治关联、多元化战略与公司绩效 [J]. 南开管理评论，2011 (4)：4-15；68.

[32] 孙戈兵，连玉君，胡培. 不同成长机会下多元化与公司绩效的门槛效应 [J]. 预测，2012 (4)：69-74；68.

[33] 柳卸林，张伟捷，董彩婷. 企业多元化、所有制差异和创新持续性——基于ICT产业的研究 [J]. 科学学与科学技术管理，2021 (1)：76-89.

[34] 王勇，刘志远，郑海东. 多元化经营与现金持有"竞争效应"——基于中国制造业上市公司的实证分析 [J]. 管理评论，2015 (1)：91-102.

[35] 杨兴全，尹兴强，孟庆玺. 谁更趋多元化经营：产业政策扶持企业抑或非扶持企业？[J]. 经济研究，2018 (9)：133-150.

[36] 苏汝劼，常宇豪. 经济新常态下多元化与企业绩效——基于动态能力的视角 [J]. 宏观经济研究，2019（7）：136-147.

[37] 李晓阳，魏彰迪，赵宏磊. 多元化经营对公司绩效影响的门槛效应——以中国34家农业上市公司为例 [J]. 农业技术经济，2018（5）：93-103.

[38] 杨道广，王金妹，陈丽蓉. 内部控制能提升企业多元化价值吗？——来自我国非国有上市公司的经验证据 [J]. 审计与经济研究，2019（4）：33-43.

[39] 连玉君，程建. 投资-现金流敏感性：融资约束还是代理成本？[J]. 财经研究，2007（2）：37-46.

[40] 王志强，任振超. 多元化经营对企业偿债能力的影响 [J]. 统计与决策，2021（22）：181-184.

[41] 杨棉之. 多元化公司内部资本市场配置效率——国外相关研究述评与启示 [J]. 会计研究，2007（11）：44-49；96.

[42] 王峰娟，谢志华. 内部资本市场效率实证测度模型的改进与验证 [J]. 会计研究，2010（8）：42-48；96.

[43] 潘红波，余明桂. 支持之手、掠夺之手与异地并购 [J]. 经济研究，2011（9）：108-120.

[44] 杨兴全，任小毅，杨征. 国企混改优化了多元化经营行为吗？[J]. 会计研究，2020（4）：58-75.

[45] 王敏，吴小芳，陈勇. 多元化经营对上市公司财务绩效的影响及其差异——基于成长期与成熟期企业的实证与比较 [J]. 湖南农业大学学报（社会科学版），2018（4）：85-91.

[46] 张兴龙，李萌. 企业多元化经营如何影响研发投入——来自A股制造业上市公司的证据 [J]. 中国科技论坛，2015（12）：10-15.

[47] 孙玥璠，张琦，张永冀. 高管团队断裂带对企业实质性创新的"双刃剑"作用：业务多元化视角 [J]. 科研管理，2021（8）：141-149.

[48] 赖凯，孙慧. 多元化经营、公司治理与技术创新——基于高新技术企业的实证分析 [J]. 科技管理研究，2017（21）：99-106.

[49] 吕贤杰，陶锋. 相关与非相关多元化经营抑制了实质性创新吗？[J]. 科技进步与对策，2020（19）：96-104.

[50] 许春. 中国企业非相关多元化与创新投入关系研究 [J]. 科研管理，2016（7）：62-70.

[51] 杨菁菁，周绚勃，朱密. 多元化经营、出口业务与企业创新：基于沪深A股上市公司的经验分析 [J]. 国际经贸探索，2019（12）：85-101.

[52] 徐业坤，陈十硕，马光源. 多元化经营与企业股价崩盘风险 [J]. 管理学报，2020（3）：439-446.

[53] 张耕，高鹏翔. 行业多元化、国际多元化与公司风险——基于中国上市公司并购数据的研究 [J]. 南开管理评论，2020（1）：169-179.

[54] 王欣欣. 业务多元化对商业银行的业绩影响——基于风险承担的中介效应 [J]. 贵州财经大学学报，2021（4）：65-73.

[55] 余明桂，李文贵，潘红波. 民营化、产权保护与企业风险承担 [J]. 经济研究，2013（9）：112-124.

[56] 彭睿，綦好东，亚琨. 国有企业归核化与风险承担 [J]. 会计研究，2020（7）：104-118.

[57] 卢昌崇，陈仕华. 连锁董事理论：来自中国企业的实证检验 [J]. 中国工业经济，2006（1）：113-119.

[58] 段海艳，仲伟周. 网络视角下中国企业连锁董事成因分析——基于上海、广东两地314家上市公司的经验研究 [J]. 会计研究，2008（11）：69-75；97.

[59] 周冬华，黄沁雪. 共同所有权与会计信息可比性——来自中国资本市场的经验证据 [J]. 会计与经济研究，2021（4）：3-22.

[60] 孙晓华，李明珊. 国有企业的过度投资及其效率损失 [J]. 中国工业经济，2016（10）：109-125.

[61] 李世刚. 连锁股东与高管薪酬契约有效性 [J]. 当代财经，2021（11）：89-100.

[62] 姜付秀，马云飙，王运通. 退出威胁能抑制控股股东私利行为吗？[J].

管理世界, 2015 (5): 147-159.

[63] 严苏艳. 共有股东与企业创新投入 [J]. 审计与经济研究, 2019 (5): 85-95.

[64] 王会娟, 李嘉琪, 王鹏. 连锁 PE 对企业创新的影响研究 [J]. 金融论坛, 2021 (11): 57-66.

[65] 周泰云, 邢斐, 李根丽. 机构交叉持股与企业金融化: 促进还是抑制 [J]. 现代财经 (天津财经大学学报), 2021 (12): 33-48.

[66] 杨兴全, 张记元. 连锁股东与企业金融化: 抑制还是促进 [J]. 中南财经政法大学学报, 2022 (2): 27-40.

[67] 邢斐, 周泰云, 李根丽. 机构交叉持股能抑制企业避税吗? [J]. 经济管理, 2021 (5): 125-141.

[68] 周泰云, 邢斐, 姚刚. 机构交叉持股对企业价值的影响 [J]. 证券市场导报, 2021 (2): 30-40.

[69] 黄灿, 李善民. 股东关系网络、信息优势与企业绩效 [J]. 南开管理评论, 2019 (2): 75-88; 127.

[70] 马连福, 杜博. 股东网络对控股股东私利行为的影响研究 [J]. 管理学报, 2019 (5): 665-675; 764.

[71] 刘亭立, 杨松令, 晏文婷, 等. 关系型大股东对创业板上市公司价值影响的实证分析 [J]. 中央财经大学学报, 2014 (10): 106-112.

[72] 杜勇, 孙帆, 邓旭. 共同机构所有权与企业盈余管理 [J]. 中国工业经济, 2021 (6): 155-173.

[73] 杜善重, 马连福. 连锁股东对企业风险承担的影响研究 [J]. 管理学报, 2022 (1): 27-35.

[74] 柳建华. 多元化投资、代理问题与企业绩效 [J]. 金融研究, 2009 (7): 104-120.

[75] 潘越, 汤旭东, 宁博, 等. 连锁股东与企业投资效率: 治理协同还是竞争合谋 [J]. 中国工业经济, 2020 (2): 136-164.

[76] 尹义省. 我国企业成为技术创新主体的标志初探 [J]. 开放导报,

1999（10）：16-18.

[77] 康荣平，柯银斌. 多元化经营的战略类型 [J]. 企业改革与管理，1999（5）：24-25.

[78] 刘小玄. 现代企业的激励机制：剩余支配权 [J]. 经济研究，1996（5）：3-11.

[79] 周业安，韩梅. 上市公司内部资本市场研究——以华联超市借壳上市为例分析 [J]. 管理世界，2003（11）：118-125；143.

[80] 李艳荣，金雪军. 论内部资本市场中资源配置的效率 [J]. 学术月刊，2007（4）：90-96.

[81] 安国俊，王峰娟，安国勇. 集团总部在内部资本市场中的功能 [J]. 企业管理，2008（10）：91-92.

[82] 符正平，曾素英. 集群产业转移中的转移模式与行动特征——基于企业社会网络视角的分析 [J]. 管理世界，2008（12）：83-92.

[83] 易行健，张波，杨汝岱，等. 家庭社会网络与农户储蓄行为：基于中国农村的实证研究 [J]. 管理世界，2012（5）：43-51；187.

[84] 陈莉平. 嵌入社会网络的企业竞争优势探源 [J]. 经济管理，2005（14）：51-57.

[85] 边燕杰，丘海雄. 企业的社会资本及其功效 [J]. 中国社会科学，2000（2）：87-99；207.

[86] 杨兴全，张方越，杨征. 社会资本与企业金融化：正向助推还是负向抑制？[J]. 现代财经（天津财经大学学报），2021（4）：3-17.

[87] 罗家德. NQ风暴——关系管理的智慧 [M]. 北京：社会科学文献出版社，2002.

[88] 刘冰，符正平，邱兵. 冗余资源、企业网络位置与多元化战略 [J]. 管理学报，2011（12）：1792-1801.

[89] 陈信元，黄俊. 政府干预、多元化经营与公司业绩 [J]. 管理世界，2007（1）：92-97.

[90] 温忠麟，叶宝娟. 有调节的中介模型检验方法：竞争还是替补？[J]. 心

理学报，2014（5）：714-726.

[91] 江轩宇. 政府放权与国有企业创新——基于地方国企金字塔结构视角的研究 [J]. 管理世界，2016（9）：120-135.

[92] 权小锋，吴世农，文芳. 管理层权力、私有收益与薪酬操纵 [J]. 经济研究，2010（11）：73-87.

[93] 王化成，高鹏，张修平. 企业战略影响超额在职消费吗？[J]. 会计研究，2019（3）：40-46.

[94] 朱春艳，伍利娜，田利辉. 代理成本、弹性信息披露对审计收费的影响 [J]. 会计研究，2017（7）：89-95；97.

[95] 黄俊，李增泉. 政府干预、企业雇员与过度投资 [J]. 金融研究，2014（8）：118-130.

[96] 黄俊，郭照蕊. 新闻媒体报道与资本市场定价效率——基于股价同步性的分析 [J]. 管理世界，2014（5）：121-130.

[97] 周微，吴君凤，刘宝华. 机构投资者交叉持股能提高会计信息可比性吗？[J]. 会计与经济研究，2021（2）：18-37.

[98] 朱红军，何贤杰，陶林. 中国的证券分析师能够提高资本市场的效率吗？——基于股价同步性和股价信息含量的经验证据 [J]. 金融研究，2007（2）：110-121.

[99] 杜勇，张欢，陈建英. CEO海外经历与企业盈余管理 [J]. 会计研究，2018（2）：27-33.

[100] 邓建平，曾勇. 金融生态环境、银行关联与债务融资——基于我国民营企业的实证研究 [J]. 会计研究，2011（12）：33-40；96-97.

[101] 邓建平，陈爱华. 高管金融背景与企业现金持有——基于产业政策视角的实证研究 [J]. 经济与管理研究，2017（3）：133-144.

[102] 余怒涛，张华玉，朱宇翔. 大股东异质性、退出威胁与财务报告质量——基于我国融资融券制度的自然实验 [J]. 会计研究，2021（3）：45-61.

[103] 杜勇，张欢，陈建英. 金融化对实体企业未来主业发展的影响：促进还

是抑制？[J]. 中国工业经济, 2017（12）: 113-131.

[104] 彭俞超, 黄志刚. 经济"脱实向虚"的成因与治理：理解十九大金融体制改革 [J]. 世界经济, 2018（9）: 3-25.

[105] 金宇超, 靳庆鲁, 宣扬. "不作为"或"急于表现"：企业投资中的政治动机 [J]. 经济研究, 2016（10）: 126-139.

[106] 叶康涛, 祝继高, 陆正飞, 等. 独立董事的独立性：基于董事会投票的证据 [J]. 经济研究, 2011（1）: 126-139.

[107] 祝继高, 陆峣, 岳衡. 银行关联董事能有效发挥监督职能吗？——基于产业政策的分析视角 [J]. 管理世界, 2015（7）: 143-157; 188.

[108] 杜兴强, 殷敬伟, 赖少娟. 论资排辈、CEO任期与独立董事的异议行为 [J]. 中国工业经济, 2017（12）: 151-169.

[109] 陈胜蓝, 吕丹. 控股股东委派董事能降低公司盈余管理吗？[J]. 上海财经大学学报, 2014（4）: 74-85.

[110] 程敏英, 魏明海. 关系股东的权力超额配置 [J]. 中国工业经济, 2013（10）: 108-120.

[111] 陈德球, 钱菁, 魏屹. 家族所有权监督、董事席位控制与会计稳健性 [J]. 财经研究, 2013（3）: 53-63.

[112] 姜付秀, 王运通, 田园, 等. 多个大股东与企业融资约束——基于文本分析的经验证据 [J]. 管理世界, 2017（12）: 61-74.

[113] 卢锐, 魏明海, 黎文靖. 管理层权力、在职消费与产权效率——来自中国上市公司的证据 [J]. 南开管理评论, 2008（5）: 85-92; 112.

[114] 杜金柱. 管理层股权激励、权力与公司多元化战略 [J]. 南阳理工学院学报, 2021（3）: 30-37.

[115] 袁国良, 郑江淮, 胡志乾. 我国上市公司融资偏好和融资能力的实证研究 [J]. 管理世界, 1999（3）: 150-157; 220.

[116] 潘敏, 金岩. 信息不对称、股权制度安排与上市企业过度投资 [J]. 金融研究, 2003（1）: 36-45.

[117] 杨华军, 胡奕明. 制度环境与自由现金流的过度投资 [J]. 管理世界,

2007（9）：99-106；116；172.

[118] 魏明海，柳建华. 国企分红、治理因素与过度投资 [J]. 管理世界，2007（4）：88-95.

[119] 贾晓霞，张瑞. 冗余资源、战略导向对制造业企业战略转型的影响研究 [J]. 中国科技论坛，2013（5）：84-90.

[120] 杨亦民，彭皓，薛勤. 资产专用性会减损多元化协同效应吗？——来自我国农业类上市公司的经验证据 [J]. 湖南社会科学，2020（2）：121-129.

[121] 李青原. 资产专用性与公司纵向并购财富效应：来自我国上市公司的经验证据 [J]. 南开管理评论，2011（6）：116-127.

[122] 齐兰，张春杨. 资产专用性与小微企业融资——基于拍卖交易模型的研究 [J]. 中央财经大学学报，2014（4）：34-41.

[123] 王雄元，何捷，彭旋，等. 权力型国有企业高管支付了更高的职工薪酬吗？[J]. 会计研究，2014（1）：49-56；95.

[124] 杨兴全，张丽平，吴昊旻. 市场化进程、管理层权力与公司现金持有 [J]. 南开管理评论，2014（2）：34-45.

[125] 杨兴全. 我国上市公司融资结构的治理效应分析 [J]. 会计研究，2002（8）：37-45.

[126] 韩林静. 异质性产权下管理层权力与资本配置效率 [J]. 软科学，2018（4）：63-67.

[127] 李海霞，王振山. CEO权力与公司风险承担——基于投资者保护的调节效应研究 [J]. 经济管理，2015（8）：76-87.

[128] 方军雄. 所有制、制度环境与信贷资金配置 [J]. 经济研究，2007（12）：82-92.

[129] 于蔚，汪淼军，金祥荣. 政治关联和融资约束：信息效应与资源效应 [J]. 经济研究，2012（9）：125-139.

[130] 吴文锋，吴冲锋，芮萌. 中国上市公司高管的政府背景与税收优惠 [J]. 管理世界，2009（3）：134-142.

[131] 曾庆生，陈信元. 国家控股、超额雇员与劳动力成本 [J]. 经济研究，2006（5）：74-86.

[132] 廖冠民，沈红波. 国有企业的政策性负担：动因、后果及治理 [J]. 中国工业经济，2014（6）：96-108.

[133] 李文贵，余明桂. 所有权性质、市场化进程与企业风险承担 [J]. 中国工业经济，2012（12）：115-127.

[134] 陈景仁，李健，李晏墅. 产品市场竞争、融资约束与组织冗余结构 [J]. 经济与管理研究，2015（6）：129-138.

[135] 李晓翔，刘春林. 冗余资源、并购行为和剥离行为：一项关于我国ST企业的配对研究 [J]. 经济管理，2011（6）：59-68.

[136] 程宏伟. 隐性契约、专用性投资与资本结构 [J]. 中国工业经济，2004（8）：105-111.

[137] 雷新途. 我国企业资产专用性研究——来自制造业上市公司的经验证据 [J]. 中南财经政法大学学报，2010（1）：101-106.

[138] 杨兴全，张玲玲. 管理层权力与公司现金持有竞争效应 [J]. 经济与管理研究，2017（12）：117-129.

[139] 夏立军，陈信元. 市场化进程、国企改革策略与公司治理结构的内生决定 [J]. 经济研究，2007（7）：82-95；136.

[140] 程仲鸣，夏新平，余明桂. 政府干预、金字塔结构与地方国有上市公司投资 [J]. 管理世界，2008（9）：37-47.

[141] 胡国柳，裘益政，黄景贵. 股权结构与企业资本支出决策：理论与实证分析 [J]. 管理世界，2006（1）：137-144.

[142] 黎文靖，郑曼妮. 实质性创新还是策略性创新？——宏观产业政策对微观企业创新的影响 [J]. 经济研究，2016（4）：60-73.

[143] 王克敏，刘静，李晓溪. 产业政策、政府支持与公司投资效率研究 [J]. 管理世界，2017（3）：113-124；145；188.

[144] 蔡庆丰，田霖. 产业政策与企业跨行业并购：市场导向还是政策套利？[J]. 中国工业经济，2019（1）：81-99.

[145] 江飞涛，李晓萍．直接干预市场与限制竞争：中国产业政策的取向与根本缺陷［J］．中国工业经济，2010（9）：26-36.

[146] 祝继高，韩非池，陆正飞．产业政策、银行关联与企业债务融资——基于A股上市公司的实证研究［J］．金融研究，2015（3）：176-191.

[147] 杨兴全，王丽丽．产业政策对公司现金股利的影响：政策扶持抑或投资驱动［J］．山西财经大学学报，2020（3）：62-75.

[148] 庄旭东，王仁曾．市场化进程、数字化转型与区域创新能力——理论分析与经验证据［J］．科技进步与对策，2022（7）：44-52.

[149] 伊志宏，李艳丽，高伟．市场化进程、机构投资者与薪酬激励［J］．经济理论与经济管理，2011（10）：75-84.

[150] 黄毅．市场化进程中政商关系的共生庇护、寻利型变通与治理之道［J］．地方治理研究，2021（4）：16-30；77-78.

[151] 杨海生，陈少凌，罗党论，等．政策不稳定性与经济增长——来自中国地方官员变更的经验证据［J］．管理世界，2014（9）：13-28；187-188.

[152] 田磊，林建浩，张少华．政策不确定性是中国经济波动的主要因素吗？——基于混合识别法的创新实证研究［J］．财贸经济，2017（1）：5-20.

[153] 张夏，施炳展，汪亚楠，等．经济政策不确定性真的会阻碍中国出口贸易升级吗？［J］．经济科学，2019（2）：40-52.

[154] 宫晓莉，刘建民，熊熊，等．经济政策不确定性与国际金融网络间的尾部风险传染研究［J］．中国管理科学，2023（7）：78-90.

[155] 才国伟，吴华强，徐信忠．政策不确定性对公司投融资行为的影响研究［J］．金融研究，2018（3）：89-104.

[156] 王红建，李青原，邢斐．经济政策不确定性、现金持有水平及其市场价值［J］．金融研究，2014（9）：53-68.

[157] 陈胜蓝，刘晓玲．经济政策不确定性与公司商业信用供给［J］．金融研究，2018（5）：172-190.

[158] 宋全云，李晓，钱龙．经济政策不确定性与企业贷款成本［J］．金融研

究，2019（7）：57-75.

[159]　顾夏铭，陈勇民，潘士远. 经济政策不确定性与创新——基于我国上市公司的实证分析 [J]. 经济研究，2018（2）：109-123.

[160]　郭伟，郭泽光. 资产剥离对企业财务绩效的影响及其作用机制 [J]. 广东财经大学学报，2020（2）：55-67.

[161]　鲁晓东，连玉君. 中国工业企业全要素生产率估计：1999—2007 [J]. 经济学（季刊），2012（2）：541-558.

[162]　许坚，沙添越. 营商环境、技术创新与全要素生产率 [J/OL]. 调研世界：1-9 [2022-05-09]. DOI：10.13778.

[163]　王林辉，袁礼. 资本错配会诱发全要素生产率损失吗? [J]. 统计研究，2014（8）：11-18.

[164]　李健，卫平. 民间金融和全要素生产率增长 [J]. 南开经济研究，2015（5）：74-91.

[165]　ANSOFF I H. Strategies for Diversification [J]. Harvard Business Review, 1957, 35（5）：113-124.

[166]　WILLIAMSON O E. The Economics of Organization：The Transaction Cost Approach [J]. American Journal of Sociology, 1981, 87（3）：548-577.

[167]　PHILLIPS G M, MAKSIMOVIC V. Do Conglomerate Firms Allocate Resources Inefficiently across Industries? Theory and Evidence [J]. Journal of Finance, 2010, 57（2）：721-767.

[168]　CHATERJEE S, WERNEFELT B. The Link Between Resources and Type of Diversification：Theory and Evidence [J]. Strategic Management Journal, 1991：33-48.

[169]　AMIHUD Y, LEV B. Risk Reduction as a Managerial Motive for Conglomerate Mergers [J]. Bell Journal of Economics, 1981（12）：605-617.

[170]　AGGARWAL R K, SAMWICK A A. Why Do Managers Diversify Their Firms? Agency Reconsidered [J]. Journal of Finance, 2003, 58（1）：71-118.

［171］ JARILLO J C. On Strategic Networks ［J］. Strategic Management Journal, 1988, 9（1）: 31-41.

［172］ RENNEBOOG L, ZHAO Y, WRIGHT M, et al. Director Networks and Corporate Governance ［J］. Oxford Handbooks in Business & Management, 2013: 200-221.

［173］ HE J J, HUANG J, ZHAO S. Internalizing Governance Externalities: The Role of Institutional Cross-ownership ［J］. Journal of Financial Economics, 2019, 134（2）: 400-418.

［174］ KANG J K, LUO J, NA H S. Are Institutional Investors with Multiple Block Holdings Effective Monitors ［J］. Journal of Financial Economics, 2018, 128（3）: 576-602.

［175］ BROOKS C, CHEN Z, ZENG Y. Institutional Cross-ownership and Corporate Strategy: The Case of Mergers and Acquisitions ［J］. Journal of Corporate Finance, 2018, 48（1）: 187-216.

［176］ CHEN Y, LI Q, NG J. Institutional Cross-ownership and Corporate Financing of Investment Opportunities ［R］. SSRN Working Paper, 2018.

［177］ BERRY C H. Corporate Growth and Diversification ［J］. Journal of Law & Economics, 1971, 14（2）: 371-383.

［178］ HILL C W L. Internal Capital Market Controls and Financial Performance in Multidivisional Firms ［J］. Journal of Industrial Economics, 1988, 37（1）: 67-83.

［179］ LARSSON R. Coordination of Action in M&A: Interpretive and Systems Approaches Towards Synergy ［R］. Lund: Lund University, 1990.

［180］ HADLOCK C, RYNGAERT M, THOMAS S. Corporate Structure and Equity Offerings: Are There Benefits to Diversification ［J］. Journal of Business 2001, 35（1）: 765-789.

［181］ LEWELLEN W G. A Pure Financial Rationale for the Conglomerate Merger ［J］. Journal of Finance, 1971, 26（2）: 521-537.

[182] PENROSE E. Theory of the Growth of the Firm [J]. Journal of the Operational Research Society, 1959, 23 (2): 240-241.

[183] MARKOWITZ H M. Portfolio Selection: Efficient Diversification of Investment [J]. Journal of Finance, 1959, 15 (3).

[184] AMIT R, LIVNAT J. Efficient Corporate Diversification: Methods and Implications [J]. Management Science, 1989, 35 (7): 879-897.

[185] JENSEN M C. Agency Cost of Free Cash Flow, Corporate Finance, and Takeovers [J]. American Economic Review, 1986, 76 (2): 323-329.

[186] HANSEN R G, LOTT J R. Externalities and Corporate Objectives in a World with Diversified Shareholder Consumers [J]. Journal of Financial and Quantitative Analysis, 1996, 31 (1): 43-68.

[187] HE J, HUANG J. Product Market Competition in a World of Cross-ownership: Evidence from Institutional Block Holdings [J]. Review of Financial Studies, 2017, 30 (8): 2674-2718.

[188] AZAR J, SCHMALZ M C, TECU I. Anticompetitive Effects of Common Ownership [J]. Journal of Finance, 2018, 73 (4): 1513-1565.

[189] WEINTRAUB N L. Nox Response to Injury [M]. London: Blackwell Scientific Publications, 2002.

[190] BAMBER L S, JIANG J, WANG I Y. What's My Style? The Influence of Top Managers on Voluntary Corporate Financial Disclosure [J]. Accounting Review, 2010, 85 (4): 1131-1162.

[191] PENNEBAKER J W, KING L A. Linguistic Styles [J]. Journal of Personality and Social Psychology, 2000, 77 (6): 1296-1312.

[192] TEECE D J. Economies of Scope and the Scope of the Enterprise [J]. Journal of Economic Behavior & Organization, 1980, 1 (3): 223-247.

[193] NELSON R R, WINTER S G. An Evolutionary Theory of Economic Change [M]. Cambridge, MA: Harvard University Press, 1982.

[194] SHLEIFER A, VISHNY R W. Management Entrenchment: The Case of

Manager-specific Investments ［J］. Journal of Financial Economics, 1989, 25 (1): 123-139.

[195] STAUDT T A. Program for Product Diversification ［J］. Harvard Business Review, 1954, 32 (6): 121-131.

[196] LUFFMAN G A, REED R. Diversification, Performance and Industry ［M］. London: Palgrave Macmillan UK, 1984.

[197] GUILLEN M F. Organized Labor's Images of Multinational Enterprise: Divergent Foreign Investment Ideologies in Argentina, Korea, and Spain ［J］. Industrial & Labor Relations Review, 2000, 53 (3): 419-442.

[198] CYNTHIA A, MONTGOMERY B, BALAKRISHNAN S. Strategy Content and the Research Process: A Critique and Commentary ［J］. Strategic Management Journal, 1989, 10 (2): 189-197.

[199] CHATTERJEE S, WERNERFELT B. The Link Between Resources and Type of Diversification: Theory and Evidence ［J］. Strategic Management Journal, 1991, 12 (1): 33-48.

[200] COASE R H. The Nature of the Firm ［J］. Economica, 1937, 4 (16): 386-405.

[201] WILLIAMSON O E. The Vertical Integration of Production: Market Failure Considerations ［J］. The American Economic Review, 1971, 61 (2): 112-123.

[202] GHEMAWAT P, KHANNA T. The Nature of Diversified Business Groups: A Research Design and Two Cases ［J］. Journal of Industrial Economics, 1998, 46 (1): 35-61.

[203] STEIN J C. Internal Capital Markets and the Competition for Corporate Resources ［J］. Journal of Finance, 1997, 52 (1): 111-133.

[204] PEYER U C. Internal and External Capital Markets ［D］. Orange County: The University of North Carolina at Chapel Hill, 2001.

[205] INDERST R, MÜLLER H M. Internal versus External Financing: An

Optimal Contracting Approach [J]. Journal of Finance, 2003, 58 (3):
1033-1062.

[206] ALCHIAN A A. Corporate Management and Property Rights [M] // MANNE
H. Economic Policy and Regulation of Corporate Securities. Washington, DC:
American Enterprise Institute, 1969.

[207] WILLIAMSON O E, STRATEGIZING E. Economic Organization [M].
Brighton: Whetsheaf Books, 1986.

[208] GERTNER R H, SCHARFSTEIN D S, STEIN J. Internal versus External
Capital Markets [J]. The Quarterly Journal of Economics, 1994, 109 (7):
1211-1230.

[209] EDWARDS C D. Conglomerate Bigness as a Source of Power [M] //
STIGLER G. Business Concentration and Price Policy. Cambridge, MA:
National Bureau of Economic Research, Inc, 1955.

[210] JENSEN M C, MECKLING W H. Theory of the Firm: Managerial Behavior,
Agency Costs and Ownership Structure [J]. Journal of Financial Economics,
1976, 3 (4): 305-360.

[211] MAY D O. Do Managerial Motives Influence Firm Risk Reduction
Strategies [J]. Journal of Finance, 1995, 50: 1291-1308.

[212] DENIS D J, DENIS D K, SARIN A. Agency Problems, Equity Ownership,
and Corporate Diversification [J]. Journal of Finance, 1997, 52 (1):
135-160.

[213] BERTRAND M, MULLAINATHAN S. Enjoying the Quiet Life? Corporate
Governance and Managerial Preferences [J]. Journal of Political Economy,
2003, 111 (5): 1043-1075.

[214] GIBBONS R, MURPHY K J. Optimal Incentive Contracts in the Presence of
Career Concerns: Theory and Evidence [J]. Journal of Political Economy,
1992, 100 (3): 468-505.

[215] CLAESSENS S, DJANKOV S, FAN J P H, et al. On Expropriation of

Minority Shareholders: Evidence from East Asia [J]. SSRN Electronic Journal, 1999 (2088): 1-35.

[216] LINS K V, SERVAES H. Is Corporate Diversification Beneficial in Emerging Markets? [J]. Financial Management, 2002, 31 (2): 5-31.

[217] CHU E Y. Large Shareholders, Diversification and Performance: Evidence of Rent Seeking from Malaysia's Manufacturing Firms [J]. SSRN Electronic Journal, 2008.

[218] KHANNA T, PALEPU K G. Corporate Strategies for Emerging Markets in Business Groups [Z]. Harvard Business School Working Paper, No. 97-060, February 1997.

[219] PENG M W, WANG D Y, JIANG Y. An Institution-based View of International Business Strategy: A Focus on Emerging Economies [J]. Journal of International Business Studies, 2008 (39): 920-936.

[220] RUMELT R P. Strategy, Structure, and Economic Performance [M]. Cambridge, MA: Harvard University Press, 1974.

[221] PORTER M E. Competitive Advantage: Creating and Sustaining Superior Performance: With a New Introduction [M]. NewYork: Free Press, 1985.

[222] LANG L, POULSEN A, STULZ R. Asset Sales, Firm Performance, and the Agency Costs of Managerial Discretion [J]. Journal of Financial Economics, 1994, 37 (1): 3-37.

[223] BRADLEY M, DESAI A, KIM E H. Synergistic Gains from Corporate Acquisitions and Their Division Between the Stockholders of Target and Acquiring Firms [J]. Journal of Financial Economics, 1988, 21 (1): 3-40.

[224] AGRAWAL A, JAFFE J F, MANDELKEr G N. The Post-merger Performance of Acquiring Firms: A Re-examination of an Anomaly [J]. Journal of Finance, 1992, 47 (4): 1605-1621.

[225] LOUGHRAN T, VIJH A M. Do Long-term Shareholders Benefit from

Corporate Acquisitions [J]. Journal of Finance, 1997, 52 (5): 1765-1790.

[226] BERGER P G, OFEK E. Diversification's Effect on Firm Value [J]. Journal of Financial Economics, 1995, 37 (1): 39-65.

[227] CAMPA J M, KEDIA S. Explaining the Diversification Discount [J]. Journal of Finance, 2002, 57 (4): 1731-1762.

[228] CHUNG H M. Managerial Ties, Control and Deregulation: An Investigation of Business Groups Entering the Deregulated Banking Industry in Taiwan, China [J]. Asia Pacific Journal of Management, 2006, 23 (4): 505-520.

[229] CHANG S J, HONG J. How Much Does the Business Group Matter in Korea? [J]. Strategic Management Journal, 2002, 23 (3): 265-274.

[230] STULZ R M. Managerial Discretion and Optimal Financing Policies [J]. Journal of Financial Economics, 1990 (26): 3-27.

[231] PHILLIPS G M, MAKSIMOVIC V. The Market for Corporate Assets: Who Engages in Mergers and Asset Sales and Are There Efficiency Gains? [J]. Journal of Finance, 2002, 56 (6): 2019-2065.

[232] GORT M. Diversification and Integration in American Industry [M]. Princeton: Princeton University Press, 1962.

[233] LAMONT O, POLK C. The Diversification Discount: Cash Flows vs Returns [Z]. NBER Working Paper No. 7396, October 1999.

[234] MANSI S A, REEB D M. Corporate Diversification: What Gets Discounted? [J]. Journal of Finance, 2002, 57 (5): 2167-2183.

[235] CLEARY S. Corporate Investment and Financial Slack: International Evidence [J]. International Journal of Managerial Finance, 2005, 1 (3): 140-163.

[236] BOUBAKRI N, MANSI S A, SAFFAR W. Political Institutions, Connectedness, and Corporate Risk-taking [J]. Journal of International Business Studies, 2013, 44: 195-215.

[237] PFEFFER J, SALANCIK G R. The External Control of Organizations: A Resource Dependence Perspective [M]. New York: Harper & Row, 1978.

[238] BURT R S. Corporate Profits and Cooptation [M]. New York: Academic Press, 1983.

[239] MIZRUCHI M S. What Do Interlocks Do? An Analysis, Critique, and Assessment of Research on Interlocking Directorates [J]. Annual Review of Sociology, 1996.

[240] HAUNSCHILD B. Network Learning: The Effects of Partners' Heterogeneity of Experience on Corporate Acquisitions [J]. Administrative Science Quarterly, 2002, 47 (1): 92-124.

[241] SHROPSHIRE C. The Role of the Interlocking Director and Board Receptivity in the Diffusion of Practices [J]. Academy of Management Review, 2010, 35 (2): 246-264.

[242] DAVIS G F. Agents Without Principles? The Spread of the Poison Pill Through the Intercorporate Network [J]. Administrative Science Quarterly, 1991, 36 (4): 583-613.

[243] HAUNSCHILD P R, BECKMAN C M. When Do Interlocks Matter? Alternate Sources of Information and Interlock Influence [J]. Administrative Science Quartefly, 1998, 43: 815-844.

[244] CERTO S T. Influencing Initial Public Offering Investors with Prestige: Signaling with Board Structures [J]. Academy of Management Review, 2003, 28 (3): 432-446.

[245] BAKER W E, FAULKNER R R. The Social Organization of Conspiracy: Illegal Networks in the Heavy Electrical Equipment Industry [J]. American Sociological Review, 1993, 58 (6): 837-860.

[246] PARSONS T, JONES I. Structure and Process in Modern Societies [M]. New York: Free Press, 1960.

[247] BAZERMAN M H, SCHOORMAN F D. A Limited Rationality Model of

Interlocking Directorates [J]. Academy of Management Review, 1983, 8 (2): 206-217.

[248] DIMAGGIO P J, POWELL W W. The Iron Cage Revisited: Institutional Isomorphism and Collective Rationality in Organizational Fields [J]. American Sociological Review, 1983, 48 (2): 147-160.

[249] ZORN M L, SHROPSHIRE C, MARTIN J A, et al. Home Alone: The Effects of Lone-insider Boards on CEO Pay, Financial Misconduct, and Firm Performance [J]. Strategic Management Journal, 2017, 38 (13): 2623-2646.

[250] STOKMAN F N, VRIES P H D. Structuring Knowledge in a Graph [M]. Berlin: Springer, 1988.

[251] CHEN S, FELDMAN E R. Activist-impelled Divestitures and Shareholder Value [J]. Strategic Management Journal, 2018, 39 (10): 2726-2744.

[252] ANTÓN M, EDERER F, GINÉ M, et al. Common Ownership, Competition, and Top Management Incentives [Z]. Working Paper, Ross School of Business, University of Michigan, 2018.

[253] BOROCHIN P, YANG J, ZHANG R. Common Ownership Types and Their Effects on Inovation and Competition [J]. SSRN Electronic Journal, 2018, 3 (2): 81-90.

[254] KOSTOVETSKY L, MANCONI A. Common Institutional Ownership and Diffusion of Innovation [J]. SSRN Electronic Journal, 2018, 3 (2): 100-110.

[255] GRANOVETTER M S. The Strength of Weak Ties [J]. American Journal of Sociology, 1973, 78 (6): 1360-1380.

[256] HANSEN R G, LOTT J R. Externalities and Corporate Objectives in a World with Diversified Shareholder Consumers [J]. Journal of Financial and Quantitative Analysis, 1996, 31 (1): 43-68.

[257] HE J, HUANG J. Product Market Competition in a World of Cross-ownership:

Evidence from Institutional Blockholdings [J]. Review of Financial Studies, 2017, 30 (8): 2674-2718.

[258] RAMANUJAM V, VARADARAJAN P. Research on Corporate Diversification: A Synthesis [J]. Strategic Management Journal, 1989, 10 (6): 523-551.

[259] SCHMALZ M C. Common-ownership Concentration and Corporate Conduct [J]. Annual Review of Financial Economics, 2018, 10 (1): 413-448.

[260] EMERSON R M. Power-dependence Relations [J]. American Sociological Review, 1962, 27 (1): 31-41.

[261] PORTA L, LOPEZ-DE-SILANES F, SHLEIFER A, et al.Investor Protection and Corporate Governance [J]. Journal of Financial Economics, 2000, 58 (3): 3-28.

[262] FAMA E F, JENSEN M C. Separation of Ownership and Control [J]. Journal of Law and Economics, 1983, 26 (2): 301-325.

[263] BRANDOW G E. Market Power and Its Sources in the Food Industry [J]. American Journal of Agricultural Economics, 1969, 51 (1): 1-12.

[264] MARKHAM J W. Conglomerate Enterprise and Public Policy [M]. Boston: Division of Research, Harvard Business School, 1973.

[265] WHITED T. Is It Inefficient Investment that Causes the Diversification Discount? [J]. Journal of Finance, 2001, 56: 1667-1691.

[266] WELLMAN B, BERKOWITZ S D. Social Structures: A Network Approach [M]. Cambridge: Cambridge University Press, 1988.

[267] BOURDIEU P. Outline of a Theory of Practice [J]. Contemporary Sociology, 1972, 9 (2): 30-32.

[268] GRANOVETTER M. Getting a Job: A Study of Contacts and Careers [M]. Cambridge, MA: Harvard University Press, 1974.

[269] SCHARFSTEIN D S, STEIN J C. The Dark Side of Internal Capital Markets: Divisional Rent-seeking and Inefficient Investment [J]. Journal of Finance,

2000, 55 (6): 2537-2564.

[270] HOSKISSON R E, HITT M A, JOHNSON R A, et al. Construct Validity of an Objective (Entropy) Categorical Measure of Diversification Strategy [J]. Strategic Management Journal, 1993, 14 (3): 215-235.

[271] EDMANS A, LEVIT D, REILLY D. Governance under Common Ownership [J]. Social Science Electronic Publishing, 2018, 8 (14): 1-63.

[272] ARMSTRONG C S, GUAY W R, PETER W J. The Role of Information and Financial Reporting in Corporate Governance and Debt Contracting [J]. SSRN Electronic Journal, 2010, 50 (4): 179-234.

[273] FAZZARI S M, HUBBARD R G, PETERSEN B C. Financing Constraints and Corporate Investment [Z]. Brookings Papers on Economic Activity, 1988, (1): 141-195.

[274] FAZZARI S M, HUBBARD R G, PETERSEN B C. Investment-cash Flow Sensitivities are Useful: A Comment on Kaplan and Zingales [J]. Quarterly Journal of Economics, 2000 (2): 695-705.

[275] LYANDRES E. Costly External Financing, Investment Timing, and Investment-cash Flow Sensitivity [J]. Journal of Corporate Finance, 2007, 13 (5): 959-980.

[276] HUBBARD R G, PALIA D. A Reexamination of the Conglomerate Merger Wave in the 1960s: An Internal Capital Markets View [J]. Journal of Finance, 1999, 54 (3): 1131-1152.

[277] ROLL R. R-squared [J]. Journal of Finance, 1988, 43 (2): 541-566.

[278] HAMBRICK D C, MASON P A. Upper Echelons: The Organization as a Reflection of Its Top Managers [J]. Academy of Management Review, 1984, 9 (2): 193-206.

[279] JENSEN M, ZAJAC E J. Corporate Elites and Corporate Strategy: How Demographic Preferences and Structural Position Shape the Scope of the Firm [J]. Strategic Management Journal, 2004, 25 (6): 507-524.

[280] MALMENDIER U, NAGEL S. Depression Babies: Do Macroeconomic Experiences Affect Risk-taking? [J]. Quarterly Journal of Economics, 2011, 126 (1), 373-416.

[281] TILCSIK A, MARQUIS C. Punctuated Generosity: How Mega-events and Natural Disasters Affect Corporate Philanthropy in U.S. Communities [J]. Administrative Science Quarterly, 2013, 58 (1): 111-148.

[282] CALORI R, LUBATKIN M, VERY P, et al. Modelling the Origins of Nationally-bound Administrative Heritages: A Historical Institutional Analysis of French and British Firms [J]. Organization Science, 1997, 8 (6): 681-696.

[283] GREENWOOD R, DÍAZ A M, LI S X, et al. The Multiplicity of Institutional Logics and the Heterogeneity of Organizational Responses [J]. Organization Science, 2010, 21 (2): 521-539.

[284] MATHIAS B D, WILLIAMS D W, SMITH A R. Entrepreneurial Inception: The Role of Imprinting in Entrepreneurial Action [J]. Journal of Business Venturing, 2015, 30 (1): 11-28.

[285] RAHEJA C G. Determinants of Board Size and Composition: A Theory of Corporate Boards [J]. Journal of Financial and Quantitative Analysis, 2005, 4 (2): 283-306.

[286] YEH Y H, WOIDTKE T. Commitment or Entrenchment? Controlling Shareholders and Board Composition [J]. Journal of Banking & Finance, 2005, 29 (7): 1857-1885.

[287] JIANG G, RAO P, YUE H. Tunneling Through Non-operational Fund Occupancy: An Investigation Based on Officially Identified Activities [J]. Journal of Corporate Finance, 2015, 32: 295-311.

[288] MA J, KHANNA T. Independent Directors' Dissent on Boards: Evidence from Listed Companies in China [J]. Strategic Management Journal, 2016, 37 (8): 1547-1557.

[289] TANG X, DU J, HOU Q. The Effectiveness of the Mandatory Disclosure of Independent Directors' Opinions: Empirical Evidence from China [J]. Journal of Accounting and Public Policy, 2013, 32 (3): 89-125.

[290] CAI J, GARNER J L, WALKLING R A. Electing Directors [J]. Journal of Finance, 2009, 64 (5): 2389-2421.

[291] FOS V, TSOUTSOURA M. Shareholder Democracy in Play: Career Consequences of Proxy Contests [J]. Journal of Financial Economics, 2014, 114 (2): 316-340.

[292] FOS V, LI K, TSOUTSOURA M. Do Director Elections Matter [J]. Review of Financial Studies, 2017, 31 (4): 1499-1531.

[293] CYERT R M, MARCH J G. A Behavioral Theory of the Firm [M]. Englewood Cliffs, NJ: Prentice-Hall, 1963.

[294] BOURGEOIS L J.On the Measurement of Organizational Slack [J]. Academy of Management Journal, 2005, 48 (4): 661-676.

[295] NOHRIA N, GULATI R. Is Slack Good or Bad for Innovation? [J]. Academy of Management Journal, 1996, 39 (5): 1245-1264.

[296] HITT K. Linking Corporate Strategy to Capital Structure: Diversification Strategy, Type and Source of Financing [J]. Strategic Management Journal, 1998, 19 (6): 601-610.

[297] TEECE D J. Towards an Economic Theory of the Multiproduct Firm [J]. Journal of Economic Behavior & Organization, 1982, 3 (1): 39-63.

[298] SOUGIANNIS L T. The Capitalization, Amortization, and Value-relevance of R&D [J]. Journal of Accounting and Economics, 1996, 21 (1): 107-138.

[299] COLLIS D J, MONTGOMERY C A. Corporate Strategy: Resources and the Scope of the Firm [M]. Homewood, IL: Irwin, 1997.

[300] FINKELSTEIN S. Power in Top Management Teams: Dimensions, Measurement, and Validation [J]. Academy of Management Journal, 1992,

35（3）：505-538.

[301] NORTH D C. Understanding the Process of Institutional Change ［M］. Princeton, NJ：Princeton University Press，2005.

[302] HAVEMAN H A，JIA N，SHI J，et al. The Dynamics of Political Embeddedness in China ［J］. Administrative Science Quarterly，2017，62（1）：67-104.

[303] KARUNA C. Industry Product Market Competition and Managerial Incentives ［J］. Journal of Accounting and Economics，2007，43（2）：275-298.

[304] ALBUQUERQUE R，WANG N. Agency Conflicts，Investment，and Asset Pricing ［J］. Journal of Finance，2008，63（1）：1-40.

[305] FACCIO M，LANG L H P. The Ultimate Ownership of Western European Corporations ［J］. Journal of Financial Economics，2002，65（3）：365-395.

[306] NEARY J P，LEAHY D. Strategic Trade and Industrial Policy towards Dynamic Oligopolies ［J］. The Economic Journal，2000，110（463）：484-508.

[307] MUSACCHIO G，FALSAPERLA S，BERNHARDSDÓTTIR A E，et al. Education：Can a Bottom-up Strategy Help for Earthquake Disaster Prevention? ［J］. Bulletin of Earthquake Engineering，2016，14（7）：1-18.

[308] BURKS J J，CUNY C，GERAKOS J J，et al. Competition and Voluntary Disclosure：Evidence from Deregulation in the Banking Industry ［J］. Review of Accounting Studies，2018，23（4）：1471-1511.

[309] BUSHMAN R M，SMITH J A. Financial Accounting Information and Corporate Governance ［J］. Journal of Accounting & Economics，2001，32（1-3）：237-333.

[310] BAKER S，BLOOM N，DAVIS S. Measuring Economic Policy Uncertainty ［J］.

Quarterly Journal of Economics, 2016, 131 (4): 1593-1636.

[311] BLAKE D J, MOSCHIERI C. Policy Risk, Strategic Decisions and Contagion Effects: Firm-specific Considerations [J]. Strategic Management Journal, 2017, 38 (3): 732-750.

[312] BUSHEE B J, GOODMAN T H. Which Institutional Investors Trade Based on Private Information About Earnings and Returns? [J]. Journal of Accounting Research, 2007, 45 (2): 323-331.

[313] KOLEV K D. To Divest or not to Divest: A Meta-analysis of the Antecedents of Corporate Divestitures [J]. British Journal of Management, 2016, 27 (1): 179-196.

[314] BERGH D D, SHARP B M. How Far Do Owners Reach into the Divestiture Process? Blockholders and the Choice Between Spin-off and Sell-off [J]. Journal of Management, 2015, 41 (4): 1155-1183.

[315] KARIM S. Modularity in Organizational Structure: The Reconfiguration of Internally Developed and Acquired Business Units [J]. Strategic Management Journal, 2006, 27 (9): 799-823.

[316] MOSCHIERI C, MAIR J. Corporate Entrepreneurship: Partial Divestitures as a Real Option [J]. Social Science Electronic Publishing, 2017, 14 (1): 67-82.

索引